KB220920

님

예수님과 동행하는 삶이 행복하고

형통하기를 소망합니다

오십, 성경에서 길을 찾다

오십, 성경에서 길을 찾다

초판 1쇄 인쇄 2023년 5월 5일
초판 1쇄 발행 2023년 5월 15일

지은이 이일화
펴낸이 백도연
펴낸곳 도서출판 세움과비움

신고번호 2012-000230호
주 소 서울시 마포구 양화로길 73 6층
Tel. 070-8862-5683
Fax. 02-6442-0423
seumbium@naver.com

ISBN 978-89-98090-44-9 03230

값 18,000원

오십,
성경에서 길을 찾다

———

이일화 지음

6

오십, 성경에서 길을 찾다

오십,
성경에서 길을 찾다

―――――

이일화 지음

6

오십, 성경에서 길을 찾다

구약성경 사무엘하의 주인공은 다윗 왕입니다. 1장 1절은 '사울이 죽은 후에'로 시작하며 다윗은 이때부터 유다의 왕을 시작으로 온 이스라엘의 왕으로 40년을 치리합니다. 그것도 서른의 나이부터 하나님은 다윗을 왕으로 쓰십니다.

40년의 치리기간 중 가장 번성하고 풍요로운 시기가 언제쯤이었을까요, 아마 다윗의 치리기간 중 15~ 30년 정도 사이가 아닐까 합니다. 다시 말해 다윗의 나이 오십 무렵일 것입니다.

저의 오십을 돌아보면 인생의 갈림길에 들어선 시기라 할 수 있었습니다, 고민과 걱정이 많은 시절을 보낸 것을 기억 할 수 있습니다. 그러나 그 때 제가 한 가지 잘한 것이 있다면 하나님의 부르심에 순종하고 하나님의 사용하시는 길을 따라 살아야겠다는 결단이 오늘날 하나님의 영광스러운 도구로 사용 될 수 있게 해주었습니다.

오십은 변화를 급격히 겪을 때입니다. 그러나 이 책, {오십. 성경에서 길을 찾다}는 이 변화 속에서 크리스천의 정체성을 찾아주고 다시 세워주게 합니다. 그리고 오십은 이후의 시기, 좋은 열매를 더 많이 맺을 수 있게 하는 절호의 시기이기도 합니다.

지금 마음은 불편하고, 신앙은 흔들리며, 삶은 어디 편히 기댈 곳이 없어 질 때, {오십. 성경에서 길을 찾다}를 읽기를 권합니다. 다시 새로이 쓰임 받는 기쁨을 누리도록 오십의 인생의 길, 신앙의 길을 안내하고 있기에 오십을 지나는 크리스천에게 이 책을 적극 추천 합니다.

사단법인 글로벌 선진교육 / 글로벌 선진학교(GVCS) 설립 이사장

남진석 목사

인간의 신체 구조 중 가장 중요한 것을 말한다면 가장 먼저 무엇을 말할 수 있을까요? 아마 뇌 또는 심장을 제일 첫 손가락에 꼽을 것입니다. 사람의 신체에 중요하지 않은 기관은 하나도 없지만, 뇌, 심장 못지 않게 중요한 기관이 있다면 척추가 아닐까 합니다.

척추는 몸의 중심을 잡고 늑골을 비롯한 각종 골격들이 다른 위치해서 몸속의 중요한 장기들을 보호하도록 하는 역할을 합니다. 인체의 모든 기관들이 제 역할을 할 수 있도록 보호하고 도와주고 있는 것이 척추입니다.

의학의 발달과 사람들의 건강에 대한 관심으로 이제는 100세 인생을 이야기 하고 있습니다.

오십은 백세를 이야기하는 시대에서 딱 중간입니다. 또한 우리가 성인으로 활동을 시작하는 시기 20대부터 80까지 활동을 한다고 해도 오십은 우리가 활동할 수 있는 나이의 딱 중간이기도 합니다. 그러기에 오십은 인생의 중심을 잡고 좋은 열매를 맺을 수 있는 시기입니다. 치열하게 살아 온 날들에 대한 보상이 가득 열리는 때입니다. 그러나 어느 누군가는 아쉬움과 아픔 때문에 몸서리치게 힘든 때를 보내는 때일 수도 있습니다.

우리의 신앙도 마찬가지 아닐까요. 좋을 때나 어렵고 슬플 때나 부르심을 받는 그 날까지 주님의 사랑을 느끼며 그와 함께 동행 한다면 얼마나 복 된 인생일까 생각해 보게 됩니다.

〈오십, 성경에서 길을 찾다〉를 읽으면서 앞으로 펼쳐질 오십 이후의 인생은 주님과 동행하는 것이 가장 아름답게 살 수 있는 길이라는 깨달음을 다시 한 번 확인하게 됩니다.

그리고 오십, 이 시기가 하나님과 동행하고 그에 순종하는 삶을 따라 살아가기에 아직도 늦지 않은 때라는 사실에 용기를 얻을 수 있었습니다. 아직 우리는 살아온 날들 만큼 살아야 할 날들이 남아 있기 때문입니다.

오십, 우리는 참으로 어려운 세상을 지나고 있습니다. 신앙은 혼란스러워지고 삶은 균형감이 깨지고, 지치고 지친 우리의 인생이 변곡점을 지날 때 하나님을 만나기 위해 더 애써야 합니다. 이 책 〈오십, 성경에서 길을 찾다〉 오십, 그리고 그 이후의 하나님과 동행하는 인생의 길을 안내해 줄 것입니다.

전 기독교 텔레비전 CTS 대표이사

기독교 영성문화원 원장

아름다운 서현교회 목사

김기배 목사

인생 50이 되던 해, 마음은 무겁고 앞날의 두려움에 수일을 뒤척이며 지난 일을 되돌아보았습니다. 하지만 또렷하게 잡히는 것은 없었고, 남은 시간을 헤아려보니 조급함이 밀려왔습니다. 인생이라는 광장의 한복판에 던져진 발가벗겨진 존재처럼 막막한 기분이 들었습니다.

그동안 각 나이별로 특히 4050이 반드시 해야 할 일들에 대한 인생 처세술의 서적들은 많았지만, 정작 인생의 중요 전환기에 신앙적으로 성찰하고 미래를 대비할 것을 조언하는 책들은 드물었습니다. 오랜 기간 세무사로서 사회를 경험하고, 신학과 현장 목회를 통해 원숙한 신앙의 경지에 오른 저자가 인생의 중간 결산기에 처한 4050세대의 신앙인들에게, 그동안의 경험과 결단을 {오십, 성경에서 길을 찾다}를 통해 이야기 합니다.

이 책을 통해 50대의 정체성을 확인하고, 말씀과 신앙의 가치관에 기초하여 미래를 대비하는 일에 큰 도움이 될 것을 기대하며, 일독을 권합니다.

한국침례신학대학교 교회사 김태식 교수

이 책을 쓰면서

{오십, 성경에서 길을 찾다}를 통해 오십이 되어서야 결단하고, 자신만의 헌신의 길을 찾을 수 있다는 것, 또 반드시 찾아야 한다는 것을 이야기하고 싶었습니다

오십은 백세 인생에서 꼭 그 중간기에 해당하는 시점입니다. 성년이 되는 나이 스물부터, 일 할 수 있는 나이 팔십까지로 보아도, 오십은 바로 꼭 그 중간기에 해당이 됩니다. 오십은 모든 것이 성숙하며, 모든 열정이 무르익어 그 빛을 더하며, 결실을 맺는 시기이기도 합니다. 사계절로 본다면 오십 초반은 봄, 여름, 가을, 겨울로 말하면, 열매가 무르익기 시작하는 초가을입니다.

젊은 시절 갓 결혼 했을 무렵, 제 나이 서른에 가장 가까운 동역자가 주님의 부름을 받아, 주님께로 돌아가는 모습을 보았습니다. 젊은 미망인과 어린 세 자녀를 두고 말이지요. 그럼에도 저는 지금까지 주님의 뜻을 좇으며 살고 있습니다. 제게는 늘 그게 지워지지 않는 가슴앓이로 남아 있습니다. 가끔 그 일을 생각하면 눈물이 흐르죠. 너무 무기력하던 제 자신이 눈에 보였으니까요. 그리고 이 일이 현재의 선교사

역을 열게 했습니다. 하지만 이것저것 고민하며 살았습니다. 길은 희미하고, 앞은 어두웠습니다.

오십에 들어서야 길이 보이고, 겨우 결단을 할 수 있었습니다. 제가 가진 재능이 조금씩 눈에 보이고 길을 찾아 나갈 수 있었습니다. 오십에 겨우 결정을 하고, 문서선교 사역을 시작했기 때문입니다. 저의 문서선교 사역은 돈을 버는 일이 아닙니다. 돈을 쓰는 일입니다.

오십의 말이 되던 지난 해 무상배부 전도지를 17만부, 전도책자 두 종을 찍을 수 있었습니다. 지금까지 만들어진 전도지 열다섯 종, 소 전도책자 대여섯 종, 전도책자, 교리책자 십여 종이 미미하지만, 조그만 선교 사역의 산물입니다. 다양한 전도 채널을 구축, 선교 센터를 확장하는 게, 제 개인적인 목표입니다.

성경은 우리의 삶의 표본입니다. 수많은 사람들의 살아가야할 상황과 삶의 이야기가 여기 들어 있습니다. 우리가 살아가야 할 이야기와 삶의 방식도 여기 들어 있습니다. 그 가운데 자신의 것을 찾고 실행에 옮기는 게 결단입니다.

주님의 말씀은 어제나 오늘이나 변함이 없습니다. 그러나 조금 걱정인 건 오십에 들면서, 지금 가보지 않은 길을 가고 있다는 것입니다. 이때 인생과 삶의 지침이 필요합니다. 그 지침서가 바로 성경입니다.

인생의 중간 결산기, 오십, 이 무렵에 여러분의 인생을 결단하십시오. {오십, 성경에서 길을 찾다}는 바로 오십이 된 여러분들에게 사랑하는 예수 그리스도 안에서 인생의 앞날을 설계하도록 길을 안내하고 있습니다. 우리 주 예수 그리스도를 아는 영성과 결단 안으로, 여러분을 인도하리라 믿어 의심치 않습니다.

2023년 봄 그리고 여름을 맞이하는 경계에서
이일화 목사

chapter 1

오십, 그리스도인의 정체감을 살피다

원숙
결실
절제
혼돈
공허

모든 것이 무르익는 때

욥이 여호와께 대답하여 이르되 주께서는 못 하실 일이 없사오며 무슨 계획이든지 못 이루실 것이 없는 줄 아오니 무지한 말로 이치를 가리는 자가 누구니이까 나는 깨닫지도 못한 일을 말하였고 스스로 알 수도 없고 헤아리기도 어려운 일을 말하였나이다 내가 말하겠사오니 주는 들으시고 내가 주께 묻겠사오니 주여 내게 알게 하옵소서 내가 주께 대하여 귀로 듣기만 하였사오나 이제는 눈으로 주를 뵈옵나이다 그러므로 내가 스스로 거두어들이고 티끌과 재 가운데에서 회개하나이다 (욥 42:1-6)

욥은 족장 시대의 사람이었습니다. 욥기가 오늘날처럼 완전한 기록을 가지게 된 것은 아마 오랜 시간에 걸쳐 형성된 것으로 보입니다. 기원전 6세기의 예언자인 에스겔은 욥을 노아와 다니엘과 함께 나란히 정의로운 예언자로 기록하고 있으니, 에스겔서가 기록될 당시에도 욥의 이야기가 읽혀지고, 또한 구전되고 있었다는 말이 됩니다. 욥 이야기는 자신의 모든 것을 잃은 극도로 불행한 가운데서도 완전히 자신을 지켜낸 아름다운 사람의 모습입니다. 결국 욥은 하나님의 도움을 받아 회복되며, 다시 잘 살게 됩니다.

욥기는 몇 가지 점에서 우리에게 깊은 안식을 얻게 해줍니다. 그 가운데 대표적 하나는 하나님께서 고난이라는 시험을 허락하신다는 사실입니다. 그리고 이 고난을 이겨냈을 때, 하나님의 커다란 축복이 임하고, 배가의 복을 받게 됩니다. 이는 성도들이 이 세상에서 마지막 삶을 살고 난 뒤 하나님의 나라에 들어가게 되는 모습이 연상되기도 합니다.

오십에 접어든 그리스도인들의 모습은 고난과 시련을 극복해 낸 원숙한 신앙인의 모습입니다. 이런 아름다움은 젊은 시절에는 결코 얻어지지 않습니다. 바로 오십 줄에 들어서야만 얻어지는 극도로 아름다운 원숙미 입니다.

우리는 욥이 고난을 이겨내고 성숙한 모습에서 우리 자신을 발견할 수 있습니다. 비록 욥만큼의 고난을 아니더라도 젊은 시절의 고난을 이겨내고 현재의 성숙된 자신의 모습을 발견할 수 있으니까요. 바로 오십에 들어선 우리의 지금의 모습은 바로 이런 고난 후에 다가온 성숙한 아름다움의 모습입니다.

··· 부름 받은 이들에게서 배우기

성경에는 하나님께서 욥과 같은 고난을 경험한 성숙하고 훈육된 사람들을 시대의 사명자로 불러 하나님의 사명을 감당시키는 사례들을 볼 수가 있습니다. 여기에는 젊은이들도 있고, 뒤늦게 성숙한 연령대에 들어서서야 사명을 맡기는 경우도 있습니다.

요셉은 예수님처럼 아주 젊은 나이에 주 하나님의 부르심을 받아 두각을 나타내었습니다. 그리고 다니엘 역시 비교적 젊은 시절에 시작하여 연로해진 나이까지 총리를 지냈습니다. 그러나 성경은 아주 원숙한 나이에 부름을 받은 특별한 두 사람을 기록합니다. 바로 한 사람은 믿음의 조상 아브라함이요, 또 한 사람은 이스라엘을 출애굽 시킨 모세입니다.

아브라함은 '열국(列國)의 아버지'라고 불립니다. 메소포타미아의 갈대아 우르에서 태어나 아버지 데라, 아내 사라, 형제 나홀, 그리고 조카 롯과 함께 하란으로 갔으며, 데라가 죽은 후, 하나님께서 아브라함이 아직 이름을 바꾸지 않았던 때, 아브람에게 이르십니다. "너는 너의 고향과 친척과 아버지의 집을 떠나 내가 네게 보여줄 땅으로 가라"(창 12:1)고 말입니다. 이때가 그의 나이 75세였습니다. 조카 롯과 함께 가나안으로 이주하였습니다.

그는 86세에 애굽 여종 하갈에게서 이스마엘을 낳았으며 100세에 이르러서야 비로소 아내 사라에게서 약속의 아들 이삭을 얻었습니다. 하나님께서 175세까지 산 아브라함을 75세에 불렀으니, 어쩌면 아브라함의 나이 중반기에야 주님께서 부르신 셈입니다. 또한 100세에야 아들을 얻었으니, 바로 이 무렵의 나이가 지금으로 보면 오십 무렵에 해당된다고 볼 수 있겠죠? 오십은 인생이 원숙해진 가장 중요한 시점입니다. 바로 하나님의 뜻과 부르심을 깨달을 수 있는 시점이기 때문입니다.

모세에게도 부르심의 나이와 관련된 사실이 있습니다. 구약성경에서는 모세의 부르심의 연령에 대하여 전혀 언급이 없이 침묵하지만, 신기하게도 신약성경에 와서야 모세의 부르심의 시간과 나이를 언급하며, 이를 해석합니다. 모세의 120세의 생애는 40년 단위로 구분이 되죠.

- 나이가 사십이 되매 그 형제 이스라엘 자손을 돌볼 생각이 나더니 한 사람이 원통한 일 당함을 보고 보호하여 압제 받는 자를 위하여 원수를 갚아 애굽 사람을 쳐 죽이니라 그는 그의 형제들이 하나님께서 자기의 손을 통하여 구원해 주시는 것을 깨달으리라고 생각하였으나 그들이 깨닫지 못하였더라. 이튿날 이스라엘 사람끼리 싸울 때에 모세가 와서 화해시키려 하여 이르되 너희는 형제인데 어찌 서로 해치느냐 하니 그 동무를 해치는 사람이 모세를 밀어뜨려 이르되 누가 너를 관리와 재판장으로 우리 위에 세웠느냐 네가 어제는 애굽 사람을 죽임과 같이 또 나를 죽이려느냐 하니 모세가 이 말 때문에 도주하여 미디안 땅에서 나그네 되어 거기서 아들 둘을 낳으니라 사십 년이 차매 천사가 시내 산 광야 가시나무 떨기 불꽃 가운데서 그에게 보이거늘 모세가 이 광경을 보고 기이히 여겨 알아보려고 가까이 가니 주의 소리 있어 나는 네 조상의 하나님 즉 아브라함과 이삭과 야곱의 하나님이로라 하신대 모세가 무서워 감히 알아보지 못하더라 (행 7:23~32)

사도행전의 기록을 따르면, 모세의 생애를 3기로 나누어 보게 됩니다. 모세의 120년간의 인생을 보면 인생의 3분2가 지난 시점에야 하나님의 부름을 받았으며, 마흔까지의 인생의 3분의 1은 왕궁에서 교육

21

1 오십, 그리스도인의 정체감을 살피다

으로, 마흔에서 팔십까지의 인생의 3분의 1은 혹독한 광야 훈련으로, 인생의 3분의 2의 긴 기간 동안 주님께서 모세를 훈련을 시키셨음을 봅니다. 그 후 팔십 세가 되어서야 주님의 부름을 받고, 마지막 40년간을 주님과 동행하다가, 주님께로 돌아감을 보게 됩니다.

우리 인생을 모세의 인생으로 본다면, 나이 오십까지는 긴 훈련 기간임을 알 수 있습니다. 나이 오십이 중요한 이유는 바로 인생의 중간 결산기로서 모세처럼 하나님께서 부르는 소명을 찾으며, 하나님의 나라를 위하여 나머지 인생을 주님을 위한 사역을 준비할 시기가 되기 때문입니다. 이를 비추어 현대인의 평균 인생을 80으로 본다는 점을 감안한다면 나이 50에서 60이 될 때까지의 기간이 하나님의 부르심의 소명을 다하는 가장 성숙된 시기요, 또한 중요한 시기임을 인식할 수 있습니다.

··· 나의 정체성 찾기

오십의 시작, 이제 어떤 모습은 탐스럽고 풍성하기도 하지만, 어떤 모습은 세상의 풍파에 시달려 찌든 얼굴의 모습일 수도 있습니다. 하지만 그 아름다움은 흐트러지지 않은 바로 오십의 나이에서만 얻을 수 있는 외적 부드러움과 내적으로 성숙된 어떤 풍파에도 흔들리지 않은 강인한 모습입니다. 아주 풍성하든, 아니면 세상 풍파에 흔들리어 보잘 것 없는 모습이라 하여도 그 모습은 각자가 가진 그대로의 모습 그대로 아름다운 모습으로 빛나기 마련입니다. 바로 이것이 오십에서 보게 되는 원숙미입니다.

높은 사람이 되던, 기업의 경영자가 되던, 교회의 중직자가 되던, 그리고 혹은 그들을 보좌하는 비슷한 나이 때의 사람들은 적어도 자신이 맡은 한 분야에서 최고의 숙련된 모습을 자산으로 가지고 있습니다. 대체로 어떤 분야에서 숙련된 모습을 갖춘, 그러면서도 원숙하게 무르익은 그 오십의 그 모습 그대로의 모습입니다. 숙련된 직무에 못지않게 인격 또한 크게 성숙한 모습입니다. 우리는 이를 두고 흔히 인품이라고 하죠.

오십이 된 나의 원숙미는 무엇이고, 나는 어떤 아름다움으로 나 자신을 꾸며 가고 있는지 한 번쯤 살펴보면 어떨까요? 이런 숙련된 아름다움의 모습을 오십의 나이는 누구든 가지고 있습니다. 한 번 나 자신을 살펴보면 어떨까요? 아름다운 고고한 인격을 오십에 가꾸어가는 모습은 아름답지 않은가요? 바로 오십의 나이는 원숙미를 가진 나 자신을 발견할 수 있을 것입니다.

··· 사회적 활동의 깊이 인식하기

오십이 되면 모든 일에 이제는 숙련가가 되고, 어느 정도 사회적 지위에 올라서게 됩니다. 바로 오십에서 얻어지는 기쁨이요, 큰 결실이기도 합니다. 바로 이 나이 때만 볼 수 있는 원숙미이기도 합니다. 그렇지만 그 시간은 너무 짧게 흘러갈지도 모릅니다. 희한하게도 시간은 살아갈수록 빠르니까요.

성경이 나타내는 원숙한 인격자의 모습, 혹은 세상의 직무에서도 숙련된 모습을 드러내는 성경 말씀이 있습니다.

- 네가 자기의 일에 능숙한 사람을 보았느냐 이러한 사람은 왕 앞에 설 것이요 천한 자 앞에 서지 아니하리라. (잠 22:29)

자신의 일에 숙련된 사람은 높은 사람어 불러 쓰기 마련입니다. 흔히들 말하는 전문가입니다. 사회 곳곳은 이런 전문가를 찾고 있습니다. 교회 역시 마찬가지이죠. 교회의 봉사에는 어떤 숙련가를 필요로 하는 곳이 많이 있습니다.

오십에 들어서는 아름다움은 어느 곳이나 쓰임을 받을 수 있다는 말입니다. 다양한 경험, 숙련된 일, 그리고 신앙의 성숙, 이제는 교회 내에서도 젊은 후배들에게 인생의 깊이와 신앙생활의 아름다움을 말하고, 지식으로도 가르칠 나이가 되었습니다. 이 삶의 아름다움이 바로 오십이라는 나이에서 주어지는 것입니다.

… 신앙의 이정표

우리의 신앙은 자라는 것일까요? 아니면 멈추어 있는 것일까요? 이 질문은 우리 자신의 믿음의 위치를 찾을 때, 현재의 나를 발견하는 좋은 방법이기도 합니다. 오십이 된 지금 현재의 자신의 신앙상태를 점검할 수 있는 방법이기도 합니다.

성경의 재미있는 두 장면의 이야기에서 믿음과 신앙의 성숙 단계를 발견하게 합니다. 처음 예수님을 만날 때부터, 그리고 세월의 여정을 지나 궁극적 목표점으로 달려갈 때까지 현재의 여정을 살펴보게끔 합니다.

엘리사의 갑절 영감 받기

열왕기하 2장에는 하나님께서 회오리바람으로 엘리야를 하늘로 올리고자 하실 때쯤 엘리야를 엘리사가 따르는 이야기가 나옵니다. 엘리사는 엘리야에게 성령님의 역사가 갑절로 역사하기를 구합니다. 엘리사의 신앙의 여정은 하나님께서 엘리야를 이끄시는 대로 엘리야를 따라 길갈에서 시작하여 마지막 요단까지 하나님께서 인도하시는 곳으로 떠나게 됩니다. 엘리야는 자신이 하나님께서 취하시는 그 자리에까지 함께한다면, 엘리사가 원하는 일을 이루게 되리라고 말합니다. 하나님께서 아무리 멀리 엘리야를 이동시켜도 엘리사는 엘리야에게서 결코 떨어지지 않습니다. 스승 엘리야를 따릅니다. 결국 요단에서 엘리야는 하나님께서 보내시는 회오리바람 속에서 하늘의 불 수레를 타고, 하늘로 오르고, 엘리사는 엘리야가 나타낸 이적보다 더 큰 하나님의 표적을 드러냅니다.

하나님께서는 엘리야를 네 도시로 이동시키십니다. 엘리야를 따른 엘리사에게 이 네 도시는 어떤 여정의 의미가 있을까요? 그리고 우리에게는 어떤 신앙의 여정과 의미가 있을까요?

길갈은 여호수아 14장에서 6절과 10절에서 팔십오 세가 된 갈렙이 정복한 도시이기도 합니다. 엘리야와 엘리사가 살던 곳이고, 선지자를 양성하던 선지학교가 있던 곳이죠. 오늘날로 말하면 신학교가 있던 장

소라 할 수 있습니다.

벧엘은 하나님의 집이라는 뜻입니다. 야곱이 형 에서와의 장자권 다툼으로 고향을 떠나 길을 떠나던 여정에서 주 하나님을 만나며, 하나님께서 복을 주시며, 지키시겠다는 약속을 받은 곳입니다. 야곱이 처음 주님을 만난 장소이지요. 그리고 후일 딸 디나의 문제로 가정에 혼란이 왔을 때 다시 하나님의 명령을 받아 벧엘에서 거주하며, 하나님께 제단을 쌓았던 곳이기도 합니다.

여리고는 여호수아가 하나님의 명령에 따라 여리고 성을 무너뜨린 곳입니다. 6일 동안 성궤를 메고 매일 한 번씩 돌다가, 마지막 일곱째 날 일곱 번을 돌면서 함성을 질러 무너뜨린 곳입니다.

이제 엘리야는 하나님의 명령을 따라 마지막으로 **요단**으로 갑니다. 그곳에서 엘리야는 불수레와 불말을 타고 하늘로 올라가게 됩니다. 그리고 결국 엘리사는 엘리야의 예언대로 성령님의 역사하심을 갑절이나 받는 엘리사의 소망이 이루어지게 됩니다.

엘리사가 엘리야를 따른 신앙의 역경은 오늘 우리의 신앙의 여정과도 같습니다. 주님과의 첫 만남을 시작으로 마지막 주님의 은혜를 더하기까지 우리 역시 엘리사처럼 성령님의 역사하심을 더욱 더 깊이 경험하게 될 것입니다.

… 성령의 물에 담그기

신앙의 성장을 구체적으로 나타낸 곳이 성경말씀의 또 한 군데가 더 있습니다. 에스겔서 47장에는 하나님의 성전으로부터 흘러나오는 놀라운 강물의 모습을 기록합니다. 성전의 앞면이 동쪽을 향하였는데, 문지방 밑에서 물이 나와 동쪽으로 흐르다가 성전 오른쪽 남쪽으로 흘러내립니다. 그리고 그 물은 동쪽을 향한 바깥 오른쪽에서 스며 나옵니다. 이제 강물은 흘러내려 그 물이 발목에 찰 정도가 됩니다. 또 다시 그 물은 무릎에 찰 정도가 되고, 또 다시 측량하니 그 물은 깊이가 허리에 차고, 다시 측량하니 물이 건너지 못할 강이 됩니다. 이제 그 물은 사람이 헤엄을 치지 않고는 건너지 못할 정도로 물이 깊어진 모습을 봅니다.

… 신앙의 원숙미 찾기

우리의 신앙도 이와 같을 것입니다. 처음 주님을 알기 전 교회에 출석하던 초보적 신앙일 때는 강가에 찰랑찰랑 거리는 말씀의 강가에서 발을 담글 정도였을 것입니다. 그러나 믿음이 점점 깊어지게 되면, 하나님의 말씀에 헤엄을 치지 않고는 움직일 수 없는 상태가 되죠. 아마 우리의 신앙은 성장하며 점점 더 깊어질 것이고 성령님의 역사하심과 인도하심에 우리의 몸과 영혼을 맡길 수밖에 없을 것입니다. 주님의 깊은 말씀의 깊이에 우리 자신의 모든 것을 흠뻑 적시게 되겠지요. 이 깊이까지 자란 우리의 신앙 모습을 발견하게 되는 것은 기쁨입니다. 우리 신앙도 그와 같이 자라듯이, 그 마지막에 복음이 온 세상으로 흘러가는 것을 발견하는 또한 인생의 즐거움일 것입니다.

성령님의 힘을 입어 원숙하게 무르익은 신앙생활의 아름다움을 찾아볼 수 있는 때가 바로 오십입니다. 오십이 되면, 말씀의 깊이에 묻힌 자신의 모습을 발견하게 됨은 기쁨입니다. 말씀의 깊은 은혜로 채워진 원숙한 자신의 모습을 찾아봅시다.

⋯ 원숙 / 모든 것이 무르익는 때

성인이 된 스물부터 우리가 살아갈 나이 팔십까지, 꼭 인생의 중간기가 바로 오십입니다. 인생의 중간 결산기, 오십은 인생에 있어서 가장 원숙한 인격이 드러날 때이기도 합니다. 하나님께서는 그분의 사역자들을 불러들이실 때, 그냥 바로 사용하시지 않으셨습니다. 오랜 시간 긴 시간을 두고, 그들을 훈련시키신 뒤에 사용하셨고, 다시 소명을 부여하셨습니다. 성경의 대표적인 인물이 바로 모세입니다. 모세는 어린 아이 때 죽음에서 구원을 받아, 40년간 이스라엘 왕궁에서 자랐고, 다시 40년을 광야에서 보낸 후, 인생의 3분의 2가 지난, 나이 80에서야 하나님의 부르심을 받았습니다. 세상의 고난을 겪고 원숙해진 나이 80이 된 후에야 하나님의 부르심을 받아 이스라엘 민족을 이집트에서 이끌어낸 것입니다. 우리 의지가 죽고 하나님의 인격이 그리워지는 때가 인생의 가장 원숙한 나이 오십입니다. 이때가 바로 다시 주님의 부르심을 경험하며, 주님께 나아가 소명을 다시 입을 때입니다.

인생의 열매를 맺는 때

— • **결실** ripening • —

더러는 좋은 땅에 떨어지매 어떤 것은 백 배, 어떤 것은 육십 배, 어떤 것은 삼십 배의 결실을 하였느니라 (마 13:8)

오십의 나이가 가장 아름다운 이유가 있다면 그건 바로 가장 아름 다운 결실을 보는 때이기에 그럴 것 입니다. 성경에서 씨를 뿌려 결실 을 맺는 모습의 비유가 여럿 나오는데, 이 결실을 맺는 대상은 바로 우 리 자신입니다. 오십에 들어서면 한 번쯤 자신이 맺은 결실의 아름다 움을 살펴보는 것이 좋습니다. 혹 각자에게 아직 맺은 결실이 없어 보인다면, 주님의 교훈을 살피며, 자신에게 주어진 주님의 말씀의 씨앗이 결실을 얻을 수 있도록 다시 한 번 돌아보며 결실을 얻을 수 있도록 마음과 육체의 밭을 가꾸는 것이 옳습니다. 아직도 열매를 맺기에 아주 늦은 시기가 아니기 때문입니다.

주님께서 씨 뿌리는 비유, 즉 씨가 네 가지 땅에 떨어진 비유를 통하여 가르치신 말씀 가운데는 결실을 맺는 그리스도인의 모습이 있습니다. 주님의 말씀을 듣고 난 뒤에 어떤 이에게는 그 말씀으로 결실을 맺지만, 어떤 이에게는 세상의 유혹으로 결실을 맺지 못하고 그 말씀이 사라지고 만다는 것이지요.

주님께서 가르치신 씨 뿌리는 비유의 교훈은 마태(마13:1-9), 마가(막4;1-9), 누가복음(눅 8:4-8)서에 똑같이 기록되어 있습니다. 농부가 씨를 뿌린 결과는 각각 다르게 나타납니다. 길가에 떨어진 씨는 새들이 와서 먹어 버렸습니다. 그리고 흙이 얕은 돌밭에 떨어진 씨는 곧 싹이 나왔지만, 흙이 깊지 않아서 해가 돋은 후에 타서 뿌리가 없으므로 말라 버렸습니다. 더러는 가시떨기 위에 떨어지기도 했는데, 가시가 자라서 기운을 막아 버렸습니다. 그러나 좋은 땅에 떨어진 씨앗은 어떤 것은 백 배, 어떤 것은 육십 배, 어떤 것은 삼십 배의 결실을 얻게 되었습니다. 그리고 귀가 있는 사람들은 들으라고 말씀하십니다.

··· 마음 밭 가꾸기

주님께서는 이 비유에 대하여 우리가 이해하기 쉽도록 풀어 설명을 해 주십니다. 이 비유의 해석에 대한 주님의 말씀 역시 마태(마 13:18-23), 마가(막 4:10-20), 누가복음(눅 8:9-15)서에 동시에 기록되어 있습니다. 이 비유는 천국의 비밀에 대한 것으로 우리가 마음 밭을 선하신 주님의 말씀을 받아들일 수 있도록 가꾸어가야 함을 알게 합니다.

천국 말씀을 듣고 깨닫지 못하는 곳에는 악한 자가 와서 그 마음에 뿌려진 것을 빼앗기 때문입니다. 바로 길 가에 씨앗이 뿌려진 사람의 모습입니다. 돌밭에 씨가 떨어졌다는 것은 말씀을 듣고, 즉시 기쁨으로 받아들이지만, 그 속에 뿌리가 없으므로, 잠시 견디다가 말씀 때문에 환난이나 박해를 받게 되면 곧 넘어지는 사람을 말합니다. 가시떨기에 뿌려졌다는 것은 말씀을 듣기는 듣지만, 세상의 염려와 재물의 유혹에 말씀이 막혀 결실을 하지 못하는 사람들의 모습을 일컫습니다. 오늘날 풍족하게 살아가는 우리 세대의 모습과 거의 비슷합니다.

좋은 땅에 뿌려졌다는 것은 말씀을 듣고 깨달아 좋은 결실을 맺는 사람을 말합니다. 선하신 주님의 가르침을 받아, 그 결실이 백 배, 육십 배, 삼십 배가 됩니다. 그리스도인이면 누구나 이런 결실을 맺기를 바랄 것입니다. 이렇게 결실을 맺기 위해서는 어떤 일을 하던 간에, 성경 말씀을 늘 가까이 하며, 늘 기도하며, 주 예수님의 가르침을 마음에 새겨야만 합니다.

기본적인 신앙생활의 바른 습관은 그 삶의 결실 역시 달리 나타나게 합니다. 오십의 나이, 지금 이 시점을 살피고, 후일 어떤 열매를 맺어가야 할지를 살피고 설계하는 것이 중요합니다. 바로 지금 오십의 때가 다음 긴 여정을 준비하는 중간 결산 단계이기 때문입니다.

프링글스에 담긴 아름다운 이야기

어느 책 속에서 프링글스에 담긴 슬픈 이야기를 들은 적이 있습니다. 동그란 얼굴에 콧수염에 사람 좋아 보이는 프링글스 상표에는 눈물 없이는 들을 수 없는 슬픈 전쟁의 역사 이야기가 숨겨져 있습니다. 이 이야기는 너무도 유명한 이야기기에 한 번쯤은 들어둘 필요가 있습니다. 한 사람의 선행이 얼마나 많은 선한 결실을 맺는지를 알게 되면, 우리도 그와 같이 선행을 베푸는 삶을 살게 될 테니까요.

제2차 세계대전이 한창이던 때, 유럽 서부 전선의 스텔라라는 작은 시골마을에 연합군과 독일군이 치열하게 싸우고 있었습니다. 프록터 앤드 갬블사의 창업자이며 초대회장인 루카시 도비슨은 독일군의 공습에 부모를 잃은 전쟁고아였습니다. 정상적인 어른들도 생사를 장담할 수 없는 전쟁의 시기, 어린 루카시가 할 수 있었던 일은 다른 전쟁고아들과 함께 군부대 주위를 돌아다니며, 군인이 먹다 남은 찌꺼기를 줍거나 동냥을 하여 지냈습니다.

먹을 것을 며칠간이나 구하지 못했던 고아들은 제비뽑기를 하여 걸린 사람이 군부대 취사실에 가 먹을 것을 훔쳐오기로 하였습니다. 이때 루카시가 술래가 되었고, 루카시는 위험을 감수하고 군부대 취사실에 숨어들었습니다.

감자와 옥수수 같은 먹을 것들을 몇 개 집어 들고 루카시는 살금살금 빠져나가며, 거의 성공한 듯 했으나, 이내 그의 어깨를 잡은 취사병의 투박한 손에 잡히고 맙니다. 호되게 야단을 맞을 줄 알고, 이제 죽었구나 라고 생각한 루카시를 취사병은 말없이 취사실로 데리고 들어가 감자를 더 집어서 루카시의 호주머니에 넣어주었습니다. 그리고는 미소를 지었습니다. 루카시는 고맙다는 인사를 하고 성급히 취사실을 빠져 나왔습니다.

이 인연으로 루카시는 종종 취사병으로부터 음식을 얻게 됩니다. 이때 주로 받은 것이 감자였습니다. 그 취사병은 항상 말이 없었고, 그는 말을 하지 못하는 벙어리였습니다. 그의 이름은 프링글스였습니다. 하루는 루카시가 프링글스의 손목과 팔, 얼굴 등에 난 상처를 보았습니다. 음식이 조금씩 없어진 것을 알게 된 상사가 말 못하는 벙어리인 프링글스를 매질했던 것이죠. 프링글스는 미소만 지어보였습니다. 루카시는 프링글스를 껴안고 말없이 울었고, 그래도 그는 별일 아니라는 듯 루카시의 등을 토닥이며 웃을 뿐이었습니다.

프링글스가 있는 부대가 독일 군에게 포위되어 음식이 떨어져, 병사마저 굶는 사태가 일어났습니다. 군인들이 먹을 것이 없었으니, 고아인 루카시의 상황은 어떠했겠습니까? 프링글스는 자신은 굶주리더라도 루카시에게 자신의 급식을 나누어 주었습니다. 그러나 상황이 더 열악해져, 장교들조차 먹지 못하는 극단적 상황까지 치달았습니다. 루카시는 프링글스가 탈영했다는 소문을 듣습니다. 루카시는 여기저기 프링글스를 찾으러 다녔습니다. 결국 루카시는 프링글스가 독일군에게 사로잡혔다는 소식을 듣습니다.

위험을 무릅쓰고 루카시는 독일군의 진지로 찾아갑니다. 어떤 연합군의 벙어리 병사가 독일군이 점령한 밭에서 감자를 캐다가 사로잡혀 곧 총살을 당할 것이라는 소식을 듣습니다. 약간 멀리 떨어진 산중턱에 숨어서 독일군 부대를 보니 작은 연병장에 프링글스와 두세 명의 연합군 군인들이 손이 뒤로 묶인 채 무릎을 꿇고 있습니다. 어린아이인 루카시가 할 수 있는 것은 아무것도 없었습니다.

루카시는 멀리서 지켜보다가 깜박 잠이 듭니다. 총성소리에 루카시가 눈을 떴을 때, 그의 눈에 보이는 것은 총에 맞은 프링글스의 고개, 그리고 그가 썼던 벗겨진 허름한 군모, 그와 함께 굴러 떨어지는 조그만 감자 네 알.... 프링글스는 굶주린 루카시를 위해 자신의 목숨이 위험할 것을 알면서도 얼마 전에 수확했던 근처 감자밭에 가서 몇 안 되는 감자 몇 알이라도 구해오려고 했던 것이죠.

루카시는 전쟁에서 살아남았고, 미국으로 건너가 굴지의 회사 사장이 됩니다. 그의 나이 60세가 되었을 때, 그를 위해 죽은 프링글스의 모습을 문득 생각하게 됩니다. 루카시는 프링글스를 기리며 무엇인가 해야겠다고 생각합니다. 그의 이름을 따서 프링글스라는 감자 과자를 하나 만듭니다. 가르마에 콧수염이 유난히 많았던 프링글스의 모습을 떠올리며, 그의 얼굴을 그 과자 케이스에 그려 넣습니다. 그 과자를 출시하던 날, 그는 기자회견을 통해 프링글스에게 빚 진 이야기를 합니다. 프링글스씨가 자신에게 보여준 사랑을 기억하며, 이 과자의 모든 판매수익금을 전 세계 전쟁고아들과 고아들을 위해서 사용하겠다고 발표합니다.

… 주님을 위한 열매 결산하기

오십. 어느 정도 결실을 맺기 시작하는 시기입니다. 사업장에서, 직장에서, 재물로, 혹은 지위와 명예로, 각자 적정한 위치에서 그 자리를 잡아가는 시기입니다. 오십에 들면, 이제 차츰 결실을 맺기 시작하기 때문입니다.

그리스도인의 결실은 내적 평화, 외적 선행, 가정의 안정, 자녀의 안정 등등 여러 면에서 드러납니다. 그러나 아직까지 미완성이요, 현재 진행형인 부분도 많습니다. 그렇지만 차츰 그 결실을 드러내는 시간이 가까워옵니다. 더 이상 어떻게 손을 쓸 수 없을 만큼 실패하는 부분이 있을 수도 있습니다. 오십에 들어서면 하나하나 자신의 모습의 중간 결실을 체크해 볼 필요가 있습니다. 성공한 분야, 실패한 분야, 이루어야 할 분야, 후회되는 분야, 다시 실패하지 말아야할 분야, 어찌됐던 그 하나하나가 나름대로 결실을 맺어가고 있음을 알 수 있습니다. 그러나 현재 진행형이라는 사실을 잊지 마십시오. 적은 결실을 더 크게 맺게 만들 수 있는 시기이기도 합니다.

오십이 되면, 놀라운 변화를 위해 젊은 시절처럼 절대로 모험을 하거나 무리하지 않게 되는 특성이 있습니다. 그만큼 안정을 추구하고, 흠집나지 않는 결실을 추구하기 때문입니다. 이 특성을 이해하여 주님을 향한 자신만의 결실을 가꿀 때입니다.

··· 결실의 한 예 살피기

오십부터. 전도지를 만들며, 경험하였던 작은 결실들의 모습을 보면서, 그 글들을 버리지 않고 보관해 둔 적이 있습니다. 주님을 향한 이런 작은 삶의 모습들은 우리가 주님 앞에 갈 때를 대비하여, 자랑하지 않더라도 우리 자신만의 소중한 이야기로 간직하게 될 것입니다. 어쩌면 주님 앞에 내어놓게 될지도 모르는 일이겠지요. 그렇지만 한 가지. 그리스도인의 결실은 자기 자신만이 아는 것이요, 자기 자신만이 다른 사람에게 드러나지 않게 소중히 간직하는 것입니다. 오십이 될수록 자랑하지 않게 되고, 자기 자신만의 소중한 결실의 비밀을 간직하게 되는 것이지요. 작은 결실의 삶에 감사의 창고가 되기를 바라는 마음에서 글을 옮겨 봅니다.

인사 주님께서 우리가 하는 주님의 일들에 대하여 역사하시기를 바라는 마음 간절합니다. 함께 기도해 주시고 동역해 주시는 여러분들께 감사드립니다.

감사 목사님! 평안을 빕니다. 참 기쁜 소식입니다. 주신 책자 전도지로 기도하며 일주일에 4일 오거리 신호등에서 전도하여 두 분 결실하였답니다. 진짜 주님 은혜입니다.

☿ 저는 전도지 가져간 교회들이 교회에 비치해 놓지 말고 전도하기를 도고기도로 협력하였습니다. 모두들 열심으로 하시니 감사입니다. 목사님의 그 수고하심을 통해 잃어진 영혼들이 주님께로 돌아오니 감사 또 감사입니다.

답장 목사님! 그동안 계속 다른 목사님과 문서 선교 문제 상의하다가 이제야 답장을 합니다. 오늘 아침 계속 눈물이 납니다. 주님께서 길을 이렇게 열어 가실까 하는 깊은 마음도 느낍니다. 참으로 놀라운 일입니다. 좋은 사역자를 붙이셔서 더 깊이 곤고하게 하시니 감사입니다. 정말 전도의 결실을 볼 수 있었다니, 저 또한 감사입니다. 오늘 오전 내내 눈물이 납니다.

주님께서 길을 더 곤고히 하셔서 오늘 따라 더욱 깊은 마음의 감사가 넘칩니다. 목사님 늘 기도해 주시니 감사합니다. 주님의 은혜가 아니고는 이런 은혜가 더 있을 수 없겠지요. 감사합니다. 이 전도하는 일들에 주님께서 늘 함께하시기를 기도하고 또 기도합니다. 기도해 주시는 여러분께 감사의 말씀을 드립니다.

··· 결실 / 인생의 결실을 맺는 때

인생의 중간 결산기, 오십, 바로 이때는 지금까지 살아왔던 삶의 결실과 함께, 앞으로 또 남은 인생을 준비하며 설계할 시기입니다. 모든 면에서 능숙한 사람이 되고, 이미 여러 면에서 자신만의 열매를 맺고 있는 시기가 바로 오십입니다. 자신의 삶은 나름대로 결실을 맺어가는 시기이지만, 지금부터는 하나님을 위한 결실을 맺도록 준비할 시기입니다. 하나님을 위한 결실은 많은 사람들을 주님께로 인도할 수 있습니다. 자녀, 재력, 명예, 건강, 지식 등등 오십에 맺을 결실들은 많이 있습니다. 그 가운데 자신만의 아름다운 결실을 맺을 수 있도록 준비하고 설계하는 것이 필요합니다. 좋은 결실은 많은 사람들을 깨우치며, 많은 사람들을 의로 돌아오게 할 것입니다. 바로 결실을 맺는 오십 인생의 가장 아름다운 때의 모습입니다.

기품 넘치는 가장 큰 아름다움

● 절제 temperance ●

범사에 기한이 있고 천하만사가 다 때가 있나니, 날 때가 있고 죽을 때가 있으며 심을 때가 있고 심은 것을 뽑을 때가 있으며 죽일 때가 있고 치료할 때가 있으며 헐 때가 있고 세울 때가 있으며 울 때가 있고 웃을 때가 있으며 슬퍼할 때가 있고 춤출 때가 있으며 돌을 던져 버릴 때가 있고 돌을 거둘 때가 있으며 안을 때가 있고 안는 일을 멀리 할 때가 있으며 찾을 때가 있고 잃을 때가 있으며 지킬 때가 있고 버릴 때가 있으며 찢을 때가 있고 꿰맬 때가 있으며 잠잠할 때가 있고 말할 때가 있으며 사랑할 때가 있고 미워할 때가 있으며 전쟁할 때가 있고 평화할 때가 있느니라. (전3:1-8)

　　전도서(Ecclesiastes)는 구약성경의 한 책입니다. 전도서는 저자 자신이 자신을 다윗의 아들이며, 이스라엘의 왕인 전도자(코헬렛)라 밝히고 있습니다. 성경 안의 전도서라는 이름은 바로 여기에서 나온 것이죠. 전도서는 삶의 허무함을 이야기하면서 결국 삶의 최선의 방법들을 설명하고 있습니다.

전도서의 대부분의 중심인물은 다윗의 아들 솔로몬이며, 인생의 궁극적 목적 혹은 삶의 최선의 방법은 하나님을 경외하며, 섬기며, 그분 안에서 삶을 누리는 것이라는 말을 합니다. 전도서는 일의 결국을 다 들었으므로, 하나님을 경외하라고 결론을 내리며 우리에게 훈계합니다. 전도자는 젊은이들에게 이 이야기를 전하지만, 알아듣는 것은 성숙한 나이 오십 줄에 들어서야 이 사실을 깨닫게 됩니다.

… 인생의 본분 알기

오십은 이제 전도자의 말처럼 젊은 청년시절과 달리 원숙함으로 무르익음과 동시에 절제미가 돋보이게 드러나게 됩니다. 왜 그럴까요? 바로 그것은 바로 하나님의 거대한 구원계획을 살필 줄 아는 눈, 청년의 때에는 갖지 못하는 미래에 대한 인식, 그리고 하나님의 때를 아는 눈썰미를 함께 갖추게 되기 때문입니다. 이런 모습은 혈기왕성한 청년에게서는 결코 찾아볼 수가 없습니다. 그래서 오십에 들면 들수록 더욱 원숙함과 동시에 절제미가 넘치게 되어 기품 있는 모습을 나타내게 되는 것입니다.

- 일의 결국을 다 들었으니 하나님을 경외하고 그 명령을 지킬지어다 이 것이 사람의 본분이니라 (전 12:13)

오십의 원숙미, 그것은 지금까지의 인생이 기초가 되어 현재의 자아의 아름다움이 만들어졌듯이, 또한 남은 인생을 돌아보도록 우리에게 권면하고 있습니다. 오십의 자아를 찾기에 충분하게 말이죠.

··· 미래의 나의 모습 인식하기

세상을 아는 스물로부터 인생을 여든까지로 본다면, 딱 그 중간이 오십이 됩니다.

그리스도인으로서 깊은 신앙생활을 이어온 사람들이라면, 대부분 오십이 되면 교회 안에서도 중직자로서 서게 됩니다. 또한 믿음의 깊이도 그 모습을 더하게 되죠. 이 오십의 연령대를 가장 정확하게 표현하는 말이 아마 '원숙미 넘치는 기품', '절제'라는 말일 것입니다. 절제도 인생의 때를 따라 열매를 맺게 되는데, 바로 오십의 나이가 인생에서 가장 결실을 맺는 때이기 때문입니다. 이 때의 모습을 설명하고 열매를 진단하는 것도 전도서라는 것은 더 설명할 필요가 없지요. 전도서가 귀한 것은 바로 오십에 들어선 나를 진단하는 기초가 되기 때문입니다. 그래서 전도서는 오십 인생을 위한 책이라고 말할 수 있습니다.

··· 더 훗날의 나의 모습 예측하기

전도서에는 젊은 시절의 회고와 경고가 있으며, 나이든 미래가 다가

올 것임을 암시하는 모습이 있습니다.

　- 너는 청년의 때에 너의 창조주를 기억하라 곧 곤고한 날이 이르기 전에, 나는 아무 낙이 없다고 할 해들이 가깝기 전에 해와 빛과 달과 별들이 어둡기 전에, 비 뒤에 구름이 다시 일어나기 전에 그리하라 그런 날에는 집을 지키는 자들이 떨 것이며 힘 있는 자들이 구부러질 것이며 맷돌질 하는 자들이 적으므로 그칠 것이며 창들로 내다 보는 자가 어두워질 것이며 길거리 문들이 닫혀질 것이며 맷돌 소리가 적어질 것이며 새의 소리로 말미암아 일어날 것이며 음악하는 여자들은 다 쇠하여질 것이며 또한 그런 자들은 높은 곳을 두려워할 것이며 길에서는 놀랄 것이며 살구나무가 꽃이 필 것이며 메뚜기도 짐이 될 것이며 정욕이 그치리니 이는 사람이 자기의 영원한 집으로 돌아가고 조문객들이 거리로 왕래하게 됨이니라 은 줄이 풀리고 금 그릇이 깨지고 항아리가 샘 곁에서 깨지고 바퀴가 우물 위에서 깨지고 흙은 여전히 땅으로 돌아가고 영은 그것을 주신 하나님께로 돌아가기 전에 기억하라 전도자가 이르되 헛되고 헛되도다 모든 것이 헛되도다(전 12:1-8)

　이 전도서 말씀은 젊은 청년들에게 미래를 경고하며, 주님을 경외하도록 경고하는 메시지이기도 합니다. 오십이 중년이라면, 이제 중간 결산기를 맞아 앞으로 다가올 육체의 쇄약에 대하여도 미리 살피고 준비하도록 하는 말씀이죠.
　이 성경말씀에서 육체의 노년을 묘사하는 재미있는 표현들은 오십에 들어서면서 우리의 장래를 준비하도록 독려합니다. 해와 빛과 달과 별들이 어둡기 전이나, 비 뒤에 구름이 일어나기 전이라는 표현은 바로 노년을 가리키는 말입니다. 집을 지키는 자들은 팔을, 힘 있는 자들은 다리를, 맷돌질 하는 자들은 치아를, 창들은 눈을, 길거릴 문들은 귀를, 맷돌 소리는 사람이 늙으면 날카롭고 높아지는 목소리를, 음악하는 여자들은 아름다운 목소리, 노랫소리를 가리키는데, 늙으면 노래가 그치게 되는 모습을 묘사합니다. 5절의 여러 장면들은 사람이 마지막 거처를 옮김을, 그리고 6절의 여러 묘사들은 우리의 육체가 목숨이 다하여 무덤 속에 들어가는 장면들을 묘사하고 있습니다.

전도서는 명확히 경고합니다. 흙은 여전히 땅으로 돌아가고, 영은 그것을 주신 하나님께 돌아가기 전에 기억하라고 말이지요. 모든 것이 때가 되면, 우리의 몸은 흙이 되어 땅으로 돌아가고, 우리의 영은 우리를 지으신 하나님께로 돌아가게 되지요. 그러나 오십은 아직 남은 시간을 준비할 시간이 조금 남아 있습니다. 오십에는 다가올 몸의 노쇠를 걱정하며, 건강을 잘 관리하며, 인생의 원숙한 결실을 보는 시기입니다. 오십의 묘미와 아름다움이 여기 있습니다.

··· 하나님의 심판 알기

특히 젊은 시절 혈기가 왕성하며, 미래에 대하여 진취적인 기성을 가진 젊은이들에게 궁극적으로 하나님을 알고, 하나님을 경외하라고 가르칩니다.

– 청년이여 네 어린 때를 즐거워하며 네 청년의 날들을 마음에 기뻐하여

마음에 원하는 길들과 네 눈이 보는 대로 행하라 그러나 하나님이 이 모든 일로 말미암아 너를 심판하실 줄 알라 (전 11:9)

전도서는 우리 그리스도인들에게 현재보다는 장래를 인식하고, 주의를 기울이도록 가르칩니다. 그 대표적인 모습이 바로 장차 우리에게 다가올 심판입니다.

젊은 시절에는 하나님의 심판에 대한 이야기가 크게 몸에 와 닿지 않고, 크게 인식하지도 않습니다. 그러나 연륜을 더할수록 이렇게 무절제하게 살아서는 안 되겠구나 하는 생각을 갖게 됩니다. 젊은 청춘은 미래를 향해서 끊임없이 뻗어나가는 시기인 만큼, 미래를 진취적으로 보고 달려갈 수밖에 없습니다. 그러나 오십이 들어서면, 지나온 날이 눈에 선하고 미래가 자꾸 눈에 보이기 시작합니다. 얼굴에는 그 사람의 살아온 세월이 쌓이고, 그의 품성이 얼굴과 눈가에 비치기 시작합니다.

오십이 되면, 이제는 장래를 바라볼 줄 알게 됩니다. 지금까지 살아왔던 인생을 정리하고, 앞으로 어떻게 주님 앞에 갈까를 생각합니다. 아마 그리스도인으로서 조금이라도 예수 그리스도의 심성을 가졌다면, 장차 주님을 뵈올 날을 생각하며, 현재를 조심스럽게 살피게 됩니다. 이 상황이 바로 그리스도인에게 절제를 가져오게 합니다.

이 절제라는 것은 어떤 정도에 넘지 않도록 알맞게 조절하며 제한하는 것을 말합니다. 분수를 아는 것이죠. 사물을 분별하는 지혜, 자기 신분에 맞는 한도, 이를 수 있는 한계를 분수하고 하죠. 절제미를 갖게 되는 것은 오십에 들수록 이 분수를 알기 때문입니다. 그렇게 되면 자기 자신을 적절히 제한하고, 자신이 해야 할 적정한 도리를 알게 됩니다.

오십에 들어서는 그리스도인들에게도 이런 지혜가 필요합니다. 성경말씀을 읽고, 자신이 서 있어야 할 자리, 위치, 그리고 자신의 역량의 적정한 한계치에서 생활하여야 합니다. 오십이 되면, 누가 가르치지 않아도 자연히 자신의 분수를 알게 됩니다. 이것이 오십에서 오는 그리스도인의 절제의 미학입니다. 지극히 거룩하신 하나님의 임재를 알고, 그분의 현존하심을 인식하면, 그리스도인은 그분 앞에 무릎을 꿇고 겸손해질 수밖에 없습니다. 바로 이것이 그리스도인의 절제미에서 오는 자신의 분수를 아는 미덕입니다.

··· 때를 알기

전도서는 우리 각양의 삶이 때가 있음을 알려줍니다. 청춘으로 세상을 출발할 때, 희망도 가득했지만, 한 면으로 세상이라는 거대한 파도에 부담감도 무척이나 컸습니다. 그러나 이제 긴 연륜을 지나 인생 중반에 들어섰습니다.

- 범사에 기한이 있고 천하만사가 다 때가 있나니 (전 3;1)

전도서는 우리에게 때를 알라고 조언합니다. 세상만사가 새옹지마라는 말이 있듯이, 기쁨이 있으면 슬픔이 있고, 슬픔이 있으면 또 다른 기쁨이 찾아옵니다. 이 진리를 잘 설명한 말씀입니다. 이같이 때의 **순환의 진리**를 알면 사람이 가벼워지지 않게 되고, 경거망동하지 않게 됩니다. 늘 자신의 상황은 바뀔 수 있기 때문입니다. 오십이 차면서 바로 원숙해지고, 절제력을 갖게 되는 이유도 바로 이 때를 알게 되는 시기이기 때문입니다.

그리스도인이 세상 사람과 다른 것은 주님께서 가르치신 교훈인 성경에서 그 인생의 길을 알고, 진리를 배우며, 우리가 살아가야 할 삶의 방향을 찾기 때문입니다. 오십은 젊은 시절과 달라졌음을 확연히 느끼는 것은 말과 행동, 그리고 삶의 모습에서 무게감이 있고, 진중해진 면이 있기 때문입니다. 가벼이 의사를 결정하던 젊은 시절과는 달리, 이제는 여느 사람들의 가벼운 접근이 쉽지 않고, 고매한 인품이 느껴지기 때문입니다.

… 주어진 분수 알기

오십에 들어서면서 인생의 면면에서 드러나는 가장 큰 아름다움은 원숙미와 더불어 과하지 않은 절제미를 갖춘 기품을 얻는 방법이 있습니다. 만사에 자신의 때를 알게 되므로 분수에 넘치는 행위를 하지 않는 방법 말입니다.

오십이 될 때, 그 마음 속 깊은 곳으로부터 아는 주님의 모습과 우리 자신의 미래를 늘 생각하는 것입니다. 말씀을 가까이 함으로써 말씀 속에 가득 차 있는 원숙한 삶의 지혜가 생활과 인품에서 드러나도록 하는 것입니다. 이렇게 하면, 어느 자리에서든지, 무엇을 하든지, 그 모습에서 적절하고도 분수에 넘치지 않는 근접하지 못하는 절제미가 넘쳐나기 마련입니다. 해야 할 것, 하지 말아야 할 것, 이 구분을 주님의 가르침에서 늘 찾아가면 누구든 함부로 근접하지 못하는 위엄과 기품이 서려 있는 모습을 보게 될 것입니다.

– 일하는 자가 그의 수고로 말미암아 무슨 이익이 있으랴 하나님이 인생들에게 노고를 주사 애쓰게 하신 것을 내가 보았노라 하나님이 모든 것을 지으시되 때를 따라 아름답게 하셨고 또 사람들에게는 영원을 사모하는 마음을 주셨느니라 그러나 하나님이 하시는 일의 시종을 사람으로 측량할 수 없게 하셨도다 사람들이 사는 동안에 기뻐하며 선을 행하는 것보다 더 나은 것이 없는 줄을 내가 알았고 사람마다 먹고 마시는 것과 수고함으로 낙을 누리는 그것이 하나님의 선물인 줄도 또한 알았도다 하나님께서 행하시는 모든 것은 영원히 있을 것이라 그 위에 더 할 수도 없고 그것에서 덜 할 수도 없나니 하나님이 이같이 행하심은 사람들이 그의 앞에서 경외하게 하려 하심인 줄을 내가 알았도다 이제 있는 것이 옛적에 있었고 장래에 있을 것도 옛적에 있었나니 하나님은 이미 지난 것을 다시 찾으시느니라 (전3:9-15)

성경말씀을 가까이 하면, 주님의 말씀에서 우리 자신을 가꾸는 방법을 얼마든 찾아낼 수 있습니다. 바로 이것이 오십에 절제미가 드러나는 훌륭한 인품, 즉 기품을 갖추는 방법입니다. 성경에서 이런 인품을 가지신 이는 오직 한분 예수 그리스도뿐이지요. 그리스도인은 예수 그리스도를 닮아가기를 소망합니다.

예수님께서 우리에게 보이신 절제력은 바로 십자가를 짊어지시고 죽음의 자리까지 나아간 성부 하나님에 대한 순종입니다. 주님께서는 친히 말씀하시기를 그의 제자들에게 각자의 십자가를 지고 주님을 따르라고 말합니다. 바로 그 길이 주님을 따르는 길이며, 절제의 미학을 배워가는 길입니다.

… 절제 / 기품 있는 아름다움

오십에 들면서 가장 아름다운 모습 중의 하나가 바로 절제입니다. 젊은 청년기에는 절대로 갖지 못하는 아름다운 모습이 바로 오십에 있습니다. 어떤 일이든 자제력이 있고, 그러면서도 능력 있는 모습은 바로 이 나이에만 가능한 일입니다. 이 나이는 중후한 모습으로, 바람에 흔들리지 않는 견고한 터 위에 서 있는 바위 같습니다. 그럼에도 온유와 겸손이 내재되어 있습니다. 이 절제의 모습은 하나님의 때를 앎으로 시작됩니다. 현재의 모습뿐만 아니라. 미래의 모습을 예견하면서 더욱 자제력 있는 기품 있는 모습이 존경스러움을 갖게 합니다. 오십은 원숙미가 함께 어우러져 함부로 근접할 수 있는 기품을 형성합니다. 바로 오십에 드러나는 아름다운 절제미의 모습입니다.

오십에 극복해야할 미래의 불안

● 혼돈 chaos ●

내가 다시 지혜를 알고자 하며 미친 것과 미련한 것을 알고자 하여 마음을
썼으나 이것도 바람을 잡으려는 것인 줄을 깨달았도다 지혜가 많으면 번뇌
도 많으니 지식을 더하는 자는 근심을 더하느니라 (전 1:17-18)

사람은 바라든지 바라지 않든지 이에 상관없이 늘 거듭하여 자신
의 삶의 의미를 질문하지 않을 수 없습니다. 이는 아마 하나님께서 사
람에게 주신 창조의 본능, 인간의 지혜의 본능 때문일 것입니다. 인간
이 하나님의 형상대로 지음을 받았기 때문이지요.

　전도서를 기록한 전도자는 예루살렘 이스라엘 왕으로서 지혜를 얻

어서 예루살렘에 있던 모든 사람들보다도 낮게 여깁니다.(전1:16) 사실 맞는 말입니다.

다윗의 아들로서 이스라엘 왕이 된 솔로몬은 일천 마리의 희생 제물로 하나님께 번제를 드리고 난 후, 하나님께로부터 약속을 받습니다. 하나님께서 밤에 솔로몬의 꿈에 나타나 말씀하셨습니다.

- 이에 왕이 제사하러 기브온으로 가니 거기는 산당이 큼이라 솔로몬이 그 제단에 일천 번제를 드렸더니 기브온에서 밤에 여호와께서 솔로몬의 꿈에 나타나시니라 하나님이 이르시되 내가 네게 무엇을 줄꼬 너는 구하라 (왕상 3:4~5)

- 여호와 앞 곧 회막 앞에 있는 놋 제단에 솔로몬이 이르러 그 위에 천 마리 희생으로 번제를 드렸더라 (대하 1:6)

- 나의 하나님 여호와여 주께서 종으로 종의 아버지 다윗을 대신하여 왕이 되게 하셨사오나 종은 작은 아이라 출입할 줄 알지 못하고 주께서 택하신 백성 가운데 있나이다 그들은 큰 백성이라 수효가 많아서 셀 수도 없고 기록할 수도 없사오니 누가 주의 이 많은 백성을 재판할 수 있사오리이까 듣는 마음을 종에게 주사 주의 백성을 재판하여 선악을 분별하게 하옵소서"(왕상 3:7-9)

- 내가 네 말대로 하여 네게 지혜롭고 총명한 마음을 주노니 너의 전에도 너와 같은 자가 없었거니와 너의 후에도 너와 같은 자가 일어남이 없으리라 내가 또 너의 구하지 아니한 부와 영광도 네게 주노니 네 평생에 열왕 중에 너와 같은 자가 없을 것이라(왕상 3:12-13)

이 때 솔로몬은 일천 마리의 희생제물의 번제를 하루에 다 드렸는지, 혹은 이틀에 드렸는지 혹은 일주일 동안 드렸는지는 성경을 통해서 알 수가 없습니다. 그러나 분명히 솔로몬이 일천 마리의 짐승을 잡아 하나님께 정성으로 번제의 제사로 드렸다는 한 가지 사실은 확실합니다.

하나님께서 솔로몬의 희생 제물에 대하여 응답하셨고, 솔로몬은 당시 남쪽 지방에 있던 스바(사베아) 여왕이 솔로몬의 지혜로운 말을 들으러 찾아올 정도로 온 세상 가운데서 가장 지혜로운 자가 되었습니다. 그런데 이 가장 지혜로운 자가 고백하고 있습니다. "모든 것이 헛되도다." 하고 말이죠.

– 내가 마음 가운데 말하여 이르기를 내가 큰 지혜를 많이 얻었으므로 나보다 먼저 예루살렘에 있던 자보다 낫다 하였나니 곧 내 마음이 지혜와 지식을 많이 만나 보았음이로다 (전 1:16)

이 후에 전도자 솔로몬이 고백하는 말입니다.

– 지혜가 많으면 번뇌도 많으니 지식을 더하는 자는 근심을 더하느니라 (전 1:18)

지혜를 알고자 하며, 미련한 것을 알고자 했던 것들이 바람을 잡으려는 것이었다고 고백하죠. 바람을 잡으려는 것이라는 뜻은 바람이 움켜잡을 수 없는 것처럼 수고가 덧없음을 구체적으로 표현해 주는 말입니다. 지혜가 많으면 마음이 평화로워야 할 텐데, 오히려 번뇌가 가득

합니다. 이 번뇌는 사람의 마음이 정해지지 못한 혼돈의 상태를 말합니다. 솔로몬이 뒤늦게 깨달은 것이 바로 이것입니다. 오십에 들면 바로 이 점이 엄습해 옵니다.

··· 혼돈의 세계 벗어나기

오십에 접어든 사람들의 심적 상태를 보면, 늘 무엇이 옳은지, 무엇이 어리석은지를 살핍니다. 문제의 양면성을 살피기보다는 무엇이 옳았는지, 글렀는지, 현실적인 문제에 집착하게 됩니다. 바로 이것이 지금까지 삶에서 몸에 배인 결과입니다. 늘 옳다고 하는 것을 선택합니다. 그런데 결과가 늘 좋지만은 않습니다. 마음은 늘 복잡합니다. 오늘과 내일, 그리고 먼 미래가 불안합니다. 바로 이 때가 오십의 나이에 겪는 혼돈입니다.

성경말씀에서 혼돈은 천지가 아직 나눠지지 않은 상태를 표현하는 말입니다. 사물의 구별이 도무지 되지 않는 상태를 표현하는 말이기도 합니다. '혼란', '공허', '허망', '황야', '텅 빈 곳'이라는 의미로 주로 천지가 창조되기 이전의 상태를 묘사할 때 사용되는 말입니다. 영어성경은 'without form'(형태가 없는)으로 번역했습니다.

- 땅이 혼돈하고 공허하며 흑암이 깊음 위에 있고 하나님의 신은 수면에 운행하시니라 (창 1:2)
- 그들이 이리저리 구르며 취한 자 같이 비틀거리니 그들의 모든 지각이

혼돈 속에 빠지는도다 (시 107:27)

　－ 내 백성은 나를 알지 못하는 어리석은 자요 지각이 없는 미련한 자식이라 악을 행하기에는 지각이 있으나 선을 행하기에는 무지하도다 보라 내가 땅을 본즉 혼돈하고 공허하며 하늘에는 빛이 없으며　내가 산들을 본즉 다 진동하며 작은 산들도 요동하며 [25] 내가 본즉 사람이 없으며 공중의 새가 다 날아갔으며 보라 내가 본즉 좋은 땅이 황무지가 되었으며 그 모든 성읍이 여호와의 앞 그의 맹렬한 진노 앞에 무너졌으니 여호와께서 이와 같이 말씀하시길 이 온 땅이 황폐할 것이나 내가 진멸하지는 아니할 것이며 이로 말미암아 땅이 슬퍼할 것이며 위의 하늘이 어두울 것이라 내가 이미 말하였으며 작정하였고 후회하지 아니하였은즉 또한 거기서 돌이키지 아니하리라 하셨음이로다 (렘 4:22-28)

　이 혼돈의 세계가 오십에 접어들면서 찾아옵니다. 그 이유는 바로 인생의 전환기가 곧 찾아오기 때문입니다. 아마 이런 상태를 사람으로 말한다면 심적 불안상태를 말할 수 있습니다. 특히 번뇌가 극심한 상태를 지칭하는 말이라고 볼 수 있습니다. 오십에 들면, 회사에서는 정년이 가까워지고, 주위에서 운명을 달리하는 이들이 생겨나기도 합니다. 질병이 찾아오고 체력으로는 한계에 다다르는 일이 생깁니다. 점차 면역도 떨어지고, 미래를 준비하지 못한 채, 노년을 곧 맞아야 하는 불안감이 엄습해 옵니다. 지극한 혼돈이 가득한 번뇌의 상태가 나날을 지속하는 경우가 많습니다.

　믿음을 가진 그리스도인이 이런 극심한 혼돈의 상태를 벗어나는 방법은 한 가지입니다. 성경말씀에서 배우는 것입니다. 그리고 믿음의 가치관을 굳건히 하고 확실히 하는 것입니다.

… 말씀으로 혼돈 속 흔들림 없기

인생 혼돈의 시기, 그리스도인이 일반인들과 다른 점이 있다면, 바로 때에 따라 적정한 성경말씀이 위로와 지평으로 주어져 있다는 사실입니다. 우리가 혼돈의 상태를 이해하고, 이 상태를 벗어나는 적정한 말씀을 찾는 것은 중요한 삶의 방향을 설정하는 기준점으로 삼기 위해서입니다.

첫째 우리가 처한 **영적 혼돈**은 마음의 무질서한 상태일 수 있습니다. 마음이 뒤죽박죽인 엉켜 갈피를 못 잡는 상태를 일컫습니다. 하나님은 질서의 하나님이시며, 우리의 내면의 질서도 잡아주실 것입니다. 우리는 질서를 드러내는 성경말씀을 붙잡고 주님 앞에 질서를 구할 수가 있습니다.

- 하나님은 어지러움의 하나님이 아니시요 오직 화평의 하나님이시니라 (고전14:33)
- 모든 것을 품위 있게 하고 질서 있게 하라 (고전14:40)
- 어떻게 우리를 본받아야 할지를 너희가 스스로 아나니 우리가 너희 가운데서 무질서하게 행하지 아니하며 (살후 3:7)

둘째 **혼돈의 모습**은 영적으로 무지한 상태입니다. 아직까지 하나님을 제대로 알지 못해 하나님에 대한 견고함이 없는 흔들림의 상태입니다. 세상 지식이 가득하여 우리 주 예수 그리스도를 향한 삶의 목표를 설정하지 못한 상태입니다.

- 그들이 이리저리 구르며 취한 자 같이 비틀거리니 그들의 모든 지각이 혼돈 속에 빠지는도다 (시107:27)

하나님을 아는 견고한 지식이 부족하여 흔들리는 혼돈의 상태에서도 이를 이길 힘은 성경의 말씀입니다. 하나님의 지혜를 가지며, 견고하게 주님의 말씀위에 서야 할 것입니다.

- 지혜가 제일이니 지혜를 얻으라 네가 얻은 모든 것을 가지고 명철을 얻을지니라 (잠 4:7)

셋째, **마음의 혼돈**은 세상과 구별된 믿음의 힘에 굳건히 서지 못한 상태일 수 있습니다. 아직까지 세상이 친구가 되며, 세상이 즐거움이 되는 상태입니다. 하나님께서는 우리가 구별된 삶을 살기를 바라시고 하나님의 부르심에 응답하는 삶이야말로 행복 그 자체이며, 마음의 번뇌가 사라지며, 혼돈이 사라집니다. 그리고 세상과는 구별된 삶을 사는 것입니다.

- 나와 주의 백성이 주의 목전에 은총 입은 줄을 무엇으로 알리이까 주께서 우리와 함께 행하심으로 나와 주의 백성을 천하 만민 중에 구별하심

이 아니니이까 (출 33:16)

　- 볼지어다 내가 문 밖에 서서 두드리노니 누구든지 내 음성을 듣고 문을 열면 내가 그에게로 들어가 그와 더불어 먹고 그는 나와 더불어 먹으리라 (계 3:20)

… 혼돈 / 극복해야할 미래의 불안

　오십. 혼돈스러움을 느끼는 것은 지금까지 살아온 시간과 앞으로의 살아갈 날이 지속되어야 하는 시간이 겹치기 때문입니다. 가장한 원숙한 시기이면서도, 또한 곧 이 사회의 모든 능력을 뒤로 해야 할 시기인 육십이 곧 다가오기 때문입니다. 이 다가오는 시기에는 지금까지 하던 일들을 내려놓고 새 일을 찾아야 할지도 모릅니다. 현재의 이 자리들은 후배들이 차지할 것이며, 내일의 전혀 알지 못하던 새로운 일들이 눈앞에 곧 놓이게 됩니다. 그렇지만 오십은 인생의 황금기에 해당합니다. 사회에서도 교회에서도 가장 능력을 발휘하는 시기입니다. 그런데 능숙한 이 일들을 마감하고, 새로운 일들을 부여받아야 하는 시기가 곧 다가오기 때문에 마음이 혼란스럽습니다. 그래서 주님 앞에서 안정을 가지고, 능력이 가장 크게 드러나는 이 시기에 미래를 미리 준비하고, 설계하며, 마음의 안정을 찾아야 할 것입니다. 그래야 마음의 불안을 줄일 수 있습니다.

오십에 마음의 양식을 채워야하는 이유

● 공허 emptiness ●

마음을 다하며 지혜를 써서 하늘 아래서 행하는 모든 일을 연구하며 살핀즉
이는 괴로운 것이니 하나님이 인생들에게 주사 수고하게 하신 것이라 내가
해 아래서 행하는 모든 일을 본즉 다 헛되어 바람을 잡으려는 것이로다 (전
1:13-14)

오십이 되면 두드러진 특징이 있습니다. 대부분 사회에서 원숙기
에 접어들고, 그 맡고 있는 일들도 숙련된 일이며, 회사에서도 중역으
로 책임자로 일하게 됩니다. 그렇지만 육십이 되는 정년을 바라보고,
오십 대 말에 서서히 회사를 벗어날 준비를 하게 됩니다. 그러면 지금
까지 쌓아왔던 것들이 하루아침에 사라지게 되죠. 이런 상황을 잘 표

현한 말씀이 바로 전도서의 이 말씀입니다.

전도자가 부르짖는 결론적 의미는 이 세상의 모든 것은 덧없으므로 궁극적으로 하나님을 경외하고 그분의 명령을 지키라는 강한 외침입니다. 그리고 이것이 사람의 본분이라는 것이죠. 마지막엔 하나님께서 선악 간에 우리의 모든 행위를 보시고 심판하실 것이라는 강한 어조가 전도서가 우리에게 전하는 본연의 취지입니다.(전 12:13)

전도자는 해를 의지해 살아가는 모든 하나님의 피조물들이 궁극적으로 모든 것이 사라지는 헛된 것임을 깨닫습니다. 그러나 인간은 궁극적으로 하나님을 찾음으로써 그 본연의 모습을 찾게 될 것이고, 그 허망함을 벗어날 수 있게 된다는 것이지요.

… 공허함 벗어나기

아마 오십이 되면서 가장 걱정스럽고 두려운 말은 바로 미래에 대한 불안일 것입니다. 회사에서는 정년을 앞두거나, 혹은 사업장에서도 일이 젊은 시절 같지 않습니다. 힘이 부치고, 아직은 아니라고 느끼지만, 자녀들이 커서 부모 곁을 떠나고, 부모를 돌봐야 하는 문제는 언제까지일지 또 다시 한두 번씩 생각하게 됩니다.

어디서도 안식할 수 없는 마음 깊은 곳의 허전함, 가족들이 있지만, 그 가족들로만 채울 수 없는 미래에 대한 막연한 불안감, 이런 것들이 수시로 엄습해 옵니다. 특히 샐러리맨들은 일생을 함께해왔던 회사를 떠나야 하는 직장에 대한 배신감을 느끼게 되는 기간이기도 합니다.

일생을 바쳤지만, 떠날 때는 작은 짐 보따리 하나가 전부입니다. 아무것도 남는 것이 없습니다. 바로 이것이 오십 인생에 찾아오는 공허함입니다. 지금 당장 닥치지 않더라도 대부분 육십이 정년이다 보니 회사에서도 마지막 자리를 내줄 준비를 해야 합니다.

그리스도인이라 하여 매주 교회를 나가며, 예배도 참석했고, 헌금도 드렸고, 목청 높이 찬송도 불렀고, 교회 중직자가 되어 제직회도 참석해 봤지만, 이제 힘과 권위는 떨어집니다. 거기다가 가졌던 직업도 손에 놓게 되고, 수입도 줄어들어 교회를 위하여 헌신할 능력도 점점 적어지게 됩니다. 지금까지 교회의 부흥을 위하여 많이 기여해왔지만, 점점 더 기여할 힘이 떨어진다는 생각을 하면 할수록 지금까지 무엇을 하였는가 하는 공허함이 가끔씩 밀려옵니다. 바로 이것이 현실입니다.

미리 다가올 상황을 깨닫고 직업이나, 교회의 봉사와 직무 등에 대하여 자신의 인생의 계획을 세우고 미래를 준비하는 사람은 다행입니다. 먼저 마음의 빈자리가 생길 것을 예상하고, 미리 미리 준비하는 사람은 자신의 자리를 찾아갈 수 있기 때문입니다. 바로 이것이 오십에 다가오는 허망함을 벗어나기 위한 일차적인 준비입니다. 즉 곧 인생의 큰 변화를 맞이할 것이라는 것을 알고, 미리 인생을 대비하라는 것이죠.

··· 그리스도인의 공허함을 채우기

사실 그리스도인의 공허함을 채우는 방법은 너무나 간단합니다. 바로 이 빈 마음에 주님이 들어오시면 될 일이기 때문입니다. 그리스도인이라면 이 간단한 진리를 너무 잘 알지만, 문제는 실천입니다. 어떻게 주님께서 내 안에 들어와 계시게 하느냐 말이지요.

- 꿈이 많으면 헛된 것이 많고 말이 많아도 그러하니 오직 너는 하나님을 경외할지니라 (전 5:7)

우리는 이 사실 하나를 이론적으로 너무나 잘 압니다. 바로 주님께 의지하는 모습이 성경 읽기요, 기도요, 예배요, 찬송이요, 복음을 전하는 전도입니다. 그런데 그 어느 것 하나 실은 제대로 실천하고 이행하는 것을 찾아보라 하면, 거의 없을 수 있습니다. 물론 이 진리를 잘 실천하고 지키는 분들도 많겠지만, 대부분 이 좋은 실천 방안들을 지키지 못한다는 것입니다.

사실 지금 당장 이런 좋은 습관을 실천한다면, 오십에 들어서면서 다가오는 미래는 결코 불안하지 않을 수 있습니다. 그런데 교회에 하루 종일 있어도 정기적인 기도를 하러 오는 분들이 많이 보이지 않습니다. 새벽기도에 참여하는 분들은 많이 있지만, 그나마 이 시간조차도 지키지 못하는 분들이 많습니다. 정기적인 성경말씀 읽기와 기도 실천은 바로 그리스도인이 마음속에 주님을 모셔 들임으로써 공허함을 제거하는 가장 기본적인 방법입니다.

오십에 접어들게 되면, 사회나 회사에서도 가장 바쁜 위치와 자리에 있고, 시간과 짬을 내기가 어렵지만, 그럴수록 주님께서 들어오셔서 함께 거하실 공간을 만들어야 할 일입니다. 그리스도인은 우리 주 예수 그리스도만이 우리의 빈 공간을 채울 수가 있습니다. 성령님은 그분의 이름으로 오셔서 우리 안에 내주 하시죠. 이 진리를 알고 있다면, 우리가 오십 줄이 되어도 결코 허전할 일이 없을 것입니다.

… 말씀으로 공허함 채우기

공허함이란 속이 텅 빈 상태를 말합니다. 하나님께서 이 세상을 창조하시기 전 빛과 어둠을 나누시기 전, 땅이 혼돈하고 공허하며, 흑암이 깊음 위에 있을 때였습니다. 아직까지 주님께서 창조물들을 채우지 않은 상태, 아무것도 없는 속이 빈 상태를 공허라고 말하지요.

하나님께서는 나무와 풀들과 공중의 새들과 바다의 고기들, 산짐승들을 만드시고, 이들을 번성케 하셨습니다. 주님께서는 이 피조물들을 보시고 기뻐하셨죠. 그리고 마지막 여섯째 날 사람을 만드시고 심히 기뻐하셨습니다. 사람에게 이 모든 것들을 다스리게 하셨습니다. 하나님께서 말씀으로 천지만물을 창조하시고, 공허함을 채우시듯 하나님의 말씀은 우리의 허전함, 공허함을 채우는 유일한 방법입니다. 성경 말씀에는 우리의 공허함을 채우는 말씀들이 있습니다.

첫째, 공허함이란 속이 빈 상태, 아무것도 채워지지 않은 상태를 말합니다. 마음이 텅 빈 사람에게 하나님의 말씀이 채워지면, 공허함이란 있을 수 없습니다.

태초에 하나님께서 빛을 창조하시고, 또한 빛과 어둠을 나누시고,

그 다음에 그 모든 것을 만드시니 하나님 보시기에 좋았습니다. 예수님께서도 이와 같이 말씀으로 포도주를 만드시며, 말씀으로 고기 잡는 베드로의 그물을 가득 채우게 하셨지요. 그리고 나중에는 그분의 나라에 그분을 믿고 따르는 제자들로 가득 채우시게 될 것입니다.

- 주인이 종에게 이르되 길과 산울타리 가로 나가서 사람을 강권하여 데려다가 내 집을 채우라 (눅 14:23)
- 예수께서 그들에게 이르시되 항아리에 물을 채우라 하신즉 아귀까지 채우니 이제는 떠서 연회장에게 갖다 주라 하시매 갖다 주었더니(요 2:7-8)

둘째 공허함이라는 의미는 텅 비었다는 의미로 실속이 없이 헛되다는 의미입니다. 우리는 세상에서 열심히 살고 많이 버는 인생 같습니다. 그런데 지나고 보면 모자라는 것뿐이고 헛수고 한 것 같이 텅 빈 인생입니다. 실제적으로 이런 일들이 너무나 많습니다. 그러나 하나님 안에서 얻어지는 것들은 결코 사라지거나 없어지지 않을뿐더러 정말 실속이 있는 일입니다. 이것이 바로 세상의 텅 빈 세상과는 다른 것입니다.

- 이는 나를 사랑하는 자로 재물을 얻어서 그 곳간에 채우게 하려 함이니라 (잠 8:21)
- 그가 그리스도의 일을 위하여 죽기에 이르러도 자기 목숨을 돌보지 아니한 것은 나를 섬기는 너희의 일에 부족함을 채우려 함이니라 (빌 2:30)
- 나의 하나님이 그리스도 예수 안에서 영광 가운데 그 풍성한대로 너희

모든 쓸 것을 채우시리라 (빌4:19)

셋째 공허함이란 헛된 인생을 살고 나서 느끼는 텅 빈 인생의 허전함을 말합니다. 방탕하고 헛된 인생을 살고 나서 느끼는 마음은 공허한 마음 그대로입니다. 이런 마음은 마지막에 하나님의 심판이 있다는 전도서의 말씀을 귀담아 들을 필요가 있습니다.

우리는 아무생각 없이 세상을 살아서는 안 됩니다. 우리 인생의 마지막에는 반드시 심판이 있고, 또한 천국 상급이 있음을 늘 마음에 두고 사는 것이 옳습니다. 하늘나라의 유업이 있음을 알고, 늘 주님을 바라보며 사는 것이 공허함을 벗어나는 길입니다.

- 흙은 여전히 땅으로 돌아가고 영은 그것을 주신 하나님께로 돌아가기 전에 기억하라 (전 12:7)
- 나는 선한 싸움을 싸우고 나의 달려갈 길을 마치고 믿음을 지켰으니, 이제 후로는 나를 위하여 의의 면류관이 예비되었으므로 주 곧 의로우신 재판장이 그 날에 내게 주실 것이며 내게만 아니라 주의 나타나심을 사모하는 모든 자에게도니라 (딤후 4:7-8)

목표를 달성했어도 행복이 없는 이유가 있습니다. 자신이 성취한 모든 것은 전적으로 공허하고, 제한적이라는 사실 때문입니다. 자신의 인생에 주 예수 그리스도께서 계시지 않으면, 인생에서 그 무언가 하나가 빠진 허전함이 있을 수밖에 없습니다. 인생에서 예수 그리스도를 꼭 주인으로 모셔야 하는 것은 반드시, 필연입니다. 그 무슨 말로도 설명할 수가 없습니다.

오십에 들어서면서 가장 고민스러움은 점은 바로 현재와 미래에 대한 불확실성과 혼돈과 공허함의 문제입니다. 그리스도인이라면 적어도 인생의 삶의 목표점을 우리 주님께 둠으로써 이런 공허함의 문제점들을 벗어날 수가 있습니다.

··· 공허 / 하나님 말씀의 양식으로 채우기

오십에 공허함이 차오는 건, 바로 지금까지 결실을 맺어왔지만, 정작 자기 자신에게는 남아 있는 것이 별로 보이지 않기 때문입니다. 인생의 중간 결산기, 자녀들이 성장을 하고, 가정은 안정이 되었지만, 정작 마음에는 채워지지 않는 그 무엇인가가 있습니다. 오십이 인생에서 가장 활동을 많이 하고, 결실을 맺었지만, 곧 지금까지 하던 모든 일들을 곧 정리해야 할 시기가 다가오기 때문입니다. 혼돈과 공허는 함께 찾아옵니다. 이 공허를 극복할 힘은 하나님의 말씀을 가까이 함으로써, 그분의 함께 하심을 분명히 확증하는데 있습니다. 하나님을 위한 삶의 목적을 분명히 함으로써 새로운 삶의 목표점을 만드는 것입니다. 지금까지 살아왔던 삶의 목적을 버리고, 주님을 위해 사는 것입니다. 공허함은 말씀으로 채워야 합니다.

chapter 2

오십, 현재의 영적상태를 결산하다

습관
기준
가치
지식
열매

복 있는 사람의 좋은 습관

— • **습관** habit • —

복 있는 사람은 악인들의 꾀를 따르지 아니하며 죄인들의 길에 서지 아니하며 오만한 자들의 자리에 앉지 아니하고 오직 여호와의 율법을 즐거워하여 그의 율법을 주야로 묵상하는도다 그는 시냇가에 심은 나무가 철을 따라 열매를 맺으며 그 잎사귀가 마르지 아니함 같으니 그가 하는 모든 일이 다 형통하리로다 (시편 1:1-3)

악인들은 그렇지 아니함이여 오직 바람에 나는 겨와 같도다 그러므로 악인들은 심판을 견디지 못하며 죄인들이 의인들의 모임에 들지 못하리로다 무릇 의인들의 길은 여호와께서 인정하시나 악인들의 길은 망하리로다 (시편 1:4-6)

오십은 알게 모르게 이미 몸에 밴 습관이 드러나게 되는 시기입니다. 이 습관은 좋은 것도 있고, 나쁜 것도 있습니다. 물론 좋은 습관을 가지는 것이 당연합니다. 하지만 좋지 않은 습관이 문제입니다. 성경 말씀은 그리스도인이 좋은 습관을 갖도록 누누이 당부하고 있습니다. 주님께서는 옳은 습관을 몸소 실천해 보이셨고, 그 길을 따르라고 명령하고 있습니다. 그런데 우리는 이를 잃어버린 것은 아닐까요? 좁은 길, 의의 길, 주님을 섬기는 길, 구제와 자선, 섬김의 자세 등등. 주님께서 몸소 보이신 좋은 습관은 노트에 가득 적어도 다 적지를 못합니다.

우리의 문제는 오십이 되도록 세상의 습관에 젖었다는 것입니다. 이를 어떻게 분별하고, 또한 이를 벗어날 수 있을까요?

시편 1편은 우리 그리스도인들에게 삶의 기준을 명확히 제시합니다. 그리고 올바른 습관을 갖도록 권고합니다. 우리가 어떤 삶의 습관을 가져야 하는지 그 기준을 제시하고 있습니다.

… 모든 성경말씀의 서시, 시편 1편 읽기

시편 1편은 너무나 자주 듣는 말씀입니다. 또 잘 알고, 익숙한 말씀입니다. 그리스도인들이라면 아마 대부분 이 시편 말씀을 거의 외우다시피 할 것입니다.

다섯 권으로 이루어진 시편 150편 전체를 아우르는 서시가 바로 시편 1편입니다. 표제로 놓인 셈이죠. 시편 모두를 종합하여 전해주고자 하는 이야기가 시편 1편에 담겨 있습니다.

오십에 시편 1편을 읽어보면, 지금까지의 살아온 인생이 보입니다. 나도 복 있는 사람으로 살아왔을까? 앞으로 살아가야 할 모습도 보입니다. 오십에는 꼭 가져야할 옳은 습관입니다.

시편 1편을 읽는 가장 좋은 방법은 성경의 그대로 읊조리는 것입니다. 모든 성경이 그렇겠지만, 시편1편은 더욱 읊조리는 기쁨이 있습니다.

시편은 지혜의 가르침입니다. 두 갈림길을 소개합니다. 반드시 어느 한 쪽을 선택해야 합니다. 양다리를 걸칠 수 있는 상황이 아닙니다. 반드시 한쪽을 선택해야 하는 고민이 있습니다. 이 두 길은 똑같은 시작점에서, 달리기를 하지만 서로 다른 방향으로 나아갑니다. 한 길은 수많은 사람들이 출발합니다. 한 길은 별로 사람들이 모이지 않습니다.

하나님 없이 사는 사람들, 악인들, 죄인들, 오만한 사람들이 가는 길이 있습니다. 오직 자신의 주관대로 살아갑니다. 이 길은 하나님께서 기뻐하는 사람들이 가는 길이 아닙니다. 불행하지만, 이 길의 끝에는 파멸이 있습니다. 이 사람들은 자신의 행위가 악한 줄도 모릅니다. 그러나 주님 보시기에 악하고 악한 사람들이 선택하는 길입니다.

하나님의 율법을 좋아하는 사람들은 다릅니다. 하나님의 말씀을 좋아하며 따르는 사람들의 길입니다. 주님께서 가르치신 좁은 문으로 가는 사람들의 모습입니다.

- 좁은 문으로 들어가라 멸망으로 인도하는 문은 크고 그 길이 넓어 그리로 들어가는 자가 많고 생명으로 인도하는 문은 좁고 길이 협착하여 찾는 자가 적음이라 (마 7:13-14)

악한 사람들이 가는 길, 이 길에는 멸망이 있을 뿐입니다. 이 길을 선택하는 사람들에게는 단지 하나의 표현이 따릅니다. 수많은 사람들이 선택한 이 길을 가는 사람들을 시편1편은 악인들이라고 말할 뿐입니다. 이들이 어떤 부류의 사람들인지, 시편 1편은 언급하지 않습니다. 시편을 읽을수록 이들의 모습이 나옵니다. 이 사람들의 모습을 아주 상세히 설명하는 시편들이 있습니다. 주님을 따르는 사람들을 괴롭히는 사람들이 있습니다. 그제야 이들이 악한 사람들이구나 하고 깨닫습니다. 바로 시편 5, 6, 15, 17, 18, 37편과 같은 시편들입니다. 주님을 따르는 착한 사람들은 이들에게 항거할 힘이 없습니다. 그래서 주님께 탄원만 할 뿐입니다.

인생의 성숙기에 들어오는 오십이 될 때까지 숱한 사람들에게 고난을 당한 이력이 있습니다. 그리스도인이라는 단 하나의 이유 때문에 고난을 당하는 경우도 있습니다. 어디에도 말 못하며, 벙어리 냉가슴을 앓던 고통을, 오십이 된 그리스도인들은 다 한 가지씩 가지고 있습니다. 고난이 여기에 있습니다. 희망 또한 여기에 있습니다. 왜냐하면 우리 주님께서 다 보시고 아시기 때문입니다. 침묵하시고 계시는 것 같지만, 다 살피시고 계십니다. 그리고 결국에는 응보하십니다. 오십에 든 그리스도인은 반드시 깨우칠 일입니다.

… 좁은 문으로 향하는 습관 찾기

주님께서는 좁은 문으로 들어가라고 말씀하셨습니다. 좁은 문은 시편 1편의 말씀 그대로입니다. 하나님의 율법을 즐거워하여 그의 율법을 밤낮으로 묵상하는 습관을 가지고 있습니다. 묵상한다는 말은 성경 말씀을 작게 읊조린다는 뜻입니다. 시냇물이 흘러가며 노래하듯이, 새들이 재잘거리며 지저귀듯이, 성경을 작게 소리 내어 읊조리는 모습이 바로 묵상한다는 말입니다. 옛 어른들이 편지를 흥얼거리듯이 읽는 그 모습이 바로 묵상한다는 표현에 어울립니다.

시편으로 기도하는 사람은 태도가 있습니다. 가고, 서고, 앉고, 선택하는 것에서부터 모두 말씀을 가지고 살아갑니다. '악인들처럼, 아니하여' 라는 구부러진 길로 가지 않습니다. 주님께서 말씀하신 좁은 길은 하나님의 말씀이 있는 길입니다. 하나님께서 싫어하시는 사람들과는 전혀 다른 길을 갑니다. 이 길을 찾고, 따르는 사람들이 많지 않습니다.

복 있는 사람은 늘 주님의 기록된 말씀인 성경말씀을 기뻐합니다. 밤이나 낮이나 그 말씀을 좋아합니다. 그래서 성경책이 늘 곁에 있습니다. 그리스도인이 이 세상 사람들과는 다를 수밖에 없는 점입니다.

인생의 중간 결산기, 오십에 든 그리스도인은 좁은 길을 가야 합니다. 주님의 말씀을 늘 가슴에 품어야 합니다. 의인들을 헤치는 악한 사람들을 피할 길은 주님을 의지하는 길밖에 없습니다.

··· 복된 사람들의 습관 알기

오십에 들어서며, 복 있는 사람들의 습관을 성경 말씀을 통해서 되새깁니다. 복된 습관을 배우면, 그 복된 습관을 자녀들에게 물려줄 수 있기 때문입니다.

복된 사람들은 악인들의 꾀를 따르지 않습니다. 죄인들의 길에 서지 않습니다, 오만한 사람들의 자리에도 앉지 않습니다. 하나님의 계명을 즐거워하며, 그 말씀의 법을 기뻐하며, 좋아하는 사람들입니다. 바른 길을 알기 때문입니다.

시편 1편은 '복 있는 사람'에서 시작하여 악인의 종말로 끝이 납니다. 복 있는 사람이 '의인'이라 표현하며, 악인과의 삶의 결과를 구분하며, 그 보상이 따를 것임을 선언합니다. 바로 이것이 창세기, 출애굽기, 레위기, 신명기, 신명기와 같은 모세오경뿐만 아니라, 선지자들이 선포하는 공의와 정의의 기준이며, 예수 그리스도께서 우리에게 말씀해 주신 사랑의 의미입니다.

의인들의 길은 하나님께서 인도하시니, 그가 하는 모든 일이 형통해집니다. 그러나 악인들은 바람에 나는 겨와 같습니다. 심판을 견디지 못하게 됩니다. 의인들의 길은 하나님께서 인정하시지만, 악인들의 길은 망하게 됩니다.

시편 1편은 마지막 아주 짧은 한 구절에서 의인과 악인의 삶의 결과를 분명히 정의해 냅니다. 그런데 시편 1편이 분명히 정의해 주는 것이 하나 더 있습니다. 그것은 바로 습관입니다.

의인들의 습관, 악인들의 습관, 이 두 가지는 너무나 달라서 확연히 구분이 되고, 그 결과는 무섭고 두렵게 느껴집니다. 심판이 거기에서 구분되어 달라지고, 갈라지기 때문입니다. 오십에 들어선 그리스도인들은 지금까지 그래 왔듯이, 주님께서 기뻐하시는 길을 선택하는 것이 옳습니다.

··· 세상의 나쁜 습관 버리기

그리스도인들은 앞에서 보아왔듯이 주님의 길을 찾습니다. 오십에 들기까지 인생의 경험으로 보면, 항상 두 가지 길로 인생이 나누어집니다. 세상의 길, 하나님의 길, 두 가지 길로 가게 됩니다. 그런데 삶이란 과정에서 고민이 생겨납니다. 항상 좋은 부류의 사람들, 하나님의 말씀 안에 사는 사람만 만나는 것은 아니기 때문입니다.

이 세상에는 세상과 벗하여 사는 사람들이 그리스도인들보다도 훨씬 더 많습니다. 오십에는, 이 세상 친구들과의 인연을 아직까지 멀리할 단계는 아닙니다. 그러나 어느 순간에는 세상 사람들과의 관계를 다 내려놓아야 할 때가 있습니다. 바로 그 시기가 오십 이후에는 다가오고 체감합니다.

– 나의 간절한 기대와 소망을 따라 아무 일에든지 부끄러워하지 아니하고 지금도 전과 같이 온전히 담대하여 살든지 죽든지 내 몸에서 그리스도가 존귀하게 되게 하려 하나니 이는 내게 사는 것이 그리스도니 죽는 것도 유익함이라 그러나 만일 육신으로 사는 이것이 내 일의 열매일진대 무엇을 택해야 할는지 나는 알지 못하노라 내가 그 둘 사이에 끼었으니 차라리 세상을 떠나서 그리스도와 함께 있는 것이 훨씬 더 좋은 일이라 그렇게 하고 싶으나 내가 육신으로 있는 것이 너희를 위하여 더 유익하리라 (빌 1:20-24)

세상의 사람들과의 만남엔 고민과 갈등이 있습니다. 교회 안에서 만나는 그리스도인들과는 다른 세상 사람들의 방식이 있기 때문입니다.

유희와 쾌락을 즐깁니다. 그럼에도 세상 사람들과 함께 어울리지 않고 살아갈 수는 없습니다.

모든 그리스도인들이 그렇겠지만, 특히 오십에 들면, 이 세상의 유희와 쾌락, 그리고 여흥을 차츰 멀리하게 됩니다. 그리고 그리스도인으로서 정체성을 찾게 됩니다. 바로 이것이 오십의 때입니다. 자세히 성찰해보면, 어느 순간 차츰 세상의 인간관계가 줄어듦을 알게 될 것입니다. 이 오십의 때는 그리스도인의 본연의 삶의 자리로 돌아와 주님의 습관을 배울 때입니다.

··· 좋은 습관 익히기

성경은 늘 하나님의 말씀을 듣지 않는 이스라엘 민족의 나쁜 습관을 예레미야 선지자를 통해서 지적합니다. 신약성경에서는 그리스도인들이 좋은 습관을 가질 것을 권고합니다.

- 네가 평안할 때에 내가 네게 말하였으나 네 말이 나는 듣지 아니하리라 하였나니 네가 어려서부터 내 목소리를 청종하지 아니함이 네 습관이라 (렘 22:21)
- 모이기를 폐하는 어떤 사람들의 습관과 같이 하지 말고 오직 권하여 그 날이 가까움을 볼수록 더욱 그리하자 (히 10:25,)

우리는 예수님의 십자가의 사랑을 담고 있는 성경 말씀을 읽음으로 복을 얻습니다. 성경말씀이 우리를 바른 길로 인도하며, 우리에게 주님의 사랑을 깨닫게 하기 때문입니다. 주님을 따르는 사람들은 하나님을 두려워하기에 그분의 말씀을 가슴에 담습니다. 그러기에 또한 세상을 두려워하지 않습니다.

모이기를 폐하는 것은 교회의 가르침의 모임, 예배를 폐하는 것입니다. 그리스도인은 늘 예배에 참여하는 좋은 습관을 가져야 할 것입니다. 온전히 주님이 기뻐하시는 의의 길을 사는 것, 그리고 이 삶을 살기 위해 매일 말씀 묵상과 기도와 같은 습관을 갖는 것, 선한 말을 내는 습관을 갖는 것, 이웃에 구제와 자선을 베푸는 것, 전도를 하는 것 등등, 그리스도인은 주님이 기뻐하시는 삶을 살아야 할 것입니다. 오십에 들면 이 좋은 습관들을 가지 것이 옳은 일입니다. 바로 이 길이 행복의 길입니다.

친구로부터 성경 읽는 습관 권해 듣기

믿음이 없으면 요한복음을 읽고, 힘이 없고 나약해진다 싶으면 시편을 보고, 소망이 끊어진다 싶으면, 요한계시록을 읽고, 사람 사이의 인간관계를 알아야 되겠다고 한다면, 잠언을 읽기를.

이 땅에서 공의와 정의가 사라진다고 생각하면 이사야서를 읽고, 나가서 정의를 외치고 싶거들랑 아모스서를 읽고, 나라의 경제가 암울해지고, 하나님의 뜻을 알겠다면, 에스겔서를 읽고, 하나님을 사랑하는 이들의 마음을 알고, 그렇게 살아가기를 바란다면, 예레미야서를 읽고, 가난한 이에게 복음이 전파되는 것을 알고, 그분의 뜻을 순응하겠다면, 누가복음을 읽으시기를.

만약 공격적으로 일어나 믿음을 선포하고 싶거들랑 여호수아서를 읽고, 고관이 되어 믿음이 성취되기를 원한다연 에스라의 금식기도를 배우고, 느헤미야의 희망과 다니엘의 삶을 배우고, 주님께서 인도하시는 삶을 꼭 배우고 싶거들랑 사도행전을 읽으시기를.

성령님이 누구신지 알겠다면 요한복음을 다시 읽고, 이 땅에 복음을 전하기 위해 오신 주님을 뵙고 싶거들랑 마태복음을 읽고, 신실한 그리스도인의 삶을 살고 싶거들랑 고린도전후서를 읽고, 그렇게 아름다운 주님의 가정을 꾸미고 싶거들랑 에베소서를 배우시게.

매일 아침 시편 한절을 묵상하는 건 희망이요 소망이니 그 길을 잃지 말고, 나 자신의 몸을 가다듬고 정제된 삶을 살고 싶거들랑, 매일 잠언 한 구절씩을 읽는 것을 소홀히 하지 마시게.

우리 주님께서 내게 허락하신 길을 생각하거들랑 누가복음을 꼭 보고, 가난해서 돈을 벌고 싶은 사람이나 부자라고 생각하는 사람도 꼭 누가복음을 손에서 놓지 말게. 아시겠는가? 그 길을. 삶의 길을.

성경은 하나님의 말씀, 거기에 주님의 길이 있으니, 늘 시편과 잠언, 복음서, 이것은 손에 놓지 마시게나. 혹 더 깊은 교리를 깊이 알고 싶어, 로마서를 가까이 할 때도, 그 근원은 우리 주 예수님이시라는 걸 생각하고 믿음의 빛을 가지시게나.

믿음과 소망과 사랑, 아니 요즘은 믿음과 희망과 사랑이라고 하더네만, 사랑 장인 고린도전서 13장의 목소리이니, 혹 성경을 덮고 세상을 이야기하지 말게.

목회자가 되면 꼭 디모데전후서를 깊이 묵상하고, 삶의 길을 다시 찾아보시게나.

젊은이라면 꼭 시편과 잠언을 가까이 하고, 노년이라면 요한계시록을 늘 품에 안고, 가정을 꾸린 가장이라면 에베소서를 손에서 놓지 않으리라 믿네.

… 습관 / 좋은 습관, 복 있는 사람 되기

좋은 습관을 가진다는 것은 주님께서 말씀하시는 좁은 문으로 향하는 것을 말합니다. 그 길은 세상의 길과는 다르며, 주님의 길을 향하는 길입니다. 인생은 늘 두 가지 길 사이에서 기웃거리게 됩니다. 의의 길과 진리의 길과는 달리, 또 다른 세상의 길입니다. 그리스도인은 말할 것도 없이 주님께서 가르치신 길로 가야 합니다. 하나님을 사랑하는 길, 말씀을 사랑하는 길, 이 길을 따르는 사람은 행복합니다. 주님을 따르는 좋은 습관은 말씀읽기와 기도, 그리고 지속적인 예배 생활입니다. 이 삶의 방식을 아는 사람은 행복한 사람입니다.

오십, 성경에서 길을 찾다

하나님의 뜻을 행하는 삶 살기

— ● 기준 standard ● —

이는 너희가 흠이 없고 순전하여 어그러지고 거스르는 세대 가운데서 하나
님의 흠 없는 자녀로 세상에서 그들 가운데 빛들로 나타내며 생명의 말씀을
밝혀 나의 달음질이 헛되지 아니하고 수고도 헛되지 아니함으로 그리스도
의 날에 내가 자랑할 것이 있게 하려 함이라 (빌 2:15-16)

오십의 그리스도인들이 살아가는 방식에 대한 기준을 어디에 두어
야 할까요. 빌립보서는 오십에 든 그리스도인들의 삶의 기준과 살아가
는 방식을 설명하여 줍니다.

신약성경의 대부분의 형식이 그렇듯이 빌립보서 역시 편지입니다.
다만 다른 신약성경과 다른 점이 있다면, 바울이 로마의 감옥에서 쓴

편지라는 것입니다. 그래서 옥중서신이라고 말하기도 합니다. 바울은 복음을 전하는 것이 공공질서를 어지럽혔다는 이유로 고소를 당해 갇혀 있는 상태가 됩니다. 그럼에도 바울은 빌립보 교인들의 믿음의 제물과 섬김으로 인하여 기뻐합니다. 옥에 갇힌 상황에서 빌립보 성도들에게 보낸 이 편지는 사도 바울과 빌립보 교인들과의 끈끈한 관계를 잘 보여줍니다. 사도 바울이 기뻐할 수밖에 없었던 이유는 바로 빌립보 교인들의 봉사와 섬김 때문이었습니다.

오십의 그리스도인들은 빌립보서를 읽으면서 바울이 살아가는 삶의 방식을 살피면, 그리스도인으로서의 삶의 기준을 다시 세워 나갈 수 있습니다. 특히 오십이 되면서 믿음의 성숙기에 들게 되는 그리스도인의 믿음 생활에 감사와 기쁨이 없다면, 사도 바울이 쓴 빌립보 교회에 보낸 편지를 꼭 읽고 신앙생활의 해답을 다시 찾아야 합니다. 성경말씀이 제시하는 감사하는 삶과 기쁨이 넘치는 삶, 이 두 가지 기준을 빌립보서를 통해 배울 수가 있습니다.

⋯ 그리스도인으로서 삶의 기준 정립하기

바울이 쓴 여러 편지 가운데 빌립보서는 가장 개인적인 서신입니다. 그러기에 빌립보 교회로부터 받았던 후원에 대하여 감사하는 내용도 담겨져 있습니다. 사도 바울의 권고는 자신이 고난 가운데서도 기뻐하는 것처럼, 성도들 또한 예수 그리스도 안에서 기뻐하기를 강조합니다. 이 감사와 기쁨은 오십에 든 그리스도인의 삶에 있어야 할, 꼭 필요한 삶의 기준이며, 방식입니다.

사도 바울은 하나님을 위한 삶, 주 예수 그리스도의 복음을 전하는 소명을 다하는 삶, 복음을 위하여 살았습니다. 이는 오십에 든 그리스도인들도 마찬가지입니다. 제물을 드림으로 헌신하는 감사와 기쁨이 늘 생활 가운데 넘쳐야 합니다. 이것이 그리스도인의 삶의 기준이며, 방식이 되어야 합니다. 또한 이것은 인생의 중간 결산기, 바로 인생에서 성숙할 대로 성숙한 오십이 되어서야 가능한 일이기 때문입니다. 교회의 일과 봉사를 하더라도 이 기쁨과 감사가 넘치지 않으면, 그 헌신은 헛되고 말 것입니다. 그래서 그리스도인이 삶의 기준은 바로 감사와 기쁨이 되어야 합니다. 하나님의 뜻을 행하는 삶은 감사와 기쁨이 넘치기 때문입니다.

빌립보서의 주제는 고난 가운데 기쁨입니다. 그래서 빌립보서는 기뻐하라는 말이 유독 많이 나옵니다. 사도 바울은 지금 옥에 갇힌 상황에서도 빌립보 교인들에게 권면합니다. 예수 그리스도의 빛 된 삶의 모습을 빌립보 교인들에게 권면합니다. 빌립보 교인들에게 전한 복음 때문에 옥에 갇혔어도 자신이 기뻐하는 것처럼 기뻐하라고 이야기합니다.

하나님의 복음을 받아들인 빌립보 교인들을 위하여 희생하는 삶, 그러면서도 마지막까지 주님 안에서 기뻐하는 삶, 그리고 주 하나님께로부터 받게 될 상급을 소망하며, 그 기쁨을 잃지 않기를 권면하는 삶의 모습을 사도 바울에게서 보게 됩니다. 바로 오십의 나이에 우리가 가져야 하는 하나님의 복음을 위해 사는 성숙된 그리스도인의 모습입니다.

주 예수 그리스도의 복음을 위하여 사는 삶을 생각하면, 예수님께서 가르치신 말씀 한 구절을 찾게 됩니다. 주님께서는 우리가 예수님을 믿는다고 하더라도 주님이 계신 천국에 들어가는 사람이 그리 많지 않을 것이라는 사실을 지적하는 말씀입니다. 이 말씀을 들으면 하나님을 위한 삶이 어떤 것일까 깊이 생각하게 합니다.

　- 나 더러 주여 주여 하는 자마다 천국에 들어갈 것이 아니요 하늘에 계신 내 아버지의 뜻대로 행하는 자라야 들어가리라 (마7:21)

많은 그리스도인들이 교회에 나가 예배를 드리지만, 주님의 뜻에 합당한 삶을 살고 있는 사람이 과연 얼마나 될까요? 주님의 말씀은 이 점을 지적하시고 있습니다.

주님께서 "나더러 주여 주여 하는 자마다 천국에 들어갈 것이 아니다"라고 말씀하심에는 그리스도인이 좋은 열매를 맺으라는 교훈이 전제되어 있습니다. 주님의 말씀의 교훈은 그리스도인이 그리스도인다워야 한다는 경고를 여러 번 하시고 계십니다. 그리스도인들에게 무섭도록 냉철하신 주님의 말씀이며 명령입니다.

빌립보서의 말씀도 결국 요한복음에서 가르치신 주님의 교훈을 그대로 따르고 있음을 봅니다. 희한하죠? 사도 바울이 예수님을 직접 뵙고, 배운 세대가 아님에도 바울 서신의 가르침이 예수님의 가르침과 어찌 그리 똑같을까요?

- 진리를 따르는 자는 빛으로 오나니 이는 그 행위가 하나님 안에서 행한 것임을 나타내려 함이라 하시니라 (요 3:21)

··· 하나님을 향한 삶의 기준 세우기

우리가 하나님 아버지의 뜻대로 행한다? 대체 이 기준이 무엇일까요? 오십이 되면 이 질문에 대한 대답이 명확해져야 합니다. 이 질문에 대하여 여러 가지로 답변이 나오겠지만, 가장 간단한 대답은 예수님을 믿어 영생을 얻는 것입니다. 이 믿음은 예수님을 따름이고, 예수님을 따르면, 예수님의 계명을 지키게 된다는 말입니다.

믿음에 대한 확장은 바로 예수님의 계명, 하나님 사랑과 이웃 사랑의 실천이며, 그 본류는 하나님께서 모세를 통하여 주신 열 가지의 계명과도 일치된 삶입니다. 선지자들은 율법의 정신을 공의와 정의로 표현하고 있습니다. 예수님을 믿는 사람은 성경 여러 곳에서 기록한 악의 모습을 가질 수가 없습니다. 악의 근본적인 모습은 거짓과 탐욕이기 때문입니다. 이는 주님의 가르침에서 바로 벗어나는 일입니다.

- 그는 공의와 정의를 사랑하심이여 세상에는 여호와의 인자하심이 충만하도다 (시 33:5)
- 여호와께서 이와 같이 말씀하시되 너희가 정의와 공의를 행하여 탈취당한 자를 압박하는 자의 손에서 건지고 이방인과 고아와 과부를 압제하거나 학대하지 말며 이 곳에서 무죄한 피를 흘리지 말라 (렘 22:3)

예수님을 믿는다는 것은 바로 이 악한 행실에서 돌이켜 주 예수 그리스도의 의의 삶으로 돌이키는 것을 말합니다. 회개는 죄악에서 돌이키는 심령의 변화이지만, 아울러 그 믿음의 표징은 하나님의 거룩하심과 의를 사랑하는 것입니다. 내 아버지의 뜻대로 행하는 것, 주 예수님을 사랑하는 것, 하나님을 사랑하는 것, 성령님의 인도하심을 받는 삶, 결국 의와 사랑의 삶을 사는 그리스도인의 본질적 삶을 가리킵니다.

- 아버지께서 나를 사랑하신 것 같이 나도 너희를 사랑하였으니 나의 사랑 안에 거하라 내가 아버지의 계명을 지켜 그의 사랑 안에 거하는 것 같이 너희도 내 계명을 지키면 내 사랑 안에 거하리라(요 15:9-10)

예수님을 따름, 하나님 사랑, 이웃 사랑의 구체적인 실천 방법이 논쟁이 될 수 있습니다. 그 실천 방법이 한 영혼의 구제를 위한 전도로 한정하여 실천되거나, 혹은 사회적 정의를 지킴으로 이웃 사랑을 실천하는 사회적 참여, 자선과 구제 등 다양한 방법으로 확장할 수 있습니다. 그러나 이 모든 삶의 기준은 예수 그리스도를 사랑함, 즉 사랑의 실천에서 비롯되어야 하고, 올바른 정의, 하나님의 구원과 사랑이라는 관점에서 출발하여야 합니다. 오십에는 이러한 하나님을 사랑하는 삶의 기준이 명확히 정의될 수 있어야 합니다.

… 선한 그리스도인의 기준으로 살아가기

선한 사람과 악한 사람의 근본적인 차이는 바로 올바르게 사는 것에서 출발합니다. 올바르게 산다는 것은 남을 속이지 않으며, 거짓말하지 않으며, 남을 괴롭히거나, 다른 사람에게 해를 끼치지 않으며, 포악한 말과 행동을 하지 않는 것을 의미합니다.

우리가 행위로 구원을 받는 것이 아니요, 믿음으로 구원을 얻지만, 믿음을 가졌다고 아는 객관적인 방법은 그 사람의 선한 모습과 행동을 통해서 확인합니다. 회개하고 거듭났다면, 절제와 인내로서 과거의 죄악들을 돌이켜 선한 삶을 사는 것이 그리스도인의 자세입니다.

우리가 믿음을 너무 강조하다가 보면, 믿음이 깊은 회개를 수반한 가운데서 삶이 동반된다는 사실을 잊을 때가 있습니다. 회개란 우리 주 예수 그리스도의 겸손한 삶을 본받는 것입니다. 믿음을 가진 이의 본성이 비록 그 성격의 과격하고 급한 성격의 모습으로 드러난다 하더라도, 그 모든 모습들은 선한 성품에서 비롯되어야 합니다.

오십에 들수록 바로 신중하고, 겸손해지며, 조심스러워지는 것들이 바로 이런 이유입니다. 그리스도인의 삶의 기준은 선한 성품에서 드러난 사랑의 열매를 가진 삶이 되어야 합니다.

… 하나님과 세상 사이의 기준

그리스도인들은 늘 이 두 가지 사이에서 고민하게 됩니다. 삶이라는 문제가 늘 앞에 있기 때문입니다. 우리의 고민이 늘 여기에 있습니다. 하나님과 세상, 좁게는 하나님과 돈에 관한 문제가 늘 괴롭습니다. 그리스도인이 접하는 폭 넓은 세상의 문제는 현재 하는 일, 즉 직업, 명예, 경제적 안정, 투자의 가치, 환경 등등 자신이 속한 환경의 모든 문제들과 일어나는 가치 판단 기준의 문제들입니다.

오십에도 경제적 활동을 하지 않을 수 없고, 때론 빈번하게 그리스도인다운 삶을 요구받게 됩니다. 회사의 조직 가운데서 생활하다가 보면, 그리스도인이라는 이름 때문에 소외되는 경우도 있고, 흥건한 세상문화 속에서 그렇지 않아야 하는 고민이 늘 있습니다. 믿음의 기업을 일군다는 말이 목회자의 말처럼 그렇게 간단하거나 쉬운 것이 아니라는 것을 오십에는 극도로 느끼고 몸서리치는 때입니다. 때로는 세상의 전력과 방법에 순응하기도 하죠. 믿음의 사람들은 사람을 의지하지 말고, 오직 주님만을 의지하는 삶의 모습을 부여야 합니다. 그러나 세상은 그렇게 호락호락하지 않습니다.

- 여호와여 주의 이름을 아는 자는 주를 의지하오리니 이는 주를 찾는 자들을 버리지 아니하심이니이다 (시 9:10)

우리의 의지와는 상관없이 우리를 괴롭히는 여러 가지 문제들이 당면해 옵니다. 결국 우리 주님을 찾지 않을 수 없습니다.

… 궁극적 행복한 삶의 기준, 세 가지 덕목

오십에 들어서는 이들은 그리스도인으로서 꼭 가져야할 삶의 덕목, 세 가지 삶의 기준을 가지고 생활화 할 필요가 있습니다. 이것은 교회 안에서 그리스도인으로서 생활뿐만 아니라, 바깥세상 생활에서도 꼭 필요한 덕목입니다. 이 덕목은 그리스도인으로서 바른 생활을 안내하는 길잡이가 될 것입니다.

빌립보서 2장이 가르치는 말씀들은 모두 예수 그리스도 십자가를 닮아가는 삶의 방식입니다. 인생의 중간 결산기 오십에 이 세 가지 기준을 가지고 생활한다면, 아마 인생의 마지막 여정 또한 성공적인 삶을 살 수 있으리라 확신합니다.

행복한 삶의 기준 첫 번째 덕목은 예수님의 마음을 품는 **겸손**입니다. 이 덕목은 예수님께서 이 세상에 낮아져 오심을 이해하고 닮아가는 데 있습니다. 예수님처럼 스스로를 낮추고 낮아지면, 사람들로부터 비난의 빌미를 줄 이유가 전혀 없습니다. 인간의 모든 욕심이 높아지는 데서 나오기 때문입니다. 예수님을 닮아가는 겸손의 자리가 행복의 기준입니다. 십자가를 지신 예수님처럼, 십자가를 지는 삶, 즉 스스로 다른 사람보다 낮아지는 겸손의 삶을 살게 되면, 행복하지 않을 수 없습니다.

– 너희 안에 이 마음을 품으라 곧 그리스도 예수의 마음이니 그는 근본 하나님의 본체시나 하나님과 동등됨을 취할 것으로 여기지 아니하시고 오

히려 자기를 비워 종의 형체를 가지사 사람들과 같이 되셨고 사람의 모양으로 나타나사 자기를 낮추시고 죽기까지 복종하셨으니 곧 십자가에 죽으심이라 (빌 2:5-8)

행복한 삶의 기준 둘째 덕목은 **염려하지 않는 생활**입니다. 즉, 기도와 감사함으로 하나님께 아뢰는 기도의 생활입니다. 이 기도생활은 우리의 모든 것을 주님께 맡겨 버림으로 염려와 근심과 걱정이 없게 됩니다. 기도란 주님께 우리의 필요한 것을 아뢰고 맡기는 것입니다. 걱정과 근심도 주님 앞에 기도하며, 고하고 나면 다 사라집니다. 이 기도의 생활을 처음 하기가 어렵습니다. 오십에는 꼭 이런 기도의 생활을 배울 일입니다.

– 아무 것도 염려하지 말고 다만 모든 일에 기도와 간구로, 너희 구할 것을 감사함으로 하나님께 아뢰라 그리하면 모든 지각에 뛰어난 하나님의 평강이 그리스도 예수 안에서 너희 마음과 생각을 지키시리라 (빌 4:6-7)

행복한 삶의 기준 세 번째 덕목은 **성결한 생활**입니다. 성결한 생활은 이 세상으로부터 구별된 거룩한 생활입니다. 성결한 생활은 빌립보서 4장 8절의 말씀과 같이 참되며, 경건하며, 옳으며, 정결하며, 사람들에게 사랑받을 만하며, 칭찬받을 만한 생활입니다. 하나님께서 거룩하시고 성결하시니, 우리 그리스도인들도 하나님을 닮은 거룩한 생활을 하는 것이 맞습니다. 이것이 성경에서 우리에게 가르치는 교훈이며, 말씀의 정수입니다.

– 끝으로 형제들아 무엇에든지 참되며 무엇에든지 경건하며 무엇에든지 옳으며 무엇에든지 정결하며 무엇에든지 사랑 받을 만하며 무엇에든지 칭찬 받을 만하며 무슨 덕이 있든지 무슨 기림이 있든지 이것들을 생각하라 (빌 4:8)

예수 그리스도를 믿지 않았을 때의 우리의 삶은 세상의 유혹에 빠져 세상과 벗 삼아 살며, 돈이 전부인지를 알았습니다. 인생의 중간 결산 기인 오십이 된 앞으로는 주님이 최고인 줄 알고, 생명의 성령의 법이 우리를 지배하는 성결한 모습으로 변화된 삶을 살아야 합니다. 그리고 이것이 바람직한 삶의 방식이며, 그리스도인의 삶의 기준이 되어야 합니다.

… 기준 / 그리스도인의 삶의 기준 세우기

좋은 습관처럼 그리스도인의 삶의 기준은 하나님의 뜻을 행하는 삶입니다. 이 삶은 앞의 좋은 습관과 맞물려 있습니다. 좋은 습관을 갖기 위해서는 바른 삶의 기준과 가치관이 형성되어 있어야 합니다. 그리스도인의 삶의 기준은 반드시 하나님의 관점에서 마련되고 행해지게 됩니다. 궁극적인 그리스도인의 삶의 기준은 사랑입니다. 사랑이라는 이 하나의 기준을 따르면, 그 나머지는 쉽습니다. 오십에 들어서는 지금부터 이 기준으로 모든 것을 준비할 일입니다. 하나님을 위한 삶의 목적을 두고 사는 사람은 행복합니다.

삶의 가치의 변화

가치 value

내가 그리스도와 함께 십자가에 못 박혔나니 그런즉 이제는 내가 사는 것이 아니요 오직 내 안에 그리스도께서 사시는 것이라 이제 내가 육체 가운데 사는 것은 나를 사랑하사 나를 위하여 자기 자신을 버리신 하나님의 아들을 믿는 믿음 안에서 사는 것이라 (갈 2:20)

오십이 되면, 삶의 가치를 깊이 생각하게 됩니다. 지금까지 살아왔던 방식과 주님 안에서의 삶의 방식, 이 두 가지에 대해서 고민하는 일이 늘게 됩니다.

갈라디아서는 그리스도인은 내가 사는 것이 아니라, 내 안에서 그리스도께서 사는 것이라고 고백합니다. 그리스도인은 믿음으로 사는 것이죠. 갈라디아 교회를 향한 바울의 편지에서 이러한 고백이 있었던 것은 바로 갈라디아 교회 내에 할례 논쟁이 있었기 때문입니다.

··· 그리스도인의 핵심 가치, 율법에서 믿음으로 이해하기

할례는 하나님께서 아브라함과 맺으신 언약이었습니다.(창 17:11) 할례는 남자 성기 위에 덮여 있는 표피를 제거하는 행위를 말합니다. 하나님께서는 아브라함과 노예를 포함한 그 가정에 속한 모든 남자들에게 할례를 행할 것을 명하셨습니다. 이 언약 의식을 통해 아브라함의 자손들은 하나님의 백성이라는 은밀한 표식을 몸에 지니게 되었습니다.(창17:12; 출4:24; 수5:2) 할례는 태어난 지 8일째 되는 날 실시하도록 규정되었으며,(창17:12, 24-25; 레 12:3) 남자 아이를 낳은 여인은 7일 동안 부정하였으므로, 8일째 되는 날을 할례일로 정했습니다.(레 12:2) 신약시대에 이르러 사도 베드로가 할례 받지 않은 이방인들에게 하나님께서 성령을 부어주심을 보고, 이들에게 세례를 베풀었습니다.(행 10:14-21), 이방인에 대한 할례 논쟁은 예루살렘 공의회를 통하여 이방인이 할례를 받지 않아도 공동체의 일원으로 받아들이도록 조치를 하였습니다.(행11:1-18)

그러나 갈라디아 교회에 다시 유대주의자들이 일어나 이방인으로 하여금 할례를 받도록 요구하였습니다. 사도 바울이 쓴 갈라디아서는 이방인에 대한 할례 논쟁을 다루고 있습니다.

바울은 이 편지를 통해 한 때 율법으로부터 은혜의 복음을 믿었다가 그릇된 길로 간, 갈라디아의 그리스도인들을 다시 깨우치고 있습니다. 유대주의자들이 성도들의 마음을 빼앗고, 그들에게 율법 순종의 의무를 다시 지우게 했기 때문입니다. 이들은 하나님의 새로운 백성이 되기 위한 조건으로 할례를 요구했습니다. 이 행위는 복음을 전하는 사도들의 선교활동을 위험에 빠뜨리는 일이었습니다.

… 그리스도인의 가치관, 믿음으로 구원받음 이해하기

바울은 갈라디아 교회에 보낸 편지에서 모든 수사학적 방법으로 갈라디아 교인들을 복음으로 돌아오도록 애씁니다. 바울 개인의 생각을 드러내며, 간절한 부탁과 또는 논쟁적인 접근으로 갈라디아 교인들을 설득합니다.

갈라디아서 2장 20절 말씀은 예수님께서 십자가에 못 박히실 때, 우리 또한 예수 그리스도와 함께 십자가에 못 박힌 것이므로, 그러므로 이제는 우리가 사는 것이 아니며, 오직 우리 안에 계신 예수 그리스도께서 사시는 것이라고 말합니다. 또한 지금 우리가 육체 가운데 사는 것은 우리를 사랑하셔서 우리를 위하여 자기 자신의 몸을 희생하신 하나님의 아들, 예수 그리스도를 믿는 믿음 안에서 사는 것이라고 가르칩니다.

복음은 사람이 만든 것이 아니고, 또한 율법의 행위로 보충되어야 할 것도 아니며, 오직 예수 그리스도를 믿는 믿음 안에서 주님께로부터 주어진 것입니다. 그리스도 안에서 자유는 믿음 안에서 주어진 선물입니다. 바로 이것이 갈라디아서의 요지이며, 주제입니다.

예수 그리스도 안에서 그리스도인의 자유는 바로 이것입니다. 즉 예수 그리스도께서 십자가에 못 박혀 죽으실 때, 우리 자신도 함께 십자가에 못 박혀 죽었다는 것, 그래서 예수 그리스도께서 우리 안에 들어와 사신다는 것, 그래서 우리가 예수 그리스도의 구원하심을 믿는 믿음으로 산다는 것입니다. 바로 이것이 오십에 들어선 그리스도인의 모든 삶의 핵심 가치관이 되어야 합니다.

요한복음 3장 16절의 말씀이 복음의 절대적인 말씀이라면, 예수 그리스도를 믿는 성숙된 그리스도인들에게는 에베소서 2장 8절 말씀과 갈라디아서의 이 말씀이 삶의 좌우명으로 남아 있어야 합니다.

- 하나님이 세상을 이처럼 사랑하사 독생자를 주셨으니 이는 그를 믿는 자마다 멸망하지 않고 영생을 얻게 하려 하심이라 (요 3:16)
- 너희는 그 은혜에 의하여 믿음으로 말미암아 구원을 받았으니 이것은 너희에게서 난 것이 아니요 하나님의 선물이라 (엡 2:8)

… 그리스도인의 선한 삶의 가치관 갖기

믿는 사람이 어떤 삶을 사느냐 하는 것은 정말 중요한 주제입니다. 이는 그리스도인이 예수 그리스도를 믿은 이후의 삶이라는 근본적인 주제와 관련이 되기 때문입니다. 그리스도인이 믿음으로 산다는 것은 믿음으로 구원을 받는다는 말입니다. 구원 받은 그리스도인이 그리스도인다운 삶을 산다는 것은 빛과 소금이 되는 바른 삶을 산다는 것을 의미합니다. 그리스도인은 선하신 하나님의 성품을 따를 수밖에 없습니다.

올바르게 산다는 것은 남을 속이지 않으며, 거짓말하지 않으며, 남을 괴롭히거나, 다른 사람에게 해를 끼치지 않으며, 포악한 말과 행동을 하지 않는 것을 말합니다.

이런 사실들이 젊은 시절에는 크게 눈에 보이지 않을 수 있습니다. 그러나 오십에 접어들면, 이 문제가 눈에 크게 뜨이게 됩니다. 그리고 성숙한 그리스도인으로서 어떻게 그리스도인다운 삶을 사느냐 하는 것이 심각한 문제가 됩니다.

그리스도인은 행위로 구원을 얻는 것이 아니라, 믿음으로 구원을 얻지만, 믿음을 가졌음을 아는 가장 객관적인 방법은 선한 그의 모습과 행동으로 드러납니다. 회개하고 거듭났다면, 절제와 인내로서 과거의 죄악들에서 돌이켜, 선한 삶을 사는 것이 그리스도인의 근본 자세입니다. 그러나 많은 사람이 그렇게 하지 못합니다.

갈라디아서의 이 말씀은 오십에 접어든 성숙한 그리스도인이 살아가는 모습의 표준입니다. 지금까지는 내가 살아왔으나, 이제부터는 내 안에 계시는 예수 그리스도께서 나와 함께 사심을 아는 것입니다. 이 믿음으로 사는 것은 내 삶의 전부, 내 성품의 전부, 내가 행동하는 전부, 이 모든 것이 예수 그리스도의 성품에서 비롯된 행위로 드러납니다. 이렇게 되면 자유로워집니다. 그리고 주님을 위해서 살게 됩니다.

오십에는 지금까지 세상 삶의 가치관을 완전히 버리고, 예수 그리스도 안에서 새 사람을 입는 기쁨으로 삽시다. 이 삶의 방식은 오십에야 깨달아지는 귀중한 삶의 지혜입니다.

… 하나님과 세상 사이의 삶의 가치 세우기

그리스도인들은 늘 하나님과 세상, 믿음과 삶이라는 이 두 가지의 지평에서 고민합니다. 현존적인 삶이라는 문제가 늘 다가옵니다. 그리스도인의 삶의 고민이 여기에 있습니다.

그리스도인에게 다가오는 폭 넓은 세상의 문제는 현재 하는 일, 즉 직업, 명예, 경제적 안정, 투자의 가치, 환경 등등 자신이 속한 환경의 모든 문제들에 부딪히는 가치 판단의 문제들입니다. 이 문제는 오십 줄이 들어서야 어느 정도 그 방향을 설정하게 됩니다. 그 이전에는 이런 상황이 이해가 안 되고, 이 나이에 들어서야 그 매듭이 눈에 보입니다. 그만큼 실제적이고도 행동적인 문제입니다. 세상 사람들처럼 경제적 활동을 하지 않을 수 없고, 그럼에도 이 경제활동은 그리스도인다운 삶을 요구받습니다. 하지만 유혹에 넘어가는 경계선, 그곳에 오고가고는 백짓장 차이처럼 쉽습니다. 그 눈금이 보이지 않게 존재하지만, 이 존재가 보이지 않기에 늘 이곳을 쉽게 넘나듭니다.

믿음의 기업을 일군다는 말이 그렇게 간단하거나 쉬운 것이 아니라는 것을 그리스도인 기업가들은 알고 있습니다. 사람을 의지하지 말고, 오직 주님만을 의지하는 그런 삶을 살아야 하는 것도 알고 있습니다. 그러나 세상은 그렇게 호락호락하지를 않습니다. 바로 이게 지금 그리스도인 현실입니다.

바로 이런 일들이 주님에 대한 믿음과 세상의 삶 사이에서 벌어지는 그리스도인의 내적 갈등 상황입니다. 이런 가운데서도 그리스도인은 하나님의 가치관과 삶을 이어 나가야 합니다. 이 상황이 오십에서야 자세히 눈에 보이고, 세상의 삶에서 벗어나는 기술을 체득합니다. 오십에는 그리스도인으로서의 삶의 가치관을 확고히 해야 합니다.

… 성경 말씀에서 삶의 가치기준 찾기 연습

오십에 들어서 보면 너무도 이론적으로 잘 알고, 또 느낍니다. 주님만을 섬겨야 함을. 그러나 교회에 가보면 문이 닫혀 있고, 또 함께 모인 성도들은 주님의 거룩한 인격이란 또 찾아볼 수 없을지도 모릅니다. 바로 이게 현실임을 깨달으며, 절망합니다.

지금의 성도들의 소망은 주 하나님을 섬기며, 제자들처럼 회심하여, 주님만을 소개하는 그런 목회자를 만나고 싶어 합니다. 그러나 이게 어려운 일이 되고 말았습니다. 그런 목회자를 찾기가 무척 어려운 시대가 되었기 때문입니다. 유튜브에도 많은 설교들이 난무하지만, 마음을 풀어주는 목회자들이 많지 않습니다. 주님의 교회당에 엎드리어 기도하고 싶지만, 이 또한 어려운 일입니다. 집에서 엎드려 기도하고 싶지만, 소리 내어 기도하기 어렵고, 머릿속에는 어지럼증이 가득합니다. 갖은 잡념들이 생겨납니다.

오십에 들어선 그리스도인들이 신앙의 성숙기는 그분의 사랑을 그리워하며, 그분의 사랑으로 깊어지고 싶은 시기입니다. 정녕 하나님과 세상 사이에서 주님 한 분만을 위해 살지 못하는 몸이 안타깝기만 합니다. 주님의 마음에 들지 못하는 생활은 늘 슬픔입니다. 안타까움이 있습니다. 믿음의 문제로 마음이 방황하는 이들에게 이 갈라디아서

오십, 성경에서 길을 찾다

의 말씀은 해답입니다. 특히 오십에 접어들며, 주님을 위한 삶에 몸부림치는 이들에게 이 말씀은 정녕 신앙생활의 해답입니다. 이제는 내가 사는 것이 아니라, 내 안에 계신 주 예수 그리스도와 함께, 성령님과 함께, 주님을 믿는 믿음 안에서 사는 것입니다.

⋯ 그리스도인의 삶의 가치와 변화 기준 확정하기

오십에는 지금까지 미처 정리해 보지 못했던, 그리스도인으로서 삶의 가치관을 확실하게 다시 세울 필요가 있습니다. 그리스도인은 지금까지 세상에 두었던 삶의 가치관을 예수 그리스도 중심으로 바꾸어야 합니다. 예수 그리스도께서 우리 안에 들어와 사시는 삶의 가치를 세우는, 그 삶의 방법을, 우리는 마태복음의 산상보훈에서 찾을 수 있습니다. 산 위에서 가르치신 말씀이죠. 그래서 예수님의 산상설교라고도 합니다.

예수님의 산상설교인 마태복음 5장에서부터 7장까지의 말씀을 큰 제목으로 정리하면, 그리스도인으로서의 삶의 기준과 가치관이 확실히 정립이 됩니다. 이 가치관은 주님을 따르는 삶입니다. 오십이 된 성숙한 그리스도인의 삶의 방식과 그 가치철학이 들어있습니다. 마치 모세의 십계명 같은 여러 가지 계율들이 약 스무 가지 자신만의 계율들을 정리해 낼 수가 있는데, 주님께서 우리에게 알려주신 새로운 삶의 가치기준을 봅니다. 정말 귀중한 보고의 말씀입니다.

이 삶의 방법을 책상 앞에 붙여 놓고, 늘 아침마다 혹은 잠자리에 들기 전마다, 한 번씩 되새김질 해보면 어떨까요? 주님께서 가르치신 산상보훈의 교훈은 오십에 접어든 우리 그리스도인들에게 새로운 삶의 가치기준을 지닌 지침서로 자리매김하게 될 것입니다.

스무 가지 행복선언 (산상보훈의 천국계명)

1. 여덟 가지 복 있는 사람이 있다. (마 5:3-12)

　① 심령이 가난한 사람 → 천국을 소유하게 된다.

　② 애통하는 사람 → 위로를 받게 된다.

　③ 온유한 사람 → 땅을 기업으로 받게 된다.

　④ 의에 주리고 목마른 사람 → 배부르게 된다.

　⑤ 긍휼히(불쌍히) 여기는 사람 → 긍휼히 여김을 받게 된다.

　⑥ 마음이 청결한 사람 → 하나님을 보게 된다.

　⑦ 화평케 하는 사람 → 하나님의 아들이라 일컫게 된다.

　⑧ 의를 위하여 박해를 받는 사람 → 천국을 소유하게 된다.

　※ 결론 : 예수님 때문에 박해받고 거짓으로 핍박당한 사람 → 하늘에서 상급이 크다.

2. 소금과 빛이 되라. (마 5:13-16) → 하나님께 영광 돌리라.

3. 율법을 완성하러 왔다. (마 5:17-20) → 그들보다 낫지 않으면 천국에 들어가지 못한다.

4. 형제에게 노하지 말라. (마 5:21-26) → 심판과 지옥 불에 들어가게 된다.

5. 간음하지 말라. (마 5:27-32) → 지옥 불에 들어가게 된다.

6. 맹세하지 말라. (마 5:33-37) → 옳다 아니다 하라. 그 외의 것은

악으로부터 난 것이다.

7. 악한 자를 대적하지 말라. (마 5:38-42) → 거절하지 말라.

8. 원수를 사랑하라. (마 5:43-48) → 사랑하며 기도하여 하나님과 같이 온전하라.

9. 구제함을 은밀하게 하라. (마 6:1-4) → 하나님 아버지께서 갚으신다.

10. 주기도문으로 기도하라. (마 6:5-15) → 하나님께서 아신다.

11. 외식으로 금식하지 말라. (마 6:16-18) → 하나님께서 은밀한 중에 보시고 갚으신다.

12. 보물을 하늘에 쌓아 두라. (마 6:19-34) → 하나님과 재물을 겸하여 섬기지 못한다.

13. 의식주와 내일 일을 염려하지 말라. (마 6:25-32) → 이방인들이 구하는 것이다.

14. 그분의 나라와 그분의 의를 먼저 구하라. (마 6:31) → 이 모든 것을 더하신다.

15. 비판하지 말라. (마 7:1-6) → 헤아림으로 헤아림을 받는다.

16. 구하라 찾으라 문을 두드리라. (마 7:1-11) → 하나님께서 좋은 것으로 주신다.

17. 남에게 대접 받고자 하는 대로 대접하라. (마7:12, 황금률) → 율법이요 선지자이다.

18. 좁은 문으로 들어가라. (마 7:13-14) → 생명으로 인도하는 문은 좁고 찾는 자가 적다.

19. 거짓 선지자들을 삼가라. (마 7:15-20) → 그들의 열매로 그들을

알리라.

　20. 하나님의 말씀을 듣고 하나님의 뜻대로 행하라. (마 7:21-22) →
천국에 들어가게 된다.

… 가치 / 삶의 가치의 변화 설정하기

　오십에 들기까지, 지금까지 가치 있는 삶의 기준은 거의 세상의 잣
대였습니다. 그러나 지금부터는 달라져야 합니다. 모든 가치기준을 주
예수 그리스도에게 맞추어야 합니다. 우리에게 주님이 계시지 않다면,
우리의 삶이 무슨 의미가 있겠습니까? 주님은 우리 삶의 목표이며, 핵
심 가치입니다. 이 핵심가치가 예수님으로 설정된다는 말은 모든 삶을
주님을 위해서 산다는 말입니다. 우리의 삶에 주님이 계시지 않다면
무슨 의미가 있겠습니까? 이것이 그리스도인과 세상 사람들과의 차이
입니다. 주님을 사랑하며 사는 삶, 이것이 그리스도인 가치기준이 되
어야 합니다. 지금까지는 세상의 명예, 지위, 재물이 목적이었다면, 오
십 이후의 인생을 주님을 위하여 사는 것이 옳습니다. 그리스도인의
행복은 바로 주 예수님께 있기 때문입니다.

영적 지식의 깊이 더하기

—————————— • **지식** knowledge • ——————————

이스라엘 자손들아 여호와의 말씀을 들으라 여호와께서 이 땅 주민과 논쟁
하시나니 이 땅에는 진실도 없고 인애도 없고 하나님을 아는 지식도 없고 오
직 저주와 속임과 살인과 도둑질과 간음뿐이요 포악하여 피가 피를 뒤이음
이라 그러므로 이 땅이 슬퍼하며 거기 사는 자와 들짐승과 공중에 나는 새가
다 쇠잔할 것이요 바다의 고기도 없어지리라 (호 4:1-3)

세아는 이사야가 남 유다에서 예언을 하던 시기 북방왕국 이스
라엘에서 예언 활동을 하던 선지자였습니다. 동 시대의 활동하던 선지
자 아모스는 남유다 출신이면서도 북이스라엘에 와서 예언 활동을 하
였습니다. 호세아는 그보다 조금 늦게 활동했습니다. 호세아는 상한
마음으로 그들의 임박한 포로기 생활을 예언하였습니다. 그러나 하나

99

2
오
십,
현
재
의
영
적
상
태
를
결
산
하
다

님의 징계를 받은 백성들이 다시 하나님의 절대적 주권을 인정하고 죄에서 돌이키게 될 때, 포로생활에서 다시 본토로 귀환하게 될 것임을 선포하고 있습니다.

… 하나님을 아는 지식 배우기

호세아가 활동하던 시대는 타락과 부패가 만연해 있었고, 가난한 자가 압제를 당하던 시기였습니다. 수도 사마리아의 벧엘에 있는 왕립 성소의 지도층들이 여호와를 저버리고, 가나안의 다른 우상 신들을 섬긴 악행들을 호세아는 지적하고 있습니다. 하나님의 명령을 받들어 호세아는 이들의 우상을 섬기는 행위들을 음행에 비유하여 예언합니다.

호세아는 하나님에 대하여 신실하지 못한 이스라엘 백성에 대하여 심판을 예언합니다. 하나님께서는 호세아에게 타락한 아내를 얻도록 하여, 그의 아내의 가정 윤리를 벗어난 행위와 딸들의 이름을 통하여 이스라엘의 타락을 경고합니다. 하나님께서 이스라엘을 사랑하시기에 징계하시지만, 궁극적으로는 다시 회복시키실 것이라는 희망의 메시지 또한 부여합니다. 하나님의 사랑으로 이스라엘 다시 회복될 것이라는 희망을 이스라엘 백성에게 갖게 합니다.

호세아는 이스라엘의 이 모든 죄의 근원은 궁극적으로 하나님을 아는 지식이 없기 때문임을 지적합니다. 아무도 하나님을 아는 지식이 없어 타락한 모습만 드러납니다. 호세아의 경고는 오십의 나이에 접어든 우리 그리스도인 개개인과도 관련된 이야기입니다. 오랫동안 세상

속에 찌들어온 우리 자신의 모습이기 때문입니다. 돌이키면 돌이킬수록 호세아가 예언했던 이스라엘의 모습이 바로 우리 자신의 모습입니다. 주님께서는 돈이라는 우상 숭배와 세상의 생활에 찌든 모습의 우리 타락한 그리스도인에게 경고합니다. 회개하고 주님께로 돌아오라고 명령하고 계십니다. 세상에 때가 묻고 죄악에 빠진 우리들에게 대한 회개의 명령은 권고가 아니라, 오직 주님께서 질타하시는 명령입니다. 오십에는 이 사실을 겸허히 받아들일 필요가 있습니다.

⋯ 하나님을 아는 지식, 공의와 정의 배우기

오십이 되는 그리스도인은 적어도 하나님께서 말씀하시는 하나님에 대한 지식을 찾고, 이해해고, 배워야 합니다. 그렇지 않으면 하나님의 뜻을 정확히 이해하기 어렵습니다.

성경은 공의와 정의라는 말로 하나님의 본질적 속성을 드러내고 있습니다. 하나님께서 모세를 통하여 주신 십계명은 하나님을 사랑하는 전반 다섯 가지 계명, 그리고 인간 서로를 사랑하는 후반 다섯 가지 계명으로 나누어집니다. 이 십계명은 레위기서와 신명기서에서 하나님 사랑과 이웃 사랑으로 강론되고, 예언서에서는 하나님의 사랑과 이웃 사랑을 공의와 정의로 설명합니다. 이는 하나님의 본성, 즉 하나님의 본질적 속성을 표현하는 말입니다.

예수님께서는 다시 새 계명을 주시면서, 네 이웃을 네 몸과 같이 사랑하라 하셨습니다. 그리고 계명은 하나님을 사랑하라, 네 이웃을 사랑하라는 말로 율법이 완성된다고 하시며, 바로 십계명의 본질적 속성을 강조하시며, 이를 지킬 것을 명하셨습니다.

    - 자랑하는 자는 이것으로 자랑할지니 곧 명철하여 나를 아는 것과 나 여호와는 사랑과 정의와 공의를 땅에 행하는 자인 줄 깨닫는 것이라 나는 이 일을 기뻐하노라 여호와의 말씀이니라』(렘 9:24)
    - 사람아 주께서 선한 것이 무엇임을 네게 보이셨나니 여호와께서 네게 구하시는 것은 오직 정의를 행하며 인자를 사랑하며 겸손하게 네 하나님과 함께 행하는 것이 아니냐 (미 6:8)

    공정과 정의는 히브리어로 미슈파트와 체데카라고 하는 이 두 단어로 거의 쓰이고 있습니다. 개역개정 성경에서는 대부분 공의와 정의로 번역을 합니다. 어떤 경우는 한자어 '의'라는 말로 그냥 번역이 되는 경우도 있습니다. 영어 성경은 각각 justice, righteous라고 번역을 합니다. 한국천주교주교회의에서 번역된 카톨릭 성경은 대부분 공정과 정의로 번역을 합니다. 원어의 의미는 같은 말일 텐데 우리말로 번역이 바뀌면서 완전히 다른 의미같이 느껴집니다. 카톨릭 성경의 번역은 영어성경의 번역과는 조금 다른 뉘앙스를 풍깁니다. 공정과 정의의 결과는 평안, 즉 카톨릭 성경에는 평화라고 표현하고 있습니다. 이 의미는 어떤 번역상의 표현이라도 그 의미는 동일합니다. 바로 옳아야 한다는 것입니다. 즉 참되어야 하고, 거짓이 있어서는 안 된다는 것입니다.

    하나님의 본질적인 속성은 공의와 정의이며, 바로 사랑입니다. 하나님의 본성이 참되고 의롭다는 말은 거짓이 없다는 말입니다. 하나님을 아는 지식은 바로 이것입니다. 하나님께는 악이 없다는 것입니다.

… 가장 위험한 지식, 악을 악이라 하지 않는 것

많은 이들이 참되신 하나님의 본성을 깨닫지 못하고, 악을 선하다, 선을 오히려 악하다 하는 것은 참으로 위험한 지식입니다. 지금 우리 사회에 만연되어 있는 악한 모습의 하나입니다.

오십이 될 때까지 하나님의 본질적 속성을 잊고, 이 세상에 묻혀 살다 보면, 참된 진리를 잊어버릴 수 있습니다. 가장 위험한 사고는 악행을 옳지 않다 그르다 말하지 않고, 선하다 의롭다 하는 것입니다. 이는 하나님께서 가장 미워하시는 것 중의 하나입니다

– 악을 선하다 하며 선을 악하다 하며 흑암으로 광명을 삼으며 광명으로 흑암을 삼으며 쓴 것으로 단 것을 삼으며 단 것으로 쓴 것을 삼는 자들은 화 있을진저.(사 5:20)

대부분의 사람들은 아마 성경 말씀에 이런 말씀이 있다는 사실조차도 잘 알지 못할 것입니다. 그러나 성경은 엄연히 지식에 대한 악행을 기록하고 화가 있을 것이라고 말씀하고 있습니다. 이런 하나님을 아는 지식을 멀리하게 되면, 하나님께서 싫어하시는 악행에 빠지고 맙니다. 주님의 말씀과 교훈은 오십에 든 그리스도인이 늘 살피고, 삶의 경계

로 삼아야 합니다. 주님의 말씀을 따라, 반드시 우리 자신을 다시 가다듬어 보아야 합니다.

- 또 어려서부터 성경을 알았나니 성경은 능히 너로 하여금 그리스도 예수 안에 있는 믿음으로 말미암아 구원에 이르는 지혜가 있게 하느니라 (딤후 3:15)

지금 이 시대 인생의 중간 결산기에 그리스도인들이 바른 지식을 깨닫고 알아야 하는 이유가 여기에 있습니다. 하나님께서 명령하신 공의와 정의를 실천하여야 하는 이 시대의 지도자 그룹들이 대부분 오십 줄에 들어와 있기 때문입니다. 주님께서 싫어하시는 악행을 특히 그리스도인은 멀리해야 합니다. 교회와 사회 지도층에 들어와 있는 그룹들은 하나님께서 기뻐하시는 공의와 정의를 더욱 실천해야 합니다.

… 복음을 전할 때 넘치는 기쁨, 성령에 대한 지식 깨닫기

오십에 들도록 교회 생활을 하면서 기쁨이 넘치지 못하는 분들이 많습니다. 늘 얼굴에 수심이 가득하고, 얼굴 표정은 굳으며, 미소를 찾기가 어렵습니다. 마음 속 깊은 곳으로부터 기쁨을 느끼고 싶지만, 좀처럼 기쁨을 얻지 못합니다. 이는 하나님의 성령, 예수님의 이름으로 오시는 제3위의 하나님 성령님에 대한 지식이 없기 때문입니다.

많은 그리스도인들이 생각할 때 성령님의 성품이 하나님과 예수님과 같다고 생각은 하지만, 얼마나 같은 지 잘 인식을 하지 못합니다. 그냥 같다고만 느끼지 막연하게 같다고만 느끼며, 실제 같다는 인식을 잘 하지 못합니다.

성령님의 특징은 바로 성부 하나님과 성자 하나님, 즉 예수 그리스도와 세 분이 성품이 똑 같다는 것입니다. 삼위의 하나님이 똑같은 한 분이시기 때문에 하시는 사역만 서로 다를 뿐, 그 자체는 본질적으로 전혀 변함이 없습니다. 성부 하나님은 구원을 계획하시고, 성자 하나님, 예수 그리스도께서는 그 구원을 이루시고, 성령 하나님께서는 예수 그리스도께서 이루신 구원을 증거하고 계시다는 사실입니다. 즉 삼위의 하나님은 세 분의 사역이 각각 다릅니다. 그러나 구원은 동일하게 이루시고 계십니다. 성령님의 사역에 대한 이러한 특징을 이해하면 기쁨을 얻기가 쉬워집니다.

이 사실이 잘 이해가 되지 않으면, 몇 사람의 그리스도인이 함께 모여, 복음, 즉 예수 그리스도를 이야기하고, 예수님 믿었던 이야기를 함께 나누어 보십시오, 이 실험을 해 보면, 실제 경험하고 느낄 수가 있습니다. 전도지를 들고 전도를 해 보거나, 복음을 설명하는 교사를 해 보거나, 합심해서 주 예수님의 사랑을 고백하는 기도를 해 보거나, 함께 모여 찬송을 해보거나, 돌아가면서 신앙고백을 해 보거나, 예수님에 대한 성경말씀을 찾아서 서로 돌아가면서 읽어 보거나, 이런 일들을 해 보면, 마음 속 깊은 곳에서 기쁨이 넘쳐납니다. 그 이유는 우리 안에 함께 계시는 성령님께서 기뻐하시기 때문에 우리도 기뻐지는 것입니다.

오십에 들어선 시간이 되면, 이런 성경공부 모임이나, 기도 모임이나, 찬양 모임, 전도 모임, 봉사 모임, 구제 모임 등을 통해서 믿음을 고백하며, 주 예수 그리스도를 증거 하면서 얻게 되는 넘치는 기쁨을 경험해볼 때입니다. 분명 성령님께서 주 예수 그리스도의 이름으로 그 자리에 함께 하시기 때문입니다. 성령님께서 계신 곳에는 예수님도 함께 계시고, 성부 하나님께서도 그 자리에 함께 계시기 때문입니다.

…하나님을 아는 지식으로 거짓 그리스도인의 분별하기

오십에 들어서면, 예수님을 잘 믿는다고 하면서 다가오는 사람들을 때때로 분별할 필요가 있습니다. 그 이유는 두 가지입니다. 하나는 좋은 그리스도인을 만나고자 하는 욕구요, 또 하나는 쓸데없이 구설수에 오르거나, 잘못된 인간관계로 피곤한 일에 휩싸이지 않기 위해서입니다. 아마 오십 줄에 들어선 그리스도인들이라면, 다 이런 고민을 한 번쯤 해 본적이 있을 것입니다. 거짓 그리스도인들은 대체로 이 두 가지를 보면 분별이 됩니다. 하나는 거짓말, 혹은 거짓 행동 여부이고, 또 하나는 바른 처신을 하느냐 여부입니다.

'나는 예수님을 믿어요.' 라고 말하며 다가오는 분들이 더러 있습니다. 어떤 분들은 예수님을 믿는 것을 조금 숨기는 분들도 있습니다. 그러나 대체로 그 마음속의 생각과 행적은 대화 몇 마디로 금세 드러나기 마련입니다.

예수님을 잘 믿는 사람들은 늘 말씀이 가까이 있고, 겉으로 또 믿음을 잘 드러내지 않습니다. 믿음이 깊으면 깊을수록 복음을 전하는 일에 신중합니다. 겉으로 믿음과 열정을 잘 드러내지는 않지만, 그의 내면에는 깊은 고요함이 있습니다. 조금 대화를 나누어 보면 성경에 대한 해박한 지식, 그리고 깊은 하나님에 대한 신뢰, 영성을 보게 됩니다.

믿음의 깊은 영적지식을 가진 분들은 이렇게 숨어 있습니다. 이런 그리스도인들을 분별해 내기란 쉽지 않습니다. 그러나 은혜가 깊은 그리스도인을 만나면, 다시 보고 싶고, 그 은혜의 깊은 경험을 함께 나누고 싶어집니다. 오십 줄이 되면, 이런 영적 깊이를 소유한 그리스도인들을 만나고 싶은 욕구가 있습니다. 바로 영적 지식에 대한 갈망 때문입니다.

… 시대를 분별하는 말씀과 지식 깨우치기

이 시대가 가장 안타까운 점은 많은 사람들이 죄악에 물들어 있음에도 이를 스스로 깨닫지 못한다는 사실입니다. 오십이라는 나이에 들어설수록 시대를 분별하는 지식으로 많은 사람들을 의와 진리의 길로 깨우칠 필요가 있습니다.

사람들의 귀가 얇아지고, 지식 얻기를 싫어하여 거짓에 쉽게 선동되고, 진실을 알기를 기뻐하지 않는 세대 속에 살고 있기 때문입니다. 이는 이미 성경말씀이 우리에게 경고한 사실입니다.

– 너는 이것을 알라 말세에 고통하는 때가 이르러 사람들이 자기를 사랑하며 돈을 사랑하며 자랑하며 교만하며 비방하며 부모를 거역하며 감사하지 아니하며 거룩하지 아니하며 무정하며 원통함을 풀지 아니하며 모함하며 절제하지 못하며 사나우며 선한 것을 좋아하지 아니하며 배신하며 조

급하며 자만하며 쾌락을 사랑하기를 하나님 사랑하는 것보다 더하며 경건의 모양은 있으나 경건의 능력은 부인하니 이같은 자들에게서 네가 돌아서라』(딤후 3:1-5)

사람들은 거짓에 쉽게 선동이 됩니다. 그 결과가 무엇인지를 스스로 알지 못합니다. 악은 세상에서 늘 득세하기 마련입니다. 오십 줄에 들어선 그리스도인은 그 악이 무엇인지를 잘 분별할 수 있어야 합니다.

주님께서 이 땅의 악을 심판하시며, 모든 일들을 이루심을 믿고, 악을 정죄하는 정죄에 빠지지 말고, 오직 주님께서 하나님의 나라와 의를 이루시기를 구해야 할 것입니다.

- 새로 입교한 자도 말지니 교만하여져서 마귀를 정죄하는 그 정죄에 빠질까 함이요 (딤전 3:6)

오직 우리를 돌보시고, 악을 심판하시는 이는 주님이시므로 오십의 그리스도인은 이 모든 일들을 주님께 맡기는 법을 배울 일입니다. 주님만이 분명 이 시대, 주님의 뜻을 나타낼 것입니다. 늘 엎드려 우리 주님께 구할 일입니다.

… 지식 / 통합적인 사고, 종합적인 능력과 하나님을 아는 지식

오십에 들면 느는 것이 하나 있습니다. 바로 통합적이고도 종합적인

사고 능력입니다. 오십에는 오랜 경험이 축적되면서 종합적인 사고능력과 기능이 활성화됩니다.

종합적이고도 통합적인 사고 능력을 갖는 것은 매우 중요합니다. 그건 학문 수준의 문제가 아닙니다. 다양한 학문의 지식과 독서, 다방면의 자료를 열람함으로써 얻어지는 능력이며 이런 능력을 가진 대표적인 한 사람이 제3의 물결을 쓴 엘빈 토플러입니다. UN 미래포럼에서 세계의 미래를 홍보할 사람을 찾다가 기자였던 엘빈 토플러를 찾았고, 모든 잡지, 신문기사, 논문, 인터뷰 등을 통해서 얻어진 종합 정보 지식을 책에 담아낸 것이 바로 미래학의 고전이라 일컫는 **제3의 물결**입니다. 그러나 이분은 이런 책을 쓸 때 박사학위 소지자가 아닌 언론인이었습니다.

국내외 미래경제 예측으로 저명한 최윤선 박사도 신학을 전공한 목사라는 사실을 아는 분들은 많지 않을 것입니다. 이분 또한 다양한 학문을 공부한 것으로 알려져 있습니다. 미중 전쟁시나리오, 한국의 미래경제 시나리오, 부자의 시간 등의 역작을 보면, 그의 역사, 경제에 깊은 지식과 통찰력이 눈에 띄게 드러남을 볼 수 있습니다.

오십의 그리스도인은 보다 폭넓은 지식의 습득과 통합적인 사고가 발달하는 시기입니다. 다양한 독서와 깊은 성경 이해로, 시대를 바라보는 바른 눈을 가질 필요가 있습니다. 다양한 독서를 통하여 얻어지는 종합적인 사고 능력의 배가는 교회와 사회에서 지도층으로 살아가는 그리스도인에게는 꼭 필요한 일입니다.

영적 열매 맺기

의인은 종려나무 같이 번성하며 레바논의 백향목 같이 성장하리로다. 이는 여호와의 집에 심겼음이여 우리 하나님의 뜰 안에서 번성하리로다 그는 늙어도 여전히 결실하며 진액이 풍족하고 빛이 청청하니 여호와의 정직하심과 나의 바위 되심과 그에게는 불의가 없음이 선포되리로다 (시 92:12-15)

시편에서 하나님과 동행하는 사람이 만나는 가장 아름다운 결실을 노래하는 성경말씀을 표현한 가운데 이 말씀 이상으로 복된 말씀이 있을까요? 하나님께서 내리시는 복을 누리며 사는 가장 복된 모습이 바로 이 말씀 속에 드러나 있기 때문입니다.

이 말씀은 정말 복된 말씀입니다. 주님을 따르는 의인들이 주님과 동행하며 누려야할 영광과 복이 바로 이 복된 말씀이기 때문입니다. 주님께서 우리에게 베푸시는 영과 육의 축복이 이 말씀에 함께 약속되어 있습니다. 이 얼마나 기쁨을 주는 말씀인지 묵상할수록 더욱 깊이 느껴집니다.

··· 열매를 맺어야 할 이유

오십이 되면 결실을 맺는 시기이기도 하지만, 팔십까지 생각하면, 나이 오십은 아직까지 인생의 중반기에 불과합니다. 그렇다면 아직까지 살아갈 날이 더욱 많습니다. 그는 늙어도 여전히 결실하며 진액이 풍족하고 빛이 청청하니(시 92:14) 라는 이 말씀을 따르면, 주님께서는 믿고 따르는 이들에게 늘 청춘 같은 육체를 유지하게 하는 건강함을 허락하실 것입니다. 혹 설령 육체적으로 고통을 받는 분들이 계신다고 할지라도, 주님의 이 말씀의 약속을 믿고 기도한다면, 장래에는 이와 같은 축복을 주시리라고 확신할 수 있습니다. 설령 육체가 고난중에 있어, 이 말씀의 약속을 기대하지 못할 형편이라 하더라도, 영적으로는 더욱 튼튼한 결실을 맺게 될 것입니다.

주님께서는 우리가 좋은 열매를 맺기를 원하시고 계십니다. 그 이유는 단 한 가지입니다. 바로 하나님의 자녀인 우리들에게 명령하신 주님의 절대적인 명령이기 때문입니다. 주님을 믿는다고 하면서 나쁜 열매를 맺을 수 없습니다. 좋은 열매를 맺지 않는 가지는 필요가 없습니다. 우리는 주님께 붙어 있는 가지요, 우리가 좋은 열매를 맺으므로 하님께 영광이 됩니다.

- 나는 포도나무요 너희는 가지라 그가 내 안에, 내가 그 안에 거하면 사람이 열매를 많이 맺나니 나를 떠나서는 너희가 아무 것도 할 수 없음이라. (요 15:5)
- 너희가 열매를 많이 맺으면 내 아버지께서 영광을 받으실 것이요 너희는 내 제자가 되리라. (요 15:8)

오십이 되면, 이제는 어느 정도 원숙함과 결실을 가지는 나이가 됩니다. 그리스도인으로서 지금까지 열매 맺는 삶을 살지 못했다면, 지금까지의 세상일에서 돌이켜서 주님의 말씀의 열매를 맺는 생활로 돌이켜야 합니다. 이것이 주님께서 기뻐하시는 삶이기 때문입니다. 지금까지 그렇지 못했다면, 이제는 돌이켜 주님의 품성을 닮은 좋은 열매를 반드시 맺어야 합니다.

… 선한 열매 맺기

예수님께서 우리들에게 명확하게 가르치시는 바는 의인과 악인이 분명히 구분이 된다는 것이며, 선한 사람과 악한 사람이 분명히 다르다는 점입니다. 궁극적으로는 의인은 천국으로 들어가게 될 것이며, 악인은 지옥으로 들어가게 될 것이라는 사실입니다. 주님께서는 성경 말씀 창세기 처음부터 요한계시록 마지막 절까지 일관되게 이 가르침을 전합니다.

요한계시록 22장 15절 말씀은 천국에 들어가지 못하는 자들의 모습을 설명합니다. 이 말씀은 주님께서 가르치신 복음서나, 사도 바울이 쓴 로마서, 골로새서, 갈라디아서 등에서 지속적으로 반복되는 교훈입니다. 구약성경 말씀도 결코 이에서 벗어난 적이 없습니다.

- 개들과 점술가들과 음행하는 자들과 살인자들과 우상 숭배자들과 및 거짓말을 좋아하며 지어내는 자는 다 성 밖에 있으리라 (계 22:15)

거룩한 성령님의 열매를 맺기 위해서는 늘 주님의 말씀 가운데 있어야 합니다. 젊은 시절에는 세상의 유혹에 휘둘러 다녔지만, 이제 심지가 굳어지고, 세상의 유혹에도 흔들리지 않는 굳건한 오십의 나이가 되면, 그 모습은 그 시절에 맞게 아름다운 결실을 맺을 수 있어야 합니다. 설령 지금까지 그렇지 못했다하더라도 이제 앞으로는 거룩한 열매를 맺는 삶을 살아가야 합니다.

- 그러므로 회개에 합당한 열매를 맺고 속으로 아브라함이 우리 조상이라 말하지 말라 내가 너희에게 이르노니 하나님이 능히 이 돌들로도 아브라함의 자손이 되게 하시리라 (눅 3:8)

하나님의 말씀을 지키는 복된 사람은 바로 매일 매일 죄를 회개하며, 주님의 말씀을 읽으며, 마음을 새롭게 하고, 기도하며 사는 사람입니다. 이 복된 사람은 주님을 기뻐하며 즐거워하며, 주님께서 원하시는 열매를 맺을 것입니다.

··· 아름다운 성령의 열매 맺기

성령님의 열매가 어떤 것인가는 여러 성경말씀 안에서 여러 가지로 설명해 낼 수 있습니다. 물론 이보다도 훨씬 다양한 고린도전서 12장의 은사나 고린도전서 13장의 사랑의 은사로 설명할 수 있습니다. 성령의 열매를 크게 회개의 열매, 성품이 변화되는 성령의 열매, 전도의 열매와 결실, 그리스도인의 삶으로서 변화되는 변화의 열매 등으로 구분하여 설명합니다. 자신의 은사에 따른 크게 서너 가지로 성령의 열매를 구분하여 정리하면, 오십에는 성령의 열매 맺기 목표를 설정하여 훈련하기가 편리하기 때문입니다.

먼저 회개에 합당한 열매를 맺어야 합니다. (마 3:8-10) 회개에 합당한 열매를 맺는다는 것은 지금까지의 죄로부터 돌이킨다는 말입니다. 회개는 잘못된 길에서 벗어나 옳은 길로 가는 것을 의미합니다. 이제는 회개에 합당한 열매를 맺어야 합니다. 회개했다고 하면서 언제까지나 과거에 머무를 수 없습니다. 오십이 되면, 분명한 자신의 신앙의 잣대가 있어야 합니다. 그 기준이 회개입니다. 우리 주님께서도 우리에게 유일하게 열어놓으신 구원의 길이 회개입니다. 마지막 죽음의 순간까지 우리가 천국에 들어갈 수 있는 유일한 길이 바로 우리의 잘못을 주님 앞에 자백하고, 우리의 죄를 주님 앞에서 용서받는 것입니다.

둘째, 우리 주님의 온유와 겸손의 성품을 닮아가는 성령님으로 인하여 변화된 성품의 열매입니다. 그 유명한 갈라디아서의 성령님의 아홉 가지 열매입니다. 이는 한 그리스도인의 내면에 흐르는 성품의 변화를 의미합니다. 말씀과 기도, 성령님의 도우심이 아니고는 이 육체의 힘을 이길 수가 없습니다. 그래서 주님의 도우심을 구하는 것입니다. 이 육체의 소욕을 이기고 거룩한 주님의 온유와 겸손의 성품을 닮은 가장 큰 은사는 사랑입니다.

셋째, 전도의 열매입니다. 전도의 열매는 성령님의 도우심이 아니고는 결코 일어날 수가 없습니다. 사도행전에서 제자들이 마가의 다락방에서 오순절 날 간절히 빌며 기도 후에 성령이 임한 후, 바로 일어난 일이 다양한 지방의 언어로 복음을 전한 일이었습니다. 그리고 주님의 지상명령을 받들어 제자들이 실천한 일들이 바로 주님의 복음을 전하는 일이었습니다.

주님의 은혜를 받았는가, 받지 않았는가 하는 분별은 이 전도의 사명을 보면 알 수 있습니다. 주님과 함께하는 사람이라면, 주님의 명령을 결코 소홀히 할 수가 없습니다. 그 모든 것보다도 삶의 목적이 예수님의 사랑을 전하는 일이기 때문입니다.

넷째, 그리스도인에게 성령님의 열매는 살아가는 방식이 다르게 변화하도록 만듭니다. 즉 예수님을 믿는 믿음의 사람으로 변화되는 열매로 나타납니다. 이것은 예수 그리스도를 따르며 믿는 그리스도인들이 갖는 궁극적 변화입니다.

이 성령님의 열매를 보면, 예수님을 믿는 사람들이 구별이 됩니다. 믿음은 사랑으로써 역사하며, 사랑이 없는 믿음은 온전한 믿음이 아닙니다. 그리스도인의 품성에 믿음으로 변화된 사랑의 모습이 없다면,

아마 그는 그리스도인이라 말하지만, 아직 무늬만 그리스도인일 뿐이지 실은 그리스도인이 아닐 수 있습니다. 오십의 나이에는 스스로 점검하며, 그리스도인으로서 이 사실을 확증할 필요가 있습니다.

··· 주님과 동행하는 열매 맺기

주님께서는 주님과 동행하는 이들에 대한 약속의 말씀을 빠뜨리지 않고 계십니다. 이 말씀은 오십이 지나가는 그리스도인들이 주님께 구하며, 반드시 받아야할 복입니다.

주님께 복을 받은 사람들은 성령님의 열매와 결실이 그치지 않습니다. 이 결실은 사랑이며, 더 나아가서는 주님께서 현실의 재물의 복을 주셔서 주님의 일을 하게 하는 사람들도 있습니다. 또 어떤 이에게는 현세적 복으로서 재정적 복뿐만 아니라, 주님의 영광을 드러내고, 그분의 일을 하도록 건강을 허락하시는 일도 주님께서는 잊지 않으십니다. 이 복을 두고 주님께 간구하며, 또한 구할 일입니다. 주님을 위하여 사는 오십 이후의 인생을 위하여 말이지요.

- 그는 물가에 심어진 나무가 그 뿌리를 강변에 뻗치고 더위가 올지라도 두려워하지 아니하며 그 잎이 청청하며 가무는 해에도 걱정이 없고 결실이 그치지 아니함 같으리라 (렘 17:8)
- 의인은 종려나무 같이 번성하며 레바논의 백향목 같이 성장하리로다 이는 여호와의 집에 심겼음이여 우리 하나님의 뜰 안에서 번성하리로

다 그는 늙어도 여전히 결실하며 진액이 풍족하고 빛이 청청하니 여호와의 정직하심과 나의 바위 되심과 그에게는 불의가 없음이 선포되리로다 (시 92:12-15)

이제 오십이 넘었다고 주님을 위해서 할 수 있는 능력이 없다고 말할 일은 아닙니다. 남은 인생의 여정을 주님의 영광을 위하여, 주님의 일을 위하여 주님께 구할 일입니다. 우리 인생이 주님 안에서 누리는 복이 바로 하나님과 동행하는 삶이니, 그 즐거움을 주님께 구하는 것은 기쁨입니다. 그것을 마다할 이유가 없습니다. 앞으로 전진하는 삶이 오십에는 기다리고 있습니다. 주님과 동행하며 살다가 주님께서 부르시는 그때에 주님께 즐거이 돌아갈 일입니다. 주님과의 동행이 가장 큰 열매이며, 축복입니다.

⋯ 열매 / 영적 열매 맺기

인생의 중간 결산기, 오십. 지금까지 나름대로 믿음 생활을 잘 해왔습니다. 또한 나름대로 결실을 맺을 나이입니다. 삶의 결실을 살펴보았다면, 현재까지의 영적인 결실과 그 열매도 찾아보아야 합니다. 또한 앞으로 영적인 열매를 맺어가야 하는 고민도 있습니다. 영적 열매를 맺는다는 것은 성경에 나온 여러 가지의 성령의 열매를 맺는다는 것을 의미합니다. 세상 갖은 세파에 시달려온 오십, 지금 할 일은 현재 완료상황을 보고, 미래 전략을 짜는 것입니다. 앞으로 맺고 싶은 성령의 열매를 찾고, 이를 두고 기도하며, 그 방향으로 삶을 전환하는 것입니다. 영적 열매는 기도하지 않으면, 그 결실을 보기가 어렵습니다. 오십은 예배와 기도를 생활화하며, 하나님을 따르는 삶의 기쁨을 찾아야하는 시기입니다.

chapter 3

오십, 현재의 삶의 결실을 맺다

가정
양육
소유
건강
노동

오직 복음의 가정 세우기

그가 회당에서 담대히 말하기 시작하거늘 브리스길라와 아굴라가 듣고 데
려다가 하나님의 도를 더 정확하게 풀어 이르더라 (행 18:26)

성경은 예수 그리스도의 복음이 전파되는 이야기 속에 묻혀 겉으
로 크게 드러나지 않는 소중하고도 복음으로 무장된 아름다운 부부
의 이야기를 묻어두고 있습니다. 바로 브리스길라와 아굴라의 가정
입니다.

성경은 아브라함과 이삭, 야곱, 그리고 요셉, 모세, 룻을 며느리로

둔 나오미의 가정 등등 셀 수도 없이 아름다운 가정들을 기록하고 있습니다. 이 모두가 오십의 그리스도인의 가정에 귀감이 됩니다. 그 가운데서도 신약성경의 브리스길라와 아굴라의 가정이 귀감이 되는 것은 초기 교회시대의 개척자의 삶을 산 아름다운 부부의 모습이기 때문입니다.

오십은 자녀들이 출가하거나, 대부분 독립적인 경제생활을 유지할 때입니다. 빠르면 이때부터 부부만 남게 됩니다. 어찌 보면 오십의 이때가 선교사역에 동참할 수 있는 시기입니다. 브리스길라와 아굴라의 가정을 살펴보면, 얼마나 선교사역의 동참했는지를 살필 수 있습니다.

… 성경에서 모범적인 가정 찾기

오십에 들어선 후, 성경에서 가장 모범적인 가정을 소개받고, 그 가정을 따라 예수 그리스도를 위한 모범적인 삶을 산다면, 이런 인생은 행복입니다. 자녀들이 어느 정도 성장을 하고, 인생의 가장 안정적인 시기를 시작하는 인생의 중간 결산기, 성경 속에 복음을 위해 살아간 부부와 가정의 이야기를 듣고, 이를 따르며, 배우는 것도 좋은 방법입니다.

신약성경에는 브리스길라와 아굴라의 이야기가 여섯 번 나옵니다. 아굴라가 남편이지만, 성경말씀 여섯 번 언급 가운데 네 번이 아내인 브리스길라의 이름을 먼저 소개합니다. (행18:2,18,26, 롬16:3, 고전16:19, 딤후4:19)

브리스길라는 브리스가의 애칭이며, 정식 이름은 브리스가(프리스카)로 작은 노부인이란 의미입니다. '아굴라'는 '독수리'란 뜻입니다. 아굴라는 유대인으로 여겨집니다. 성경에서 브리스길라의 이름이 먼저 언급되는 것도 아마 부인이 신분상 우위에 따른 더 중요한 역할을 했던 것이나,(행18:2) 선교에 대한 적극적인 참여가 고려되었음을 생각을 할 수 있습니다.

브리스길라와 아굴라는 두 내외의 이름이 한 번도 분리되어 언급된 적이 없으며, 천막 제조공(가죽을 다루는 직업)이라는 일상적인 직업을 가졌으며, 초대교회의 특징인 가정교회를 두 내외의 저택에서 설립하여 운영하였습니다. 바울의 선교여행에 동참하여 로마와 고린도, 에베소 등으로 자주 이사하며 살았습니다.(행18:2,18, 롬16:3-4, 고전16:19, 딤후4:19) 아볼로를 자신의 집에 초청하여 불완전한 복음을 시정하여 주었으며 이 부부는 같은 날 같은 자리에서 순교를 당한 것으로 알려져 있습니다.

… 선교사역에 일생을 동역한 아름다운 부부이야기

이제 삶의 목적을 오직 복음사역에 동역한 가정의 이야기를 구체적으로 들어봅니다. 성경 속에 나오는 브리스길라와 아굴라의 가정이 바울의 선교사역에 어떻게 동역했는지를 성경을 통해서 알아봅니다.

로마의 글라우디오 황제는 서기 49년에 모든 유대인들을 로마에서 추방한다고 발표했습니다. 아마 수에토니우의 글라우디스의 생애 문헌에 의하면, 유대인들이 크레스투스(Chretus)의 선동으로 계속 혼란에 빠져 있었다고 전합니다. 크레스투스(Chretus, '유용한 자'라는 의미)라는 로마인들에게는 아무런 의미가 없는 낱말이 그리스도(Chritus)라는 로마식 철자 표현의 오해 때문으로 보입니다. 글라우디오 황제가 모든 유대인을 떠나도록 조치했던 사실을 보면, 아마 당시 예수 그리스도의 복음이 유대 회당에 전파되고 있었으며, 심한 저항을 받고 있었다고 볼 수 있습니다. 그래서 로마에 살던 많은 유대인들이 로마를 떠날 수밖에 없었습니다.

사도 바울이 아덴을 떠나 고린도에 이르렀을 때(행18:1), 로마를 떠나온 아굴라 부부를 만나러 갑니다.(행18:2) 아굴라 부부가 로마를 떠나기 전에 이미 신앙을 이미 갖고 있었는지는 알 수가 없습니다. 바울이 그들에게 복음을 전파했다는 기록이 없는 것으로 보아 이미 믿음을 갖고 있었던 것으로 보는 게 맞을 것 입니다.

바울은 안식일마다 회당에서 복음을 강론합니다. 그리고 유대인과 헬라인들을 권면합니다. 그러나 유대인들은 바울이 전하는 복음을 대적하여 비방합니다. 바울은 이제 유대인을 떠나 이방인에게로 갈 것을 선언합니다. 이때 디도 유스도라는 사람의 집에 거하면서, 복음을 전할 때, 회당장 그리스보가 온 집안과 함께 복음을 받아들이고, 수많은 고린도 사람들이 예수님을 받아들입니다. 바울이 고린도에서 1년 6개월을 더 머물며 복음을 전합니다.

고린도에 체류하는 마지막 기간에 새로운 총독 갈리오가 아가야 로마 통치 구역에 부임합니다. 갈리오는 2년 임기로 아가야에 부임하였는데, 바로 철학자 세네카의 형입니다. 갈리오가 아마 51년 7월경에 부임하였기 때문에, 바울이 고린도에서 복음을 전한 시기의 정확한 추

측이 가능합니다. 이때 유대인들은 바울이 로마법에 위배되는 종교를 포교한다고 비난하며, 갈리오 법정 앞으로 바울을 고소합니다. 당시 유대교는 로마법에 합법적인 종교였습니다. 갈리오는 바울이 말하는 한에 있어서 유대교의 다른 형태이며, 단지 율법의 해석이었다는 점을 인정했습니다. 유대인들이 회당장 소스테네를 잡아 법정 앞에서 때리는 일이 벌여졌으나, 갈리오는 이 일을 상관하지 않습니다. 바울은 여러 날 더 머물다가 배를 타고 수리아로 떠납니다. 이때 브리스길라와 아굴라도 함께 동행합니다.(행18:16) 바울은 겐그라에서 서원을 이루기 위하여 머리를 깎습니다. 바울은 에베소에서 복음을 전하다가 안디옥으로 가서 복음을 전합니다. 여기서 사도바울은 제2차 선교여행에서 방문했던 갈라디아가와 브루기아를 시작으로 제3차 선교여행을 시작하며 아시아 지역으로 들어갑니다.(행18:12-23)

알렉산드리아에서 난 아볼로라고 하는 유대인이 에베소에 이릅니다. 이 사람은 말을 잘하고, 성경에 능통했습니다. 아볼로가 일찍이 복음을 배워 열심히 예수님에 관한 것을 가르치고 전하나 요한의 세례만 알 따름이었습니다. 이때 브리스길라와 아굴라가 듣고 데려다가 복음을 더 정확히 풀어 가르칩니다.(행18:26)

아마 교회 전통 내에서 이처럼 아름다운 부부는 아마 더 이상 찾아볼 수 없을 만큼 아름다운 인생을 마지막을 주님을 위해서 순교로 바쳤습니다. 그리스도인의 궁극적 목표, 우리 주 예수 그리스도께 충성스런 삶을 산다면, 이 두 부부의 일생은 바울의 선교여행에 큰 힘을 끼쳤고, 성경에 그 영광스런 이름이 기록되어 영원히 후대에 빛나고 있습니다.

··· 선교 사역을 위한 목적 있는 인생 살기

그리스도인으로서 인생을 가장 성공적으로 살아간다면, 마지막까지 주님의 복음을 위하여 살다가 평온으로 주님께로 돌아가는 것입니다. 브리스길라와 아굴라의 가정 천막 제조공이라는 직업을 가지고, 고린도에서 바울을 만난 이후, 바울의 사역에 동역할 뿐만 아니라, 아볼로에게 복음을 깊이 알게도 하고, 성경의 기록에는 없지만, 후일 부부 함께 순교로서 생을 마감합니다.

이는 분명 세상 사람들이 추구하는 삶의 본질과는 달랐을 것입니다. 여유 있게 편안히 살아갈 수 있음에도 불구하고, 이 삶을 성경이 기록하고 있는 만큼, 일반인들이 바라 볼 때는 행복하고 평탄한 삶이 아니었을 것입니다.

예수 그리스도를 믿는 믿음의 가정은 오직 복음을 위해 살 준비가 되어 있어야 합니다. 브리스길라와 아굴라가 위대한 이름으로 기록되어 남는 것은 두 가지입니다. 하나는 바로 바울의 선교사역에 함께 동행 하며 주 예수의 복음을 위하여 일생을 보냈고, 또 하나는 바로 아볼로를 가르칠 정도의 좋은 교사였기 때문입니다.

현대 사회에서 이 두 가지를 고루 갖추기가 쉽지 않습니다. 가정이 삶의 이유를 어디에 두느냐에 따라 인생의 목적도 달라집니다. 오직 주님을 위해 살고, 주님을 위해 죽겠다고 하는 각오와 다짐이 없다면, 이 일은 불가능 할 것입니다. 그것도 나란히 부부가 말이지요.

오십에 들어서 자녀들이 자신들의 인생을 찾아갈 나이가 되었을 때, 주님을 위하여 마지막 인생의 여정을 살겠다는 다짐을 한다는 것은 정말 멋진 일입니다. 이 부부처럼 멋진 삶을 엮어가는 것은 인생의 행복일 것입니다. 오로지 죽음이 임박할 때까지, 주님 한 분만을 바라보며 살겠다는 다짐을 하는 일은 행복한 일입니다.

··· 가정 / 믿음의 가정 꾸미기

성경에는 많은 믿음의 가정을 볼 수 있습니다. 그 가운데서도 오십의 나이에 들면, 가장 가까운 상황을 유추해볼 수 있는 가정이 바로 브리스길라와 아굴라의 가정입니다. 오십의 나이가 되면, 자녀들이 출가를 시작하거나, 경제적으로 독립된 생활을 할 시기이기 때문입니다. 이 무렵에는 부모가 자녀들과는 독립된 생활을 꾸려갈 무렵입니다. 초기 선교사역에 함께 동참하는 브리스길라와 아굴라의 가정은 나이 오십에 딱 어울리는 모범적인 가정의 한 모습입니다. 브리스길라와 아굴라 가정처럼 일생을 선교사역에 동참하다가, 부부가 한 날 한 시에 주님께 돌아가는 것은 기쁨일 것입니다. 선교사역에 함께 동참하는 그 가정의 모습은 나이 오십에 든 우리에게도 귀감이 됩니다.

주님 교훈 안에서 자녀 양육하기

● **양육** nurture ●

너희는 믿지 않는 자와 멍에를 함께 메지 말라 의와 불법이 어찌 함께 하며 빛과 어둠이 어찌 사귀며 그리스도와 벨리알이 어찌 조화되며 믿는 자와 믿지 않는 자가 어찌 상관하며 하나님의 성전과 우상이 어찌 일치가 되리요 (고후 6:14-16)

오십에 들어서면 가장 큰 고민 중 하나가 자녀들의 출가 문제입니다. 그렇지 않으면 자녀들의 교육. 직장, 사업문제입니다. 자녀들의 결혼 적령기가 되면, 믿는 사람과 교제여부가 심각한 가정문제로 떠오릅니다. 자녀들의 사업 역시 마찬가지입니다. 주님께서 길을 내는 사람과 만나는 것이 좋습니다. 성경말씀의 기준에서 살피도록 해야 합니다. 이 모든 일들을 안정적으로 내고, 분별하도록 하는 것은 부모의 기도밖에는 없습니다. 성경은 자녀들의 삶에 대하여 믿는 사람들과 가까이 할 것을 지적합니다.

성경에서 자녀들의 인생 문제에 이렇게까지 세밀히 언급하고 있는지 잘 찾아내기가 어렵습니다. 그러나 성경말씀을 새기고 또 새겨보면, 우리가 생각하지 못했던 부분까지 세세히 다루고 있음을 볼 수 있습니다. 믿지 않는 자와 멍에 문제는 그리스도인 자녀들의 결혼관과도 밀접한 관련이 있습니다. 때때로 자녀들에게 직접적인 말씀으로 깨우칠 필요가 있습니다.

··· 믿지 않는 자와 멍에 메지 않게 하기

오십대에 들어서면, 이제 자녀들이 성숙하여 직장을 다니거나. 결혼을 준비하거나 가정을 꾸리고, 사업을 일으키고, 가정에서 독립하는 모습을 볼 무렵입니다. 이때 자녀들에게 꼭 조언해야 합니다. 결혼만은 가능한 한 믿는 형제, 자매를 만나 꾸리도록 강권해야 합니다. 또 사업 파트너도 기도하며, 주님께서 좋은 사람을 붙여 주시도록 늘 자녀들을 위해 기도해야 합니다.

성경말씀에는 믿지 않는 사람들과의 멍에 문제를 직접적으로 교훈하는 구절이 있습니다. 믿지 않는 사람과는 멍에를 같이 메지 말라고 명령합니다.

– 너희는 믿지 않는 자와 멍에를 함께 메지 말라 의와 불법이 어찌 함께 하며 빛과 어둠이 어찌 사귀며 그리스도와 벨리알이 어찌 조화되며 믿는 자와 믿지 않는 자가 어찌 상관하며 하나님의 성전과 우상이 어찌 일치가 되리요 우리는 살아 계신 하나님의 성전이라 이와 같이 하나님께서 이르시되 내가 그들 가운데 거하며 두루 행하여 나는 그들의 하나님이 되고 그들은 나의 백성이 되리라 (고후 6:14-16)

이는 우상숭배가 만연했던 도시에 위치한 고린도교회 교인들을 경계하는 말씀입니다. 우상숭배에 빠진 사람들과 먹고 마시는 타락한 교인들의 상황을 보고, 이들과 구별된 삶을 살 것을 명령합니다. 세상에서의 사업이나 직업상 어쩔 수 없는 없는 자리들이 발생합니다. 만약 그리스도인이 이 세상 생활 사람들과 어울리지 않으려면, 세상을 뛰쳐나가 따로 살아야 합니다. 그러나 이 말씀은 세상의 타락된 생활에 함께 빠지며, 함께 어울리며 즐기는 생활을 이야기합니다. 세상 삶에는 늘 이런 문제가 발생될 수 있으므로, 그리스도인은 이 말씀을 가슴에 새기도록 자녀들에게 새겨 주어야 합니다.

오십의 나이에 들어서면, 자기 자신뿐만 아니라, 가족들도 결혼, 타인과의 사업 등으로 함께 멍에를 메는 문제가 발생될 수가 있습니다. 주님의 가르치신 말씀과 교훈을 아는 지식을 따르면, 그리스도인이 아닌 사람들과 멍에를 메는 일들은 가능한 한 피하는 것이 좋습니다. 그래서 무엇이든 많은 기도로 준비하여야 합니다. 때로는 하나님께서 그리스도인 아닌 사람들도 들어 도구로 사용하는 경우도 있기 때문에, 세상 사람들과 사업파트너를 정하더라도, 기도하며 준비하는 것이 맞습니다. 그러나 자녀들의 결혼 문제만큼은 반드시 믿음의 사람과 함께 하도록 하는 것이 맞습니다.

··· 사무엘의 어머니 한나 이야기

성경에는 모범적인 어머니, 한나의 모습을 기록합니다. 자녀에게 어릴 적부터 심어준 결과가 후에 하나님의 큰 인물로 성장하는 것을 봅니다.

– 이 아이를 위하여 내가 기도하였더니 내가 구하여 기도한 바를 여호와께서 내게 허락하신지라 그러므로 나도 그를 여호와께 드리되 그의 평생을 여호와께 드리나이다 하고 그가 거기서 여호와께 경배하니라 (삼상 1:27-28)

한나는 아이가 없어 멸시를 당하다가 하나님께 서원하며 기도하여 응답을 받고 아들 사무엘을 얻습니다. 그리고 하나님께 서원한 대로 젖을 뗀 아이 사무엘을 하나님께 바칩니다. 사무엘은 엘리 제사장 손에 자라며, 제사장의 옷을 입고 하나님을 섬겼습니다. 한나는 매년 제사를 드리러 올라갈 때마다, 작은 겉옷을 지어 사무엘에게 주곤 했습니다.(삼상18-21) 이 모습을 보면, 한나가 사무엘을 매번 만날 때마다 하나님께 드려진 사람으로 바르게 살도록 훈육했음을 알 수가 있습니다. 또한 하나님께서 사무엘과 늘 함께 하도록 기도했음을 알 수 있습니다. 사무엘의 어머니 한나의 하나님에 대한 이러한 정성과 열성은 사무엘이 이스라엘의 마지막 사사로서 위대한 사역을 감당하도록 했습니다. 한나의 기도 결과 이스라엘의 마지막 사사 사무엘이 탄생한 것입니다. 그리고 그 결과가 이스라엘 백성에게 하나님의 뜻을 전하고, 이스라엘을 구원하는 계기가 되었습니다.

이미 오십이 들어서는 나이에 무슨 늦게 아기를 가진 한나 이야기를 하느냐고 질문할 수도 있습니다. 사무엘의 성장 과정을 보면서, 오십에 들어선 이미 뒤늦은 나이라 하더라도, 부모로서 자녀에게 믿음을 어떻게 유산으로 물려줄까 하는 고민을 하는 계기가 될 수 있습니다. 오십이 지나는 이 시점에 이미 성숙한 자녀들에게 앞으로 어떻게 믿음의 대를 물려줄 것인가, 이것은 자녀들에게 대한 부모로서 심각한 고민이 됩니다.

젊은 시절에는 오히려 이런 고민이 적었으나, 오히려 오십 넘어가며 나이가 더 들수록, 성숙한 자녀에게 믿음의 유산을 어떻게든 물려주어야 하겠다는 욕망이 더 커집니다. 뒤늦게 어린 사무엘을 얻어 하나님께 드린 한나의 마음을 생각하면, 자식을 사랑하는 부모로서 믿음의 유산에 대한 고민이 더 커질 수밖에 없습니다. 부모로서 유일하게 할 수 있는 일은 바로 자녀를 위해서 새벽마다 기도하는 것입니다. 그리하면 자녀들이 결코 곁길로 나가지 않게 됩니다.

… 엘리의 아들들, 사무엘의 아들들

한나와는 다르게 나이 찬 아이들을 제대로 양육하지 않았을 때 일어나는 결과는 큰 재앙으로 번질 수 있습니다. 성경말씀의 교훈을 살피며, 자녀들을 양육해야 합니다. 이미 다 큰 자녀를 교육시킬 수는 없으니, 부모가 실천하면서 자녀들에게 본이 되는 수밖에 없습니다. 자녀들은 부모를 보고 배우며 자라기 때문입니다.

성경 사무엘상에는 자녀 문제에 대한 큰 사건 두 가지 나옵니다. 하나는 엘리 제사장의 아들들이 하나님께 죄를 짓고 바르게 행동하지 않으므로 그의 집안이 완전히 멸망하였던 사건이요, 또 하나는 그 후임으로 세워진 이스라엘의 마지막 사사 사무엘의 아들들 이야기입니다.

이 두 사람에게 공통점이 하나 있습니다. 바로 두 사람의 자식 교육 문제입니다. 제대로 양육했을까요? 전혀 그러하지 못했습니다.

엘리의 아들들은 행실이 나빠 하나님을 알지 못하였습니다.(삼상 2:12) 하나님께 드려할 제물을 드리기도 전에 사람들에게서 억지로 빼앗는 죄를 범하여, 하나님께 드리는 제사를 멸시하였을 뿐만 아니라, 회막문에서 수종드는 여인들을 범하기도 하였습니다. 엘리 제사장은 부드러운 말로 자식들에게 타일렀지만, 이들은 엘리 제사자의 말을 듣지 않았습니다.(삼상2:12-25)

결국 엘리 제사장의 아들들의 죄악은 하나님의 언약궤를 적국에게 빼앗기게 했고, 홉니와 비느하스, 두 아들은 전쟁에서 죽임을 당했습니다. 이 소식을 들은 엘리 제사장은 의자에 앉아서 이 소식을 듣고, 뒤로 넘어져 목이 부러져 죽었습니다. 임신한 며느리 역시 언약궤가 빼앗겼다는 소식을 듣고, 이스라엘의 영광이 떠났다고 말하며, 해산하다가 죽어갔습니다.

사무엘 역시 아들들을 제대로 양육하지 못하였습니다. 사무엘이 늙어 그의 아들들을 사사로 세웠지만, 그의 아들들이 아버지의 하나님을 섬기는 삶을 따르지 않고 죄악을 저질렀습니다. 이익을 따라 뇌물을 받고 재판의 판결을 굽게 하여, 올바른 판결을 하지 않았습니다.(삼상8:3)

이와 같이 사무엘의 아들들의 죄악은 이스라엘 민족이 왕을 세우고자 하는 욕구를 불러 일으켰으며, 결국 하나님을 배반하는 큰 원인이 됩니다.(8:5,19) 결국 하나님께서는 사울을 왕으로 세우도록 허락하시므로, 사울이 이스라엘의 첫 왕이 됩니다. 그럼에도 사무엘은 자기 가족의 잘못이 없다고 항변합니다.(삼상12:2-5)

이 장면을 보면, 지도자의 가정교육이 얼마나 중요한지 알 수 있게 되는 계기가 됩니다. 자녀 양육의 문제는 늘 숙제일 수밖에 없습니다. 그래서 늘 눈물을 뿌리는 기도가 필요하고, 자녀들로 인해 주님께 아뢰는 일이 많아질 수밖에 없습니다.

… 대박 인생, 가장 복 받은 자녀 만들기

요한복음 9장은 한 눈 먼 시각장애인이 주님께로부터 치료를 받고, 인생이 대박이 나는 이야기를 기록합니다. 바로 이 세상의 구세주, 예수 그리스도를 만나 눈이 완전히 떠지는 놀라운 역사를 경험하는 이야기입니다. 그리고 그 이야기의 초점을 예수님께로부터, 조금 카메라 앵글을 돌려서 이 시각장애인의 부모님께 초점을 맞춰 봅시다.

예수님과 제자들, 나면서부터 앞을 못 보는 사람, 그리고 이웃 사람, 바리새인, 유대인, 맹인의 부모님 등 많은 관중이 나옵니다. 이 중에 예수님께서 베푸신 복을 가장 크게 경험한 사람이 누구일까요?

일생일대에 가장 큰 감사는 무엇일까요? 만약 이제 인생의 딱 중간 결산기, 만약 오십에 접어든 분들의 가정에 이런 자녀가 있다면 고민을 이해할 것입니다. 일평생을 시각장애인으로 살아온 자식이 하나 있는 그리스도인 부모로서 할 수 있는 일이란, 이 아이를 장애인 학교에 보내며, 늘 마음에는 애간장이 가득하겠지만, 할 수 있는 일이라고는 이 자식의 인생을 주님께 맡기는 방법 외에는 없을 것입니다.

부모는 자식이 걱정은 되지만 그리 마음대로 할 수 있는 것이 아닙니다. 요한복음 9장에서 부모의 가장 큰 걱정은 아마 눈 먼 아들이 세상을 살아가는 현실이었을 것입니다. 그런데 이 부모는 자식이 일생일대에 받는 가장 큰 축복, 바로 그 아들이 예수님을 만나는 큰 기쁨을 경험했습니다. 그 복은 당시에는 어떤 의사도 고칠 수 없는, 바로 아들의 눈이 떠진 것이었습니다. 그 이후의 일들은 아들 때문에 유대인 지도자들을 면담하는 영광도 누립니다. 구걸하지 않아도 되고, 자립할 수 있게 되었습니다. 성경말씀은 이 기쁘고 복된 소식의 기록입니다.

물론 요한복음 9장은 초점이 예수님의 표적 일으키심과 유대인의 반응과 갈등에 관심이 있기에, 그 부모로서의 반응을 자세히 기록하고 있지는 않지만, 가난한 가정에 이보다 더 복되고 기쁜 소식이 있을 수 있겠습니까? 그러니 그 이야기들이 삽시간에 퍼져 유대 지도자들의 귀에 들어갔겠죠.

부모로서의 자식을 향한 가장 큰 기도 제목이 무엇이어야 하는지 쯤은 생각날 것입니다. 눈을 뜬 시각장애인 당사자도 이 세상 구세주 예수 그리스도를 만나 은혜를 체험하는 큰 복을 받았겠지만, 평생의 원

오십, 성경에서 길을 찾다

인 아들의 눈을 뜬 모습을 본 부모야 말로 가장 큰 구원의 기쁜 소식을 들었을 것입니다.

주님을 만나면 말 그대로 대박입니다. 대박인생입니다. 자녀들이 주님을 만나는 그 기쁨보다 더 큰 기쁨은 없을 것입니다. 오십 줄에 들어선, 성숙한 자녀를 둔 부로로서의 기도제목은 바로 자녀가 주님을 만나는 것이어야 합니다.

… 자녀를 위하여 기도하기

오십대에 들어서면서 주변에 가정의 실패 사례를 들을 때면, 남의 일 같이 여겨지지가 않습니다. 가정을 위해 기도하는 것은 주님께서 늘 가정을 살피시고 평안으로 보호하심을 바라기 때문입니다.

어느 믿음의 가정의 아들이 결혼 3년 만에 이혼을 했습니다. 주일이면 교회를 가기 싫어하고, 어디는 외부에 놀러 나가자고 해서 벌어진 일입니다. 배우자의 없던 믿음은 그냥 생겨나는 것이 아닙니다. 많은 믿음의 청년들이 보이는 모습만 보고 결혼을 했다가, 결혼 생활이 맞지 않아 고통을 겪습니다. 실제 이런 일을 많이 봅니다.

주일 교회에 가서 하루를 보내고, 함께 예배를 드리는 기쁨을 가지고, 함께 교제를 나누는 기쁨, 이것은 함께 믿음을 소유하지 않으면 쉽지 않습니다. 자녀에게 믿음을 가지게 하는 가정교육은 중요합니다.

자녀들이 세상 현실에 눈을 뜨기 시작하면 믿음 생활에 갈등을 일으킬 수 있습니다. 자녀의 믿음을 양육하는 일이 단지 부모의 말과 힘, 회초리로만 되지 않습니다. 오직 사랑으로 자녀들을 보듬어 안으며, 엄하게 훈육하되, 매일 기도하며, 주님의 도우심을 반드시 구해야 합니다. 그래야만 자녀들이 곁길로 가지 않습니다. 혹 곁길로 가는 것 같이 보여도, 반드시 돌아오게 되어 있습니다.

오십에 들면 자녀들도 성숙해서 분가를 시작합니다. 결혼해서 가정을 꾸리기도 합니다. 이후에 부모가 자녀들을 위해서 실제적으로 할 수 있는 일이 크지 않습니다. 사업자금이나, 주택구입 자금이 부족할 때 도와주는 정도입니다. 그렇게라도 하면 다행입니다. 그러나 부모로서 기도는 얼마든지 할 수 있습니다. 자녀를 위한 기도의 힘, 분명하게 주님께서 응답하심을 볼 수 있습니다. 자녀에 대한 기도는 늘 서서히, 드러나지 않는 것 같지만, 주님께서 그 기도에 응답하시고, 인도하심을 보게 됩니다. 바로 이것이 오십 줄에 들어서며, 자녀들의 성장을 보는 부모의 기도응답입니다.

… 부모를 공경하는 자녀의 장수의 복 깨닫게 하기

오십이 되면, 십계명 중 제5계명에서 부모를 공경하라는 말씀은 다 압니다. 그러나 십계명의 말씀의 성취가 이루어지는 것은 잘 알지 못합니다. 주님의 말씀은 변함이 없습니다. 다만 우리가 몰라서일 뿐입니다. 성경의 말씀은 진리입니다. 이 진리를 자녀들에게 깨우치기가 어렵습니다. 단 한 가지 방법밖에는 없습니다. 자녀들에게 본이 되는 수밖에는 없습니다.

- 네 부모를 공경하라 그리하면 네 하나님 여호와가 네게 준 땅에서 네 생명이 길리라 (출 20:12)

사도 요한은 주님께 가장 사랑받던 제자였습니다. 사도 요한은 예수님께서 십자가 위에서 운명하실 때, 예수의 어머니 마리아의 부양을 위탁받습니다. 그 후로 사도 요한은 예수님의 어머니 마리아를 자신이 모시고 봉양합니다. 가룟 유다를 대신해 뽑힌 맛디아까지, 열한 제자 모두가 순교로서 생을 마감합니다. 그러나 사도 요한만은 고난을 받기는 하지만, 유일하게 자연사 합니다. 아주 짧은 단면에서도 십계명은 그대로 이루어짐을 볼 수 있습니다.

부모에 순종하지 않고, 올바르지 않는 길로 나가는 자녀들이 있습니다. 이 자녀들이 잘 되는 것 같아도 결국은 악에 빠지고 맙니다. 악한 무리에게 잡혀 인생을 망치게 됩니다.

- 아비를 조롱하며 어미 순종하기를 싫어하는 자의 눈은 골짜기의 까마귀에게 쪼이고 독수리 새끼에게 먹히리라 (잠 30:17)

오십이 되면, 가끔 성경의 말씀이 두려운 때가 있습니다. 성경말씀은 전혀 틀린 법이 없기 때문입니다. 부모를 거역한 자녀들이 세상에 나가서 크게 성공하지 못합니다. 설령 우선은 잘나가는 것 같아도, 부모의 기도로 끝까지 주님께로 돌아오지 않으면, 하나님을 징계를 받습니다. 악의 무리에 빠지고 맙니다. 그 길은 고통입니다.

부모를 거역한 자녀가 잘되는 법은 없습니다. 오십이 되면 깨달아짐니다. 문제는 이런 점들을 자녀들에게 어떻게 전달하느냐 하는 고민이 있습니다. 이는 부모로서 본을 보이는 수밖에 없습니다.

… 양육 / 주님 안에서 자녀 양육하기

성경은 하나님의 자녀와 믿지 않는 자녀가 멍에를 같이 메어서는 안 된다고 절대적으로 경고합니다. 믿는 사람과 우상 숭배자가 함께 멍에를 멜 수는 없는 것이죠. 오십이 되면 결혼 적령기의 자녀를 가지고, 직장 생활, 사업을 앞둔 자녀들이 있습니다. 자녀들을 위한 경계가 되는 말씀입니다. 성경은 자녀 양육에 대한 갖가지 교훈을 열거하고 있습니다. 엘리 제사장과 사무엘의 아들들의 죄를 저지르는 행위는 결국 한 국가에도 위기와 대변혁을 가져오는 계기가 됩니다. 잘못 양육된 자녀들로부터 오는 결과이며 폐해입니다. 부모는 사무엘의 어머니 한나처럼 기도하여야 자녀가 곁길로 나가지 않습니다. 자녀들이 부모를 거역하면, 하나님께서 징계를 하신다고 성경은 엄중히 경고하고 있습니다. 바른 자녀 양육은 부모의 모범적인 신앙생활 아래서만 이루어지게 됩니다. 나이 오십에 든 부모는 이미 자녀들이 출가할 정도로 나이가 찬 상태입니다. 자녀 양육은 바른 신앙생활과 기도로 본을 보이는 모습을 보여야 합니다.

하나님의 소유 지키기, 청지기로서의 삶

● **소유** possession ●

나를 사랑하는 자들이 나의 사랑을 입으며 나를 간절히 찾는 자가 나를 만날 것이니라. 부귀가 내게 있고 장구한 재물과 공의도 그러하니라. 내 열매는 금이나 정금보다 나으며 내 소득은 순은보다 나으니라 나는 정의로운 길로 행하며 공의로운 길 가운데로 다니나니 이는 나를 사랑하는 자가 재물을 얻어서 그 곳간에 채우게 하려 함이니라 (잠 8:17-21)

오십이 되면, 가계도 안정적으로 굴러갈 수 있어야 합니다. 그런데 그 재물의 목표를 얼마로 정할까요? 주님께서 재물을 허락하실 때도, 그 그릇대로 채우시고 행하심을 봅니다. 그런데 인생의 중간 결산기, 나이 오십, 얼마나 많은 돈을 구해야 할까요?

경제활동을 하는 가장 왕성한 시기가 오십입니다. 이 시기까지가 가계의 안정을 추구하는 왕성한 경제활동의 시기이기도 합니다. 이 무렵에는 경제활동에 대한 명확한 삶의 기준이 설정되어 있어야 합니다. 그리스도인은 성경말씀을 통해서 그 삶의 기준을 정립할 수밖에 없습니다.

성경말씀은 돈과 재물에 대한 경고와 잠언이 수두룩합니다. 주님께서도 재물에 대하여 여러 차례 말씀하셨습니다. 사도 바울 역시 재물에 대하여 권고합니다. 부의 축적에 대해서는 보다 많은 지식이 필요합니다. 세상의 경제지식을 멀리 해서도 안 됩니다. 이 세상을 살아가야 하는 그리스도인은 하나님의 재물에 대한 경고와 세상의 돈에 대한 가치기준, 경제동향의 변화 등을 읽고, 또한 지식적으로 다 알고 있어야 합니다. 그리스도인은 하나님의 청지기로서의 삶을 살고 있을 뿐입니다.

··· 재물의 소유량 생각 다지기

인생을 살아가면서 얼마나 많은 소유를 가져야 할까요? 두 가지 방법이 있습니다. 하나는 적당히 벌고 적당히 쓰며 살아가는 것, 또 하나는 아주 많이 버는 것, 즉 돈 버는 재미를 느끼며 사는 것, 그리스도인이 이 두 가지 사이에서 돈에 대한 가치관이 나누어집니다.

록펠러처럼 돈을 아주 많이 벌어, 많이 나누어주며 사는 것이 좋을 수도 있습니다, 이것을 그리스도인의 진정한 가치관으로 여기는 사람들도 많이 있습니다. 반면에 적당히 벌고, 적당히 안정적으로 살자고 하는 사람들도 있습니다. 각자의 삶의 기준과 방법이 조금씩 다를 뿐입니다.

오십이 되면, 이제 어느 정도 가정이 경제적으로 안정이 되어야 정상입니다. 그러나 그렇지 못한 경우도 많습니다. 성경에서 그리스도인에게 자족하도록 들려주는 말씀이 있습니다.

– 내가 두 가지 일을 주께 구하였사오니 내가 죽기 전에 내게 거절하지 마시옵소서 곧 헛된 것과 거짓말을 내게서 멀리 하옵시며 나를 가난하게도 마옵시고 부하게도 마옵시고 오직 필요한 양식으로 나를 먹이시옵소서 혹 내가 배불러서 하나님을 모른다 여호와가 누구냐 할까 하오며 혹 내가 가난하여 도둑질하고 내 하나님의 이름을 욕되게 할까 두려워함이니이다 (잠30:7-9)

이 말씀이 젊은 시절.가 되어서는 안 됩니다. 그러나 오십에 들면, 이 말씀이 큰 위로가 됩니다. 이 말씀의 깊이를 이해할 수 있는 나이가 바로 오십입니다.

돈이란 아무리 많이 들어와도 늘 쪼들리기 마련입니다. 자족하는 마음을 배우는 것, 오십의 시기에는 필요한 말입니다.

… 부자와 가난한 자, 그 영원한 차이

성경은 예수님께서 천국 복음을 전파하시는 과정을 소개합니다. 예수님께서 요한이 잡힌 후에야 비로소 천국 복음을 전파하기 시작합니다.

– 이 때부터 예수께서 비로소 전파하여 이르시되 회개하라 천국이 가까이 왔느니라 하시더라 (마4:17)

요한이 옥중에서 예수님께 제자들을 보내어 묻습니다. 오실 그분이 당신입니까? 아니면 다른 분을 기다릴까요.(눅7:19) 그 때 주님께서 답변을 해 주십니다. 가서 보고 들은 것을 요한에게 알리라. 그리고 병자가 나으며, 각종 이적이 나타나며, 가난한 자에게 복음이 전파된다고 전하라고 말씀하십니다.

– 예수께서 대답하여 이르시되 너희가 가서 보고 들은 것을 요한에게 알리되 맹인이 보며 못 걷는 사람이 걸으며 나병환자가 깨끗함을 받으며 귀먹은 사람이 들으며 죽은 자가 살아나며 가난한 자에게 복음이 전파된다 하라 (눅7:22)

주님께서는 부자가 아닌 가난한 자에게 복음이 전파된다 하라고 말씀을 하십니다. 왜 하필이면, 부자가 아니고 가난한 자에게 복음이 전파되어야 할까요?

부자와 거지 나사로의 비유에서 부자에 대한 경고가 있습니다. 우리는 세상에서 우리가 가질 최소한의 것만 가지면 됩니다. 그런데 그렇지 못합니다. 늘 만나면 자랑과 봉사를 늘어놓기 때문입니다.

천국에서의 상급을 기대하지 않더라도 부끄러운 구원만은 피하는 즐거움이 우리에게 있었으면 좋겠습니다. 부자와 가난한 자가 이 세상에서 현저한 차이를 누리며 보냈듯, 하나님의 나라에서는 뒤바뀐 처지

에 그 현저한 차이를 누리며 영원이 살게 될 테니까요

오십에는 주님 계신 천국을 한 번쯤 깊이 생각해 보아야합니다. 그리스도인의 부는 하나님의 청지기로서 재산을 관리할 뿐입니다. 하나님의 소유를 지키는 청지기의 직분입니다.

하나님의 다섯 가지 부자 수업
- 성경이 가르친 부에 대한 교훈의 이해 -

오십에 든 그리스도인이 돈에 대한 바른 가치관을 정립하지 않으면, 재물을 바르게 관리하지 못하게 됩니다. 특히 그리스도인은 하나님의 청지기로서 하나님께서 맡겨 준 부를 관리할 능력을 바로 갖추어야 합니다. 이 교훈은 자녀들에게도 대물림해 알려야 할 교훈이기도 합니다.

첫째, **부의 근원**이 무엇인지 알아야합니다. 성경은 부의 근원이 하나님께 있다고 알려주고 있습니다. 그리고 하나님을 사랑하는 자들에게 재물을 얻게 하셔서 곳간에 채우게 하시겠다고 약속하십니다.

- 나를 사랑하는 자들이 나의 사랑을 입으며 나를 간절히 찾는 자가 나를 만날 것이니라. 부귀가 내게 있고 장구한 재물과 공의도 그러하니라. 내 열매는 금이나 정금보다 나으며 내 소득은 순은보다 나으니라 나는 정의로운 길로 행하며 공의로운 길 가운데로 다니나니 이는 나를 사랑하는 자가 재물을 얻어서 그 곳간에 채우게 하려 함이니라 (잠 8:17-21)

그리스도인에게 부의 근원은 바로 하나님입니다. 하나님의 일에 대한 봉사는 절대로 공짜가 없습니다. 진심으로 봉사를 하며, 주님을 위하여 산 사람은 반드시 주님께로부터 그 보상을 받습니다. 잠시 고난이 있을망정, 반드시 후일에는 보상이 따릅니다. 그리스도인에게 부의 근원은 바로 하나님이시라는 것을 인식해야 합니다.

둘째, 하나님께서 주시는 복을 **분별**할 줄 알아야 합니다. 하나님께서 주시는 복은 절대로 근심이 따라오지 않습니다. 재물이 들어와도 마음이 편안해 집니다. 이 점을 알아야 합니다.

- 여호와께서 주시는 복은 사람을 부하게 하고 근심을 겸하여 주지 아니하시느니라. (잠 10:22)

이 재물이 하나님께서 주신 것이냐, 아니냐를 구분하는 기준을 정하는 방법이 있습니다. 이 돈이 들어오므로 마음이 편 하냐, 편치 않느냐, 이 두 가지로 분별을 하면 됩니다. 하나님께서 주시는 부는 결코 근심이 수반되지 않습니다. 그 재물이 가정에 들어올 때, 절대적으로 마음이 편안해지고, 기쁨이 되고, 마음의 안녕이 되면, 이 재물은 주님께서 주신 것이 틀림이 없습니다. 주님께서 재물을 관리할 능력도 없는 이에게 일확천금을 주면, 이는 재앙입니다. 주님께서 절대로 이렇게 부를 쏟아 붓지 않습니다. 관리할 능력이 형성된 뒤에 돈이 따라 들어갑니다. 그러지 못하면 그 돈이 근심을 수반해서 잠도 제대로 못 자게 됩니다. 주님께서 주신 재물과 부는 그 재물을 얻는 이에게 기쁨과 편안함을 줍니다. 이 재물은 하나님의 사랑과 축복 안에서 그분의 공의에 의하여 그분의 자녀들에게 주어진 복된 소득입니다.

어떤 분들 가운데는 하늘에서 뚝, 혹은 복권처럼 부가 충족될 것이라고 생각하는 사람들이 있습니다. 하나님께서 주시는 부는 전혀 그렇지 않습니다. 하나님께서 허락하시는 부는 알뜰하게 모은 돈들이 축적되어, 믿음의 가정의 부를 증식시킴으로 얻어지는 것이기 결실입니다.

셋째, 하나님께서 보상해 주시는 **세 가지 복**이 있습니다. 이 복은 재물과 명예와 생명이 동시에 주어진다는 것입니다. 바로 이것이 하나님을 섬김으로 얻게 되는 복입니다.

- 겸손과 여호와를 경외함의 보상은 재물과 영광과 생명이니라. (잠 22:4)
- 또한 어떤 사람에게든지 하나님이 재물과 부요를 그에게 주사 능히 누리게 하시며 제 몫을 받아 수고함으로 즐거워하게 하신 것은 하나님의 선물이라 (전 5:19)

하나님께서 주신 복 가운데 가장 중요한 첫째는 생명입니다. 둘째가 바로 하나님께서 주시는 명예입니다. 그리고 마지막 하나님께서 주시는 것이 재물의 복입니다.

성경은 사람이 하나님을 경외함으로서 얻게 되는 보응은 가장 낮은 것에서 재물로부터 사람의 명예인 영광과 궁극적으로는 생명을 얻게 하신다고 가르칩니다.

넷째, 돈보다는 하나님의 **은혜**를 먼저 구하여야 합니다. 이것은 진리입니다. 하나님을 섬김이 우선이 아니고, 돈과 재물을 구하게 되면, 이는 하나님의 뜻에 어긋나는 일입니다.

- 많은 재물보다 명예를 택할 것이요 은이나 금보다 은총을 더욱 택할 것이니라 (잠 22:1)

그리스도인들이 돈에 대한 가치관에서 가장 중요한 교훈의 한 가지는 재물보다는 하나님의 은총을 먼저 구하고, 택하는 것입니다. 이것이 그리스도인의 삶의 지표입니다. 하나님의 백성들이 이 세상 사람과 다른 점이 있다면, 돈에 대한 가치관이며, 이 돈을 사용하는 방법입니다. 재물은 하나님의 은혜로 주어지는 축복이며, 하나님을 섬김으로 얻어지는 축복입니다.

다섯째, 하나님께 **소망**을 두어야 합니다. 하나님께서 부자에 대한 권고를 마음에 새겨 두어야 합니다. 정함이 없는 재물에 소망을 두어서는 안 됩니다. 이 재물도 하나님의 것이며, 모두 다 하나님의 소유입니다. 하나님보다 하나님의 소유를 먼저 구해서는 안 됩니다.

네가 이 세대에서 부한 자들을 명하여 마음을 높이지 말고 정함이 없는 재물에 소망을 두지 말고 오직 우리에게 모든 것을 후히 주사 누리게 하시는 하나님께 두며 (딤전 6:17)

그리스도인들은 세상의 재물에 소망을 두어서는 안 됩니다. 반드시 하늘에 계신 하나님께 소망을 두고 살아야 합니다. 이 세상이나 이 세상의 모든 것이 어느 한 순간에 사라집니다. 재물이 많다고 마음에 자부심을 가질 일도 아닙니다. 주님을 섬기는 삶에 목적을 두고, 천국에 있는 우리의 모습에 소망을 두고 살아갈 일입니다. 이것이 삶의 진정한 가치임을 깨달아야 합니다.

⋯ 록펠러가 받은 세 가지 신앙 유산에서 배우기

어느 기자가 록펠러에게 "당신이 세계 최고의 부자로 성공하게 된 비결이 무엇입니까?"라고 물었습니다. 그러자 그는 "어머니로부터 세 가지 신앙의 유산을 받았기 때문입니다"하고 대답을 했습니다.

첫째는 십일조 생활이었습니다. 어머니는 받은 용돈에서도 반드시 십일조를 하도록 가르쳤습니다. 록펠러는 회사를 운영하면서 십일조를 드렸습니다. 십일조를 계산하기 위해 별도의 전담부서를 둘 정도였습니다.

둘째는 교회의 제일 앞자리서 예배를 드리는 것이었습니다. 록펠러의 어머니는 아들의 손을 잡고 교회에 갔습니다, 일찍 교회에 나가 맨 앞자리에 앉아 예배를 드렸습니다.

셋째는 교회의 일에 순종하고, 목사님의 마음을 아프게 하지 말라는 가르침이었습니다.

··· 대공황과 대 전쟁, 경제흐름 읽기

오십 무렵이 되면, 경제에 대한 흐름을 예측하고, 가계를 안정화시키기 위한 최대한의 노력을 기울일 때입니다. 그리스도인이라고 세계사의 흐름에서 떨어져 있을 수는 없습니다. 과거의 경제사를 짚어보고, 앞으로 경기 전망을 살펴야 합니다.

세계사의 흐름을 보면 1914년에서 1919년까지의 제1차 대전, 그리고 1918년에서 1919년의 스페인 독감으로 5천만에서 1억 명의 사망, 그 때 세계인구가 16억 명 이었습니다. 그리고 1929년에 시작된 대공황, 1939년의 제2차 세계대전의 발발. 1945년의 종전, 이 역사의 흐름의 과정에서 10년 주기설을 예측합니다.

요즘 전염병과 우크라이나 전쟁으로 인하여 최근 국제 역학 관계가 요동을 치고 있습니다. 경제상황은 각 국가마다 어려운 상황으로 치닫고 있습니다. 미중 무역전쟁으로 인해 과거의 역사가 다시 반추됩니다.

싫든 좋든 이런 자국의 이익을 극대화하기 위한 보호주의가 한창일 때, 국제 주가는 급락했고 세계공황의 어두운 그림자가 드리웁니다. 이웃 국가와의 전쟁은 자국의 정치적 불만과 관심을 대외적으로 돌리려는 데서 발발하곤 합니다. 히틀러의 폴란드 침공도 제1차 세계대전의 피해 보상금이 너무 과하다는 이유로 이를 해결하겠다는 명분하에 이루어졌습니다.

지금 세계경제의 흐름을 보면, 가계마다 어려움이 많을 때이고 지혜로움이 필요할 때입니다. 오십에는 거룩한 두 손을 들어 더 이상 기근이 지속되지 않고, 평안이 오기를 기도해야 합니다. 우리 주님의 선하

오십, 성경에서 길을 찾다

신 뜻과 도움이 이 땅에 함께하시기를, 차갑고 어두운 교회의 마룻바닥에서 우리 주님께 두 손 모아 간절히 기도할 일입니다.

··· 소유 / 하나님의 소유 지키기

성경은 그리스도인의 부의 기준에 대하여 명확한 정의를 내리고 있습니다. 하나님께서 주시는 축복이라는 것입니다. 부의 소유와 사용은 하나님께서 맡기신 청지기로서 소임을 다하는 것입니다. 그리스도인은 그 소유를 하나님의 법도에 의해서 써야 합니다. 구제와 자선을 베풀어야 합니다. 오십에는 성경에서 부에 대하여 교훈하고 있는 부에 대한 명확한 가치기준 인식이 필요합니다. 하나님 보다 재물을 먼저 섬겨서도 안 됩니다. 재물에 소망을 두지 말고, 오직 하나님께 소망을 두어야 합니다. 부의 소유는 자선을 베풀어 천국 가는 배낭을 만들어야 합니다. 부의 관리를 위하여 세상 지식도 소홀히 해서는 안 됩니다.

건강을 위한 생활

이는 여호와의 집에 심겼음이여 우리 하나님의 뜰 안에서 번성하리로다 그
는 늙어도 여전히 결실하며 진액이 풍족하고 빛이 청청하니 여호와의 정
직하심과 나의 바위 되심과 그에게는 불의가 없음이 선포되리로다 (시
92:13-15)

오십에 들어서면 점점 건강의 중요성이 더해집니다. 젊은 시절은
건강하게 살았지만, 점점 건강에 대한 고민이 지속됩니다. 지속적으로
건강을 관리해온 사람은 건강을 그리 걱정하지 않습니다. 그러나 오늘
날에는 정신적으로 스트레스를 많이 받기에 건강관리에 상당한 신경
을 쓰지 않을 수 없습니다. 지속적인 운동이 필요하고, 적정한 육체노

동의 일 또한 필요합니다. 성경 말씀에서 건강의 비결을 찾는 것은 정신적 건강관리에도 필요한 일입니다.

··· 주님께서 의로우신 이들에게 허락하시는 건강의 복

시편에는 건강에 대하여 노래하는 성경말씀이 있습니다. 시편 92편은 원래 개인의 감사 시였으나, 나중에 안식일에 회당에 모인 사람들이 드리는 기도로 쓰인 시편입니다. 하나님의 의로우신 다스리심을 노래하는 시편입니다.

하나님의 보호하심 아래 있으면, 늘 건강하고 복됩니다. 그는 건강을 보장받으므로 장수합니다. 그리고 하는 일이 잘되며, 결실을 맺습니다. 오십에는 이와 같은 건강하고 복된 생활을 누구나 소망할 것입니다. 주님께서는 말씀하십니다. 주님을 믿는 사람들에게 주님께서 함께 하시고, 복 주심을 말씀하십니다.

··· 이야기 한 편 나누기

오십 대 초반, 아직까지 목회지가 결정 되지 않을 때입니다. 주님을 위해서 딱히 하는 사역이 없어서 절망에 차 있을 때였습니다. 주님께서 인도 목회자를 보내셔서 제게 앞의 시편 말씀을 전해 주신 적이 있습니다.

당시 문서 선교에 조금의 시간을 내고, 생활을 위해 돈을 벌고 있을 때였습니다. 어떤 인도 여성 목회자가 한국을 방문했습니다. 신학을 공부하지 않은 부부가 인도에서 교회사역을 감당하고 있었습니다. 교회는 열정적이었고, 많은 분들이 예배에 참여하여 뜨겁게 기도하는 모습을 보았습니다. 마치 한국의 80년대 모습이었습니다. 기도 중에 한국어를 방언으로 받아, 한국말을 잘 하는 분이었습니다. 인도는 신학을 공부하지 않은 분들이 목회 사역을 하고 있는 경우가 있습니다. 오직 주님께 부름을 받았기 때문이라고 했습니다. 난해한 성경 중의 하나인 누가복음 15장을 삼사십 분 가량 설명해 주고 난 뒤였습니다. 성경말씀 공부를 마친 뒤였습니다. 그분이 제게 주님께서 꼭 성경말씀 한 구절을 전해주시라고 한다며 짚어 주었습니다. NIV 영어성경을 한 구절을 찾아 주었습니다. 이 말씀이 바로 시편 92편 14절 말씀이었습니다.

- 그는 늙어도 여전히 결실하며 진액이 풍족하고 빛이 청청하니(시 92:14)

제가 놀라워한 건 다름이 아니었습니다. 주님께서 바로 제 마음과 영적상태를 정확히 진단하시고 계셨다는 것입니다. 또 그 자리에서 제가 나이가 들어 실의에 찬 속마음을 주님께서 친히 아시고 계셨다는 것입니다. 주님께서 인도 여 목회자를 통하여 이 말씀을 제게 들려주라고 하셨다는 것이었습니다. 성경을 그렇게 많이 읽었는데도, 이런 말씀이 들어 있다는 것을 처음 알았습니다.

벌써 나이 오십이 넘었는데, 내가 주님을 위해서 무슨 일을 해? 몸도 점점 약해지는데, 내가 주님을 위해서 과연 일이나 할 수 있겠어. 내가 과연 주님을 위해서 뭘 하지? 인도인 여 목회자에게 성경말씀을 함께 공부를 하는 제 속은 질의에 차 있었습니다. 이미 나이가 많아 갈 교회도 없어서, 속으로 낙망에 처해 있었기 때문이었습니다. 특히 건강은 나이에 비해 점점 약해지고 있다고 느낄 때였습니다.

이 말씀을 듣는 순간 평안이 몰려 왔습니다. 아니 근데 어떻게 내 심적 상태를 아시고, 이 말씀을 주시지? 인도 여 목회자에게 물어봤습니다. 어떻게 주님께서 알려 주시느냐고? 주님께서 알려 주실 때가 있답니다. 목사님께 이 성경말씀을 알려 주시라고 했어요.

물론 이 일이 있기 전에도 먼저 이 인도 여 목회자를 만난 적이 있습니다. 인도의 부흥의 간증을 들었으며, 성령님의 역사하심이 나타나는 영상을 본적이 있었습니다. 영적인 은혜의 깊이가 있다는 사실은 알았지만, 이 말씀을 전함으로 인해 다시 한 번 놀랐습니다. 저는 다시 주님을 위하여 일할 용기를 얻었습니다. 주님을 향한 육체의 건강을 기대하며, 소망으로 기도할 수 있었습니다.

오십의 나이가 되면, 누구나 건강 때문에 고민하고 갈등합니다. 이 무렵에는 기도하면서 건강에도 유의하여야 할 나이입니다. 적절한 운동과 노동도 함께 필요한 때입니다.

… 모세의 건강에서 배우기

오십이 되면 각별히 건강의 복을 구하게 됩니다. 하나님께서 주시는 건강에는 반드시 필요 요건이 있습니다. 주님의 말씀에 비추어 주님의 소명 가운데 있어야 한다는 점입니다.

하나님의 충성된 종 모세는 죽을 때, 나이가 백이십 세였으나, 그의 눈이 전혀 흐리지 않았으며, 전혀 기력이 쇠하지 않았습니다. 하나님을 섬기는 사람의 복된 모습입니다.

- 모세가 죽을 때 나이 백이십 세였으나 그의 눈이 흐리지 아니하였고 기력이 쇠하지 아니하였더라 (신 34:7)

모세는 하나님의 명령을 따라 이스라엘 민족을 애굽으로부터 이끌어내었습니다. 또한 하나님께로부터 하나님과 인간, 인간과 인간사이의 윤리가 되는 십계명을 받았습니다. 이런 소명을 받은 사람도 없고, 아마 앞으로도 영원히 없을 것입니다. 우리가 모세에 비유하여 우리의 건강을 구할 수는 없습니다. 그러나 한 가지 명확한 사실이 있습니다. 주님께서 함께하는 사람은 건강의 복을 누린다는 사실입니다. 성경의 이런 건강의 복에 관한 말씀들은 성경 여러 곳에 기록되어 있습니다.

오십이 된 사역자뿐만 아니라, 주님을 믿는 모두에게 해당되는 말씀입니다. 주님께서 함께 하시고, 소명을 부여받은 사람들이 있습니다. 주님께서 그 수명이 다할 때까지 건강을 주신다는 말씀입니다. 실제 그렇게 살아가는 많은 분들을 보게 됩니다.

··· 의인이 받는 하나님의 축복, 장수하기

이제 오십이 되면 누구든 건강하고 살아가기를 원합니다. 건강에 대한 관심이 각별해집니다. 인간의 수명이 하나님께서 주신 복이라는 것을 알면, 모두 그 길을 찾을 것입니다. 성경은 인간의 수명이 하나님께 달려 있음을 말씀합니다. 성경은 하나님을 사랑하라고 말합니다. 장수하는 복을 누린다고 말합니다. 가장 쉬운 진리입니다.

- 네 하나님 여호와를 사랑하고 그의 말씀을 청종하며 또 그를 의지하라 그는 네 생명이시요 네 장수이시니 여호와께서 네 조상 아브라함과 이삭과 야곱에게 주리라고 맹세하신 땅에 네가 거주하리라 (신 30:20)

하나님을 경외하면 오래 살게 됩니다. 아주 간단한 진리입니다. 그럼에도 하나님을 믿는다고 하면서 하나님을 경외하지를 않습니다. 하나님을 경외한다는 말은 두려워한다는 의미가 있습니다. 주님을 사랑한다는 말은 예배에 참석하며, 하나님께 기도를 드린다는 말입니다. 하나님의 말씀을 기뻐하며, 하나님의 말씀을 순종한다는 말입니다.

오십에는 이 간단한 진리를 다시 되새김질 할 때입니다. 건강이 주님께 있으므로, 주님을 찾으며, 주님을 사랑할 때입니다.

⋯ 수명을 단축하는 이유 피하기

오십의 나이에 수명을 단축하는 원인을 알면, 이 길을 피하게 됩니다. 성경은 악인의 수명은 짧아진다고 말합니다. 이 말씀은 진리입니다.

– 여호와를 경외하면 장수하느니라 그러나 악인의 수명은 짧아지느니라 (잠 10:27)

악인들은 죄악에 빠집니다. 포악합니다. 하나님을 불순종합니다. 이런 사람들은 죄를 밥 먹듯 합니다. 이런 악인들은 수명이 짧다고 성경 말씀은 우리에게 알립니다. 사실 그렇습니다. 죄에 빠진 사람들이 잠을 제대로 잘 리가 없습니다. 밤잠을 설칠 수밖에 없습니다. 그 마음은 늘 불안에 떨기 때문입니다. 그러니 수명이 단축될 수밖에 없습니다.

혹 악인이 잘 되어 보이는 경우가 있습니다. 그러나 그 마지막을 보아야 합니다. 그 말로는 그리 썩 좋지 못합니다. 지금 현재는 장수하고 좋아 보이는 것 같아도, 마지막 죽음 이후에는 영영한 형벌이 따릅니다.

– 죄인은 백 번이나 악을 행하고도 장수하거니와 또한 내가 아노니 하나님을 경외하여 그를 경외하는 자들은 잘 될 것이요 악인은 잘 되지 못하며 장수하지 못하고 그 날이 그림자와 같으리니 이는 하나님을 경외하지 아니함이니라 (전 8:12-13)

성경말씀을 따라서 알 수 있는 것은 죄는 사망이라는 사실입니다.

죄의 길에 서면 수명이 단축됩니다. 죄가 영원한 죽음을 가지고 오는 문제뿐만 아니라, 현실적으로도 죄는 마음의 고통을 수반합니다. 죄를 짓고 그 생명이 길 수 없습니다. 그래서 죄를 벗어나야만 합니다.

- 죄의 삯은 사망이요 하나님의 은사는 그리스도 예수 우리 주 안에 있는 영생이니라 (롬 6:23)

오십에 우리가 알 수 있는 것은 죄를 회개하면 생명을 얻는다는 것입니다. 현재뿐만 아니라 영생이 우리 주님 안에 있습니다. 회개하며 주님께 나아가는 길만이 영원히 장수하는 방법입니다. 영생의 길입니다.

… 건강을 회복시키는 방법 배우기

오십의 나이, 건강 회복의 비밀을 알고 싶어 합니다. 간단합니다. 기도하면 건강이 회복됩니다. 주님을 믿으면 건강해집니다. 우리의 죄악이 용서함을 받고, 주님께 기도하며, 장수의 복을 얻는 것은 우리의 마음이 평안해 지기 때문입니다.

- 주는 나를 용서하사 내가 떠나 없어지기 전에 나의 건강을 회복시키소서 (시 39:13)
- 예수께서 이르시되 딸아 네 믿음이 너를 구원하였으니 평안히 가라 네 병에서 놓여 건강할지어다 (막 5:34)

예수님을 믿으면 건강합니다. 죄 사함을 받으면 건강해집니다. 세상 근심 걱정에 매이지 않고, 주님을 의지하며 살면 건강해지지 않을 수 없습니다. 주님께서 우리를 받으시고, 우리를 인도하신다는 사실을 알기에 마음이 기쁘고 즐겁습니다. 이 기쁨과 즐거움은 우리를 건강하게 만듭니다. 오십의 나이, 죄 사하심의 기쁨의 비밀을 알고, 장수의 비결을 누릴 때입니다.

··· 건강 / 건강한 생활하기

오십이 되면 누구나 건강해지고 싶어 합니다. 건강은 하나님의 축복입니다. 의인은 장수하는 하나님의 복을 받습니다. 부모를 공경하는 것도 장수의 비결입니다. 약속 있는 첫 계명이기 때문입니다. 건강의 복은 하나님을 하나님을 의뢰하는 것에서부터 주어집니다. 하나님을 경외함의 보상이기 때문입니다. 질병이 찾아왔을 때는 교회의 목회자들에게 기도를 부탁하되, 의사의 치료를 받는 것이 옳습니다. 불치의 병으로 기도할 때는 주님의 십자가의 고난을 생각하며, 간절히 기도하여야 합니다. 통성기도와 찬송기도는 건강하게 하는 힘이 있습니다. 하나님을 기쁘시게 함으로 성령 충만한 기쁨이 넘쳐납니다. 기쁨과 평안이 솟아나므로 감사를 얻게 합니다. 마음의 평안은 육체를 건강하게 하므로, 평안을 얻는 기도에 힘써야 합니다.

나의 일, 세상의 일보다 하나님의 일

●**노동** labour ●

그들이 묻되 우리가 어떻게 하여야 하나님의 일을 하오리이까 예수께서 대답하여 이르시되 하나님께서 보내신 이를 믿는 것이 하나님의 일이라 하시니, (요 6.28,29)

오십은 근로자로서 가장 큰 능력을 나타낼 때며, 중책을 맡게 될 때입니다. 오십에 들어서면서 인생에서 가장 전성기가 시작됩니다. 그러나 정년이 임박해 오기 때문에 곧 근로자로서 자신의 노동의 한계를 예측하게 됩니다. 오십의 나이에 사람들은 지금 현재도 중요하지만, 다음의 팔십까지의 일을 준비해야 합니다. 이 시기는 결코 실패해서는 안 되는 때입니다. 그럼에도 다음 일을 위하여 무언가 고민해야 합니다. 노동과 일의 문제는 오십 후반에 들수록 더욱 중요성을 인식하게 됩니다.

교회내의 봉사는 대부분 칠십이후에 은퇴합니다. 세상에서 일을 그만두게 되면, 얼마 지나지 않아 교회의 봉사도 손을 놓게 됩니다. 세상에서의 일의 능력이 교회의 봉사에도 영향을 미친다는 말입니다. 오십에는 그리스도인으로서 하나님의 일이 무엇인지를 알아야 합니다. 이를 정확히 인식할 때 교회의 봉사도 심적 부담 없이 유지기 가능하기 때문입니다.

오십이 지나는 후반에 들어서면, 할 일이 없어서 고민하는 사람들이 있습니다. 은퇴 이후에도 할 일은 지금 오십 초기부터 미리 준비하는 것이 좋습니다. 그러나 또 고민이 있습니다. 가장 열심히 일할 시기에 다음의 일을 준비하기도 어렵기 때문입니다.

… 하나님의 일에 대하여 인식하기

예수님께서 디베랴의 갈릴리 바다 건너편에서 산에 오르셔서 제자들과 함께 계실 때였습니다. 유월절이 가까워서 많은 사람들이 주님을 찾아왔습니다. 주님께서 이들을 먹이시는 문제를 제자들과 상의하셨습니다. 어린 아이에게 보리떡 다섯 개와 물고기 두 마리가 있음을 아셨습니다. 이걸로 오천 명을 먹이셨습니다. 그리고 남은 조각을 거두고 버리지 못하게 하셨습니다. 먹고 남은 조각이 열두 광주리가 되었습니다. 요한복음 6장 서두에 나오는 이야기입니다.

이 오병이어의 이적 후, 저녁이 되어, 예수님께서 바다 위를 걸어오십니다. 이튿날 주님께서 양식에 대하여 강화하십니다. 썩을 양식을 위하여 일하지 말고, 영생하도록 있는 양식을 위하여 일하라고 교훈하십니다. 예수님은 하나님께서 인 치신 분이심을 강조하십니다.

－썩을 양식을 위하여 일하지 말고 영생하도록 있는 양식을 위하여 하라 이 양식은 인자가 너희에게 주리니 인자는 아버지 하나님께서 인치신 자니라 (요 6:27)

우리가 일을 하기는 해야겠는데, 썩을 양식이 아닌 영생하도록 있는 양식을 위하여 하라고 말씀하십니다. 결국 이 일에 대한 문제가 질문이 되고, 사람들이 주님께 묻습니다. 어떻게 하여야 하나님의 일을 하겠습니까? 이 질문은 예수님과 함께 있던 사람들뿐만 아니라, 우리 모두가 질문하는 문제입니다. 하나님의 일이 무엇일까요? 주님께서 말씀하십니다. 하나님께서 보내신 이를 믿는 것이 하나님의 일이라고 말씀하십니다.(요 6:29)

오십이 되는 동안에도 하나님의 일이 대체 무엇일까 하고 궁금해 했을 것입니다. 성경을 참 많이 읽지만, 한 구절 한 구절이 다 기억에 나지 않습니다. 성경을 깊이 있게 공부할 때만, 이런 말씀들이 눈에 들어옵니다. 하나님을 일은 주님을 믿는 것입니다.

… 일의 근원은 하나님이심을 이해하기

인간의 노동이 언제 시작되었을까요? 오십의 나이가 되면, 일에 대한 가치철학을 가질 필요가 있습니다. 일의 기원을 살피면, 우리의 노동의 본연의 모습을 알게 됩니다.

천지가 창조되던 때입니다. 하나님께서 아직 땅에 비를 내리지 아니하셨고, 땅을 갈 사람도 없었습니다. 따라서 들에는 아직 풀과 나무가 없었으며, 밭에는 채소가 나지 않았습니다. 안개만 올라와 지면을 적셨습니다. 하나님의 영이 흙으로 사람을 지으시고, 생기를 그 코에 불어 넣으시니 사람이 생령이 되었습니다.(창 2:4-7)

하나님께서도 이 천지를 창조하시는 일과 사람을 만드시는 일, 에덴동산을 창조하시고, 거기에 동산지기로 사람을 두신 일, 모두 하나님께서 하신 일입니다. 일의 기원은 하나님이십니다. 예수님께서도 하나님의 본을 따라 일하셨습니다. 하나님께서 일하시니, 나도 일한다고도 말씀하셨습니다.

– 예수께서 그들에게 이르시되 내 아버지께서 이제까지 일하시니 나도 일한다 하시매 유대인들이 이로 말미암아 더욱 예수를 죽이고자 하니 이는 안식일을 범할 뿐만 아니라 하나님을 자기의 친 아버지라 하여 자기를 하나님과 동등으로 삼으심이러라 (요 5:17-18)

주님의 이 말씀이 유대인들로부터 고난을 당하는 근본 원인이 됩니다. 바로 신성모독죄 때문이었지요. 오십에 우리가 알아야 할 것은 일과 노동은 바로 주 하나님께로부터 기원된 것입니다. 우리 역시 마지막 죽음의 임박기까지 일을 해야 합니다. 하나님의 형상을 닮은 우리가 일을 하지 않고는 심심해서 살 수가 없습니다. 주 하나님의 본성 자체가 창조하시는 일을 하시고 계시기 때문입니다. 특히 오십 이후에는 수동적인 일이 아니라, 창조적인 일을 해야 기쁨이 넘칩니다. 오십 이후에는 그 일을 찾는 것이 필요합니다. 그 일은 자신이 하고 싶은 일이어야 합니다.

… 최초의 인간에게 주어진 일, 낙원의 복된 동산지기

하나님께서 에덴을 창설하시고 지으신 인간을 거기 두셨습니다. 그것을 경작하며 지키게 하셨습니다. 또한 동산 각종 나무의 열매는 임의로 먹게 하셨습니다. 여기에는 생명나무도 있고, 선악을 알게 하는 나무도 있었습니다. 하나님께서 사람이 독처하는 것이 좋지 못하다 하여 배필을 지으셨습니다. 하나님께서 흙으로 각종 들짐승과 공중의 각종 새를 지으시면, 아담이 각 생물을 부르는 것이 그 이름이 되었습니다. 지금 사람들이 동물에게 이름을 붙이면, 그 이름이 되는 것과 똑같습니다. 주 하나님께서는 이렇게 창조의 일을 하셨습니다. 하나님을 닮은 인간 역시 에덴동산을 경작하며 지키도록 하셨습니다. 하나님을 닮은 인간에게도 일을 할 수 있도록 허락하신 것입니다.

– 여호와 하나님이 그 사람을 이끌어 에덴동산에 두어 그것을 경작하며

지키게 하시고 (창 2:15)

하나님께서는 지금도 결코 쉬지 않으십니다. 지금도 일하시고 계십니다. 이 세상의 시도하는 사람들의 기도를 듣고 계시고, 힘들어 하는 이들의 탄원을 듣고 계시며 생명나무의 과일을 먹으며, 에덴동산을 함께 경작할 사람들을 모아들이시고 계십니다.

- 하나님이 그들에게 복을 주시며 하나님이 그들에게 이르시되 생육하고 번성하여 땅에 충만하라, 땅을 정복하라, 바다의 물고기와 하늘의 새와 땅에 움직이는 모든 생물을 다스리라 하시니라 (창 1:28)

처음에 인간에게 주어진 일은 하나님의 명령을 받은 에덴동산의 청지기였습니다. 그리고 모든 생물을 다스리는 일이었습니다. 선과 악을 알게 하는 나무의 과일 외의 모든 과일은 먹을 수 있었습니다. 에덴동산은 낙원입니다. 아담의 임무는 바로 이 낙원을 관리하는 일이었습니다.

오십이 되면, 일의 가치를 깨달아야 합니다. 하나님께서 에덴동산의 동산지기일은 복된 일이었습니다. 이 일은 하나님께서 창조하신 에덴동산을 경작하며, 하나님께서 만드신 여러 동물들을 관리하는 일이었습니다. 그러나 그 일이 하고 싶지 않지만 해야 하는 고된 노동으로 변질될 때, 때로는 무거운 짐이 됩니다.

… 인간의 타락과 벌이 된 수고의 노동 이해하기

아담과 하와가 뱀의 꼬임에 넘어가 선과 악을 알게 하는 나무의 과실을 먹자 하나님께서는 각자에게 벌을 내리십니다. 뱀은 평생 배로 다니며, 살아 있는 동안 흙을 먹게 될 것이라고 말씀하십니다. 뱀과 여자의 후손은 평생 원수가 되고, 여자의 후손은 뱀의 머리를 상하게 할 것이며, 뱀은 여자의 후손의 발꿈치를 물 것이라고 말씀하십니다. 여자는 임신하는 고통을 더하고, 남편으로부터 다스림을 받게 된다고 말씀하십니다.(창 3:14-16)

아담은 아내의 말을 듣고 먹지 말라 한 나무의 열매를 먹었으므로, 땅이 아담 때문에 저주를 받고, 아담은 평생토록 수고하여야 소산을 먹게 될 것이라고 말합니다. 땅이 가시덤불과 엉겅퀴를 낼 것이므로, 밭의 채소를 먹게 된다고 말씀하십니다. 그리고 흙으로 돌아갈 때까지 얼굴에 땀을 흘려야 먹을 것을 먹게 된다고 하셨습니다. (창 2:17-19)

- 네가 흙으로 돌아갈 때까지 얼굴에 땀을 흘려야 먹을 것을 먹으리니 네가 그것에서 취함을 입었음이라 너는 흙이니 흙으로 돌아갈 것이니라 하시니라 (창 3:19)

지금까지 에덴동산을 관리하는 일은 하나님의 복된 일이었습니다. 모든 생물을 다스리는 것도 복된 일이었습니다. 그러나 지금부터는 다르게 되었습니다. 수고를 하여야 하고, 얼굴에 땀을 흘려야만 먹을 것을 먹을 수 있습니다. 수고하지 않고는 먹을 것을 얻지 못합니다. 얼굴에 땀을 흘리는 일을 해야만 합니다. 또한 땅에 있는 가시덤불과 엉컹퀴를 걷어내야만 파종을 할 수가 있게 되었습니다. 아담은 그의 근원이 된 땅을 갈아야만 하게 되었습니다.

  - 여호와 하나님이 에덴동산에서 그를 내보내어 그의 근원이 된 땅을 갈게 하시니라 (창 3:23)

엄밀하게 일과 노동은 같은 말입니다. 그러나 노동이 되면, 마치 부역을 하는 느낌을 받습니다. 노동은 사람이 생활에 필요한 물자를 얻기 위하여 육체적 노력이나 정신적 노력을 기울이는 행위를 말합니다. 삶의 충족을 위하여 일하는 행위를 노동이라고 말합니다. 노동은 당장 생활을 하기 위하여 일을 하지 않을 수가 없음을 의미합니다. 살아가기 위한 수단으로서 일이 되었습니다. 일에 수고가 더해졌습니다. 일은 내가 하고 싶은 일이지만, 수고는 내가 하고 싶지만 강제적으로 해야 하는 일이 되고 말았습니다. 아담 한 사람의 자제력 부족으로 모든 사람이 일과 수고, 즉 노동을 하지 않으면 안 되게 되었습니다.

이 일과 노동을 동일한 개념으로 만들고, 일을 하는 것이 그리스도인의 노동이 되어야 합니다. 오십이 되면, 이제 창조주 하나님의 일로 돌아가야 합니다. 우리가 하고 싶은 일, 창조적인 정신, 아담이 만들어진 생물의 이름을 붙이던 일처럼 하나님의 청지기의 일을 찾아서 돌아가야 합니다.

··· 창조적인 일 찾기

오십이 되면 하나님께서 인간에게 주신 일을 찾아야 합니다. 처음에 일은 수고로움보다는 즐거움이 있었습니다. 하지만 이 즐거움이 노동이 되고, 하나님께서 주신 본연의 창조적인, 즐거웠던 일을 잃어버리고 말았습니다. 어떻게 하면, 이 즐거운 일을 찾을 수 있을까요?

오십은 자신이 했던 일에서 가장 숙련기가 되는 시기입니다. 이때는 그 어느 누구보다도 그 일을 잘 할 수 있고, 그 어떤 사람도 따라올 수 없을 만큼, 전문가가 되어 있습니다. 이때부터는 일을 즐겨야 합니다. 먹고 입고 쓰기를 위해서가 아니라, 하나님의 본성을 따르는 일을 해야 합니다. 하나님의 형상을 가진 인간으로서, 하나님의 창조적인 본성을 찾아 일을 하면 즐겁습니다. 당장 부를 축적하는 목적이 아닌 즐거운 일을 찾아야 합니다. 아직 오십까지는 지금까지의 숙련된 일, 그 직책, 그 사업을 할 수밖에 없습니다. 그러나 오십 대 중후반이 되면, 서서히 자의든 타의든 이 일들을 손에서 놓아야 할 시기가 됩니다. 이때는 하나님의 창조적인 일을 찾아야 합니다.

오십에 찾는 하나님의 창조적인 일은 몇 가지로 알 수 있습니다. 첫째, 그 일이 즐겁습니다. 둘째, 그 일은 꼭 해보고 싶은 일일 것입니다. 마지못해 하는 일이 아니라, 꼭 이 일만을 하고 싶은 즐거운 일입니다. 셋째, 누가 시켜서 하는 일이 아닙니다. 그냥 이 일은 내가 하고 싶어서 하는 일입니다. 그냥 이 일을 하면 힘이 솟아납니다. 넷째, 이 일은 소득이 문제가 아닙니다. 창조적인 일로서, 수입이 없을 수도, 작을 수도 있습니다. 오히려 비용을 투입해야 될 경우도 있습니다. 그렇지만 해보고 싶은 일들입니다. 다섯째, 그 일은 하나님께서 기뻐하시는 일이어야 합니다. 하나님이 싫어하시는 일은 가까이 해서는 안 됩니다.

인생의 중간 결산기, 오십에 들어서면, 오십 이후의 일을 생각하고 미리 준비하는 것이 좋습니다. 창조적인 일, 하나님의 마음에 드는 일, 그리고 마지막 주님 앞에 갈 때, 손에 들고 갈 일을 찾아보는 것이 옳습니다.

… 사람을 압제하는 수단으로의 노동의 변질 이해하기

이집트에서 요셉의 시대가 지나고, 요셉을 알지 못하는 새 왕이 일어나, 이스라엘 민족을 압제하기 시작합니다. 아마 이 일은 이집트 람세스 2세 무렵 동부 나일강 삼각주에 왕궁의 확장과 관련하여 일어났을 것입니다. 이는 이스라엘 백성의 수가 많아지고 이집트 백성의 숫자가 적어지는데 대한 람세스 2세의 두려움으로부터 시작됩니다. (출 1:8-10)

요셉시대 이스라엘 백성은 원래 고센지방에서 목축업으로 생계를 꾸려갔습니다. 그렇지만, 오랜 시간이 지나면서 이스라엘 백성의 인구 수가 많아지자 이집트 람세스 2세가 이스라엘 백성에 대한 압제 수단으로 사용한 것이 바로 정책적 노동이었습니다.

- 어려운 노동으로 그들의 생활을 괴롭게 하니 곧 흙 이기기와 벽돌 굽기와 농사의 여러 가지 일이라 그 시키는 일이 모두 엄하였더라 (출 1:14)

이스라엘 백성의 탄원이 여호와께 들리자, 모세를 통하여 이스라엘 백성을 구출해 내십니다. 그 시간은 무려 80년의 세월로 모세를 양육하신 셈입니다. 아마 두 가지 이유를 읽을 수 있습니다. 하나는 하나님의 이스라엘 민족에 대한 원대한 구원계획이라는 것과 또한 하나님께서 이스라엘 백성의 고통을 들으셨다는 것이지요. 그 어떤 이유든 하나님의 구원계획 속에는 이 두 가지가 함께 작용합니다. 그런데 모세를 80년간 훈련시키신 것을 보면 하나님의 구원계획이 미리 짜져 있었다는 생각이 들기도 합니다. 문제는 바로 이집트 람세스2세의 처신입니다. 이스라엘 민족을 압제하는 수단으로 노동이 사용됩니다.

오십에 들면 일과 노동에 대한 가치관이 분명히 서게 됩니다. 그리스도인이 일을 하면서 노동자로서만 일을 하게 되는 것은 아닙니다. 때로는 사업가가 될 수도 있습니다. 이때 사업가로서 일을 하면서 근로자들에게 일을 시킬 때는 주의할 점이 있습니다. 자칫 사업주가 근로자에게 시키는 일들이 압제가 될 수가 있습니다.

물론 이는 주로 국가 단위에서 일어나는 일이긴 하지만, 후진국형 기업에서는 가끔 일어날 수 있는 일이기도 합니다. 고용주가 근로자를 핍박하는 일일 발생될 수 있기 때문입니다. 그리스도인 사업가는 절대로 그렇게 해서는 안 됩니다.

하나님께서는 이스라엘 백성들이 압제 당하던 시절을 기억하여, 나그네와 이방인을 멸시하지 말 것을 명령합니다, 가난한 사람들도 돌보기를 명령합니다. 이는 이스라엘 백성이 이집트에서 나그네로서 살았으며, 압제를 당한 경험이 있기 때문입니다.

그리스도인이 사업주가 되거나, 회사의 고위 임원이 되어도 하나는 명확해야 합니다. 고용 직원을 압제해서는 안 된다는 것입니다. 이는 하나님의 뜻에 위배되는 일입니다. 그런데 의외로 그리스도인 사업가 라면서 이런 일이 많습니다. 주님께서는 이 일을 기뻐하지 않습니다. 물론 고용된 직원들도 하나님을 섬기는 마음으로 직장에 임해야 하는 것은 틀림이 없습니다. 이는 성경의 가르침과 훈계이기 때문입니다.

… 하나님의 일 즐겁게 하기

하나님의 일이 무엇일까요? 성경 말씀은 우리에게 전합니다. 하나님 의 일을 한다고 할 때, 하나님의 일이 무엇인지를 말합니다. 그것은 바로 하나님께서 보내신 이, 우리 주님, 예수 그리스도를 믿는 것이라 말합니다. 그런데 왜 예수님을 믿는 것이 일이 될까요?

하나님을 믿으면, 분명 우리는 그분께서 하신 일과 그분께서 보내신 분을 따릅니다. 그분께 복종합니다. 이것이 믿음입니다.

믿음의 사람들은 다릅니다. 주인을 믿으니, 주인이 보낸 이를 믿습니다. 그리고 주인이 보낸 이를 잘 접대합니다. 이것은 일입니다. 그리스도인은 하나님을 믿으니, 하나님께서 보내신 그분의 아들을 믿는 것은 당연한 일입니다. 그분을 섬기는 것이 말로만 아닌 행동으로 보이게 되니, 당연히 일이 될 수밖에 없습니다. 그래서 하나님께서 보내신 이를 믿는 것이 일이라는 것입니다.

우리는 주님을 믿기에 믿음으로 여러 가지 봉사를 하고, 믿음으로 복음을 전하는 일에 힘쓰기도 합니다. 하나님을 믿기에 그분께서 보내신 독생자 예수 그리스도의 가르침을 따라 복음을 전하며 빛과 소금이 되는 삶을 지향합니다. 이것이 그리스도인의 참 모습이며, 하나님의 일을 한다는 참 일꾼들의 모습입니다.

그런데 지나보면 쉽지 않습니다. 우리는 아브라함처럼 광야 초장에 있지 않기 때문입니다. 롯처럼 도시에 있죠. 이것이 문제입니다. 갖은 세상의 유혹들을 다 봅니다. 내면은 죽어 있지만 겉만 번지르르한 짙은 화장으로 가득한 사치를 봅니다. 한 병에 수백만 원씩 하는 고급 와인과 기름진 음식, 고급 양주와 술에 취합니다.

초기 교부들은 그리스도인들이 기름진 음식을 멀리하도록 했습니다. 그것은 곧 음욕과 탐욕을 불러일으키기 때문입니다. 중세시대의 유명한 음란한 소설 데카메론을 보면 압니다. 도시 생활에서 하나님을 섬기며 산다는 것이 왜 이리 어려운지, 아브라함과 롯을 비교해보면 압니다. 도시 생활은 탐욕의 연속입니다. 목회자들이 골프를 치고, 좋은 차를 타며, 비교하는 모습을 봅니다. 믿음을 유지하기 위해 이런 도시 생활을 벗어나려 해도 이젠 가족이 발목을 잡습니다. 어거스틴이 고백록에서 고뇌하던 이유도 바로 이런 지나간 욕정들이었습니다. 성경에서는 갈라디아서에서 성령의 열매를 말하기 전에 무려 열다섯 가지가 넘는 악의 모습을 나열합니다. 로마서나 다른 성경은 여덟 가지 죄악을 이야기합니다.

하나님의 일이라는 것이 하나님을 보내신 이를 믿는 것이라고 성경은 말합니다. 하나님의 일을 하는 사람은 행복합니다. 주님을 믿는 사람은 주님께서 좋아하는 일을 합니다. 복음을 전하든, 어려운 사람들을 돌보든, 이웃을 돌보든, 주님께서 기뻐하는 일을 합니다. 하나님을 믿는 삶은 행복합니다.

오십에 주님의 일을 할 수 있다는 것, 우리 주 예수 그리스도를 믿는 것, 하나님의 일을 할 수 있다는 것, 이 모든 것은 행복입니다.

⋯ 일과 노동 / 하나님의 일 즐겁게 하기

하나님께서는 태초 창조사역 때부터 지금까지 일을 하시고 계셨습니다. 하나님께서는 그분의 구원사역을 지금까지 끊임없이 계속 이루시고 계십니다. 주님께서도 성부 하나님께서 일하시니, 나도 일한다고 말씀하셨습니다. 오십이 되기까지, 지금까지 생계를 위해 일해 왔다면, 이후부터는 하나님의 창조적인 일을 해야 합니다. 사람은 주님 앞에 갈 때까지 일을 해야 합니다. 하나님의 형상을 닮은 인간의 창조적인 본성 때문입니다. 오십의 나이 후반에 들면, 이제 세상의 직책도 내려놓을 때가 되고, 하나님을 위한 창조적인 일을 찾을 때가 됩니다. 하나님의 창조적인 일은 생계를 위해서가 아니라, 기쁘고, 즐겁고, 꼭 해보고 싶었던 일, 하고 싶었던 일, 주님의 뜻에서 벗어나지 않는 일을 말합니다.

chapter 4

오십, 지향해야 할 품성, 정리해야 할 마음

용서(미움)
칭찬(비판)
겸손(자만)
거룩(타락)
부흥(유혹)

미움의 자리를 용서로 채워라

──────── ● **용서** forgiveness ● ────────

그 때에 베드로가 나아와 이르되 주여 형제가 내게 죄를 범하면 몇 번이나 용서하여 주리이까 일곱 번까지 하오리이까 예수께서 이르시되 네게 이르노니 일곱 번뿐 아니라 일곱 번을 일흔 번까지라도 할지니라 (마 18:21-22)

　오십에 들면서 가장 어려운 것이 무엇이냐고 묻는다면, 이 용서라는 말이 선뜻 떠오릅니다. 용서가 그만큼 어렵다는 말입니다. 오십 후반에 들수록 회한이 들어차는 것도 미움과 원수 맺는 것이 그만큼 병이 되기 때문입니다.

　용서는 세 가지 관점에서 꼭 이루어야 합니다. 용서를 해야 하는 이유는 가장 먼저 내 마음의 병을 벗어나는 길이기 때문이고, 둘째 타인과의 관계 개선을 위해서입니다. 쓸데없는 원한을 둘 필요가 없다는 것이며, 원한을 가져봐야 나 자신만 불편하기 때문입니다. 마지막으로 용서는 근본적으로 하나님의 명령이기 때문입니다.

마태복음에서 베드로가 용서를 몇 번까지 해 주어야 하느냐는 질문을 할 때, 이 이야기의 흐름은 예수님께서 작은 자 중 한 사람도 업신여기지 말라는 말씀으로부터 시작이 됩니다.(마18:10) 그들의 천사들이 하늘에서 하늘에 계신 성부 하나님의 얼굴을 항상 뵙기 때문이라고 말씀을 하십니다. 그리고 이어서 하시는 말씀이 양 백 마리가 있는데, 그 중에 하나가 길을 잃었으면, 아흔아홉 마리를 두고 가서 길 잃은 양을 찾지 않겠느냐 라고 말씀하시죠. 그리고 길 잃은 양을 찾으면, 아흔아홉 마리 보다 더 기뻐하지 할 것이라고 말씀하십니다. 이와 같이 작은 자 중 하나를 잃는 것은 하나님의 뜻이 아니라고 교훈하십니다.(마18:10-14)

이어서 나오는 말씀이 네 형제가 죄를 범하거든 가서 너와 그 사람만 상대하여 권고하라고 가르치십니다. 그리고 만일 들으면 형제를 얻은 것이며, 만일 듣지 않는다면, 두세 증인의 입으로 말마다 확증하고, 만일 그들의 말도 듣지 않는다면, 교회에 말하고, 교회의 말도 듣지 않는다면, 이방인과 세리처럼 여기라고 교훈하십니다. 땅에서 매면 하늘에서도 맬 것이요, 땅에서도 풀면 하늘에서 풀릴 것이라고 말씀합니다. 이어서 너희 중의 두 사람이 땅에서 합심하여 무엇이든지 구하면, 하늘에 계신 아버지께서 이루게 하시리라고 말씀하십니다. 두세 사람이 예수님의 이름으로 모인 곳에는 주님께서 그들 가운데 함께 계시다고 말씀을 하십니다. (마18:15-20)

··· 무한한 용서를 해야 하는 이유 깨닫기

일곱이라는 숫자는 완전한 숫자라는 의미를 가지고 있습니다. 예수님께 제안할 수 있는 베드로가 생각한 숫자로서는 일상적인 차원을 넘은 가장 큰 숫자였습니다. 탈무드와 같은 유대교 문헌에는 몇 번이나 용서해야 하느냐라는 질문에 세 번째까지라고 용서의 횟수 한계가 명시되어 있습니다. 따라서 당시의 주장에 비하여 베드로가 예수님께 제시한 용서의 숫자는 한없이 관대한 편이었습니다. 그러나 베드로의 전제에는 용서란 숫자를 셀 수 있을 만큼이어야 하고, 용서는 그 범위가 있어야 한다고 생각했습니다.

주님께서는 전혀 다른 개념으로 말씀하십니다. 어떤 형제가 뉘우치기만 하면, 셀 수 없을 정도 만큼이라 하더라도 용서를 하라는 말씀이었습니다. 구약성경 창세기 4장 24절의 라멕이 주장한 칠십칠 배라는 복수라는 개념을 완전히 뒤엎는 것이죠. 뉘우치면 무조건 용서해야 한다는 개념으로 그 용서의 숫자의 한정은 무의미하다는 말입니다.

오십의 나이가 되면, 젊은 시절과는 달리, 다른 사람들과 가능하면 부딪히지 않으려 합니다. 특히 앙금을 갖게 하는 일은 벌이지 않으려 합니다. 그 가장 큰 이유 중의 하나는 용서가 잘 안 되기 때문입니다. 마흔 무렵까지는 혈기를 내어 잘못을 바로잡으려는 욕구가 있었지만,

오십 줄에 들면 웬만한 잘못은 방관하려 하는 경향이 생깁니다. 관대해진다는 것도 있겠지만, 쓸데없이 다른 사람과 부딪히지 않으려는 속성이 강해지기 때문입니다.

오십이 더할수록, 다른 사람을 용서를 한다는 것, 이 자체가 싫어집니다. 오히려 무관심해집니다. 용서했다고 말은 하는데, 그 내면으로 완전히 용서하며, 쓴 뿌리를 걷어 내기가 어렵습니다. 오십의 중반 이후에 들면 더욱 이런 면들이 더욱 심해집니다. 용서는 훈련이 필요합니다. 설령 용서한다는 말은 하지 않았더라도, 나의 깊은 내면으로부터 용서를 하는 습관을 가지는 것이 좋습니다. 그게 주님의 뜻이고, 내 건강을 위해서도 바람직한 일입니다.

··· 예수님의 용서의 교훈 배우기

예수님께서 죄의 용서를 얼마나 중요하게 생각하시는가를, 주님께서 비유로 교훈하신 말씀에서 알 수 있습니다. 마태복음 18장의 만 달란트 빚 진 사람의 비유를 통해서 보면, 용서하지 않는 것은 두려운 일입니다. 주님께서는 우리가 결코 사함 받을 수 없는 죄악을 친히 십자가를 지시면서 우리의 죄를 모두 사해 주셨거든요.

- 그러므로 천국은 그 종들과 결산하려 하던 어떤 임금과 같으니 결산할 만 달란트 빚진 자 하나를 데려오매 갚을 것이 없는지라 주인이 명하여 그 몸과 아내와 자식들과 모든 소유를 다 팔아 갚게 하라 하니 그 종이 엎드려

절하며 이르되 내게 참으소서 다 갚으리이다 하거늘 그 종의 주인이 불쌍히 여겨 놓아 보내며 그 빚을 탕감하여 주었더니 그 종이 나가서 자기에게 백 6)데나리온 빚진 동료 한 사람을 만나 붙들어 목을 잡고 이르되 빚을 갚으라 하매 그 동료가 엎드려 간구하여 이르되 나에게 참아 주소서 갚으리이다 하되 허락하지 아니하고 이에 가서 그가 빚을 갚도록 옥에 가두거늘 그 동료들이 그것을 보고 몹시 딱하게 여겨 주인에게 가서 그 일을 다 알리니 이에 주인이 그를 불러다가 말하되 악한 종아 네가 빌기에 내가 네 빚을 전부 탕감하여 주었거늘 내가 너를 불쌍히 여김과 같이 너도 네 동료를 불쌍히 여김이 마땅하지 아니하냐 하고 주인이 노하여 그 빚을 다 갚도록 그를 옥졸들에게 넘기니라 너희가 각각 마음으로부터 형제를 용서하지 아니하면 나의 하늘 아버지께서도 너희에게 이와 같이 하시리라 (마18:23-35)

오
십,
성
경
에
서
길
을
찾
다

고대사회에서 빚은 때때로 죄를 의미했습니다. 예수님의 교훈은 세 가지 장면으로 나누어집니다.

첫째 장면에는 만 달란트라는 빚 진 종이 왕 앞에 끌려 나옵니다. 달란트는 예수님 시대 가장 큰 가치를 지닌 화폐였습니다. 만이라는 화폐 단위도 한 단어로 표현되는 가장 높은 수치입니다. 만 달란트라는 금액은 어떤 품꾼도 일해서 벌 수 있는 돈의 분향을 넘어서는 금액입니다. 이렇게 큰 금액을 빚 질 수 있는 것은 하나님 앞에서 죄를 짓는 하나님과 인간과의 관계뿐입니다.

두 번째 장면에는 빚 갚는 것을 면제받은 종과 그에게 백 데나리온을 빚진 또 다른 종이 등장합니다. 백 데나리온은 탕감 받은 만 달란트와 비교를 할 수 없을 정도로 적은 금액입니다. 그런데 왕에게서 탕감 받은 종은 아주 작은 것을 빚진 종에게 빚을 갚으라고 요구합니다. 그를 위협하기 위해 멱살을 잡기까지 합니다. 이 동료 종은 빚을 갚을 형편이 되지 못했으며, 조금만 기다려 달라고 사정을 합니다. 그러나 그는 빚진 동료의 간청을 듣지 않고, 그를 옥에 갇히게 합니다. 만 달란트 탕감 받은 종은 왕에게 이 종이 요청한 것과 같은 똑같은 말을 왕 앞에 했었습니다.

세 번째 장면이 전개됩니다. 만 달란트 빚 진 종의 행동을 다른 종들이 지켜보고 있습니다. 도저히 보면 볼수록 이건 아니다 싶어, 왕에게 가서 이 종의 행동을 고발합니다. 왕은 만 달란트 빚진 자에게 그 큰 빚을 다 없애준 사실을 상기 시킵니다. 왕이 그에게 말할 수 없이 큰 자비를 베풀었듯이, 동료 종에게 똑같이 자비를 베풀어야 했을 것이 아니냐고 질문합니다. 이 질문은 수사의문문입니다. 왕은 긍정적인 답변을 전제하며, 그 종에게 질문하는 것입니다. 결국 왕은 그의 냉혹한 행위에 대하여 격분합니다. 그래서 빚진 것을 모두 갚을 때까지 그를 옥에 가두고 맙니다. 그 종은 그 많은 빚을 결코 다 갚을 수가 없습니다. 결국 빚을 탕감 받은 종이 빚진 동료에게 적용했던 기준이 다시 그대로 적용됩니다. 용서하기를 거부한 종은 그대로 옥에 갇힐 수밖에 없게 되었습니다.

주님께서는 진심으로 형제자매를 용서하지 않는 사람들에게 하나님 아버지로부터 이와 동일한 심판이 기다리고 있다는 사실을 경고입니다. 하나님의 은혜를 받은 사람은 다른 사람들에게도 동일한 은혜를 베풀어야 합니다. 하나님의 용서는 한 없이 크십니다. 우리도 이웃에게 동일한 용서를 베풀어야 합니다.

오십에 들면서 반드시 생각해야 합니다. 우리는 주님께서 베푸신 자비와 우리 죄를 사하신 큰 용서만큼, 형제에게 반드시 용서를 베풀어야 합니다. 용서는 주님의 명령입니다. 용서는 아무리 한다 해도 지나치지 않습니다.

… 주기도문에서 용서 배우기

주님께서 우리에게 기도를 가르치신 주기도문 중에, 우리에게 죄 지은 자를 사하여 준 것 같이 우리 죄를 사하여 주옵시고 라는 말이 들어 있습니다.

이 가르침은 매우 중요한 의미를 가지고 있습니다. 바로 우리가 다른 사람이 지은 죄를 사해 주지 않고 주님께 기도하면, 주님께서도 우리의 죄 또한 사해 주시지 않으신다는 말씀입니다. 우리가 주님 앞에 기도할 때, 우리가 형제의 죄를 먼저 사해 주고, 그 다음에 주님께 우리의 죄도 사해 주시도록 기도하라는 것입니다.

주기도문 중에 용서가 들어 있는 것은 우리가 주님께 우리의 죄를 사함 받기 위해서 먼저 우리 자신을 돌아보라는 말씀입니다. 형제나 사람들 사이에 원망과 시비를 가지게 되면, 주님께 드리는 기도는 분명 막히게 되고, 우리의 마음을 비우고 난 후에야 주님께 쉽게 기도가 드려지는 것을 볼 수가 있습니다.

실제 젊은 시절이 지나고, 어느 정도 연륜이 찬 뒤에야 주님의 가르침의 말씀들이 실제로 피부에 와 닿는 경우가 많습니다. 이 용서에 대한 문제도 젊은 시절에는 잘 이해가 되지 않는 문제입니다. 그러나 오십의 나이가 되었을 때에야 비로소 깊은 통찰을 갖게 되는 문제입니다. 지금까지 용서에 대한 개념이 없이 살았다면, 주님의 말씀을 되새겨 볼 필요가 있습니다.

사람들 사이의 인간관계는 원망과 시비가 없이 하는 것이 편하고 좋지만, 그렇게 엮이지 않을 수 없는 현실이 늘 곁에 있습니다. 주님께서 가르치신 말씀이 위로를 받게 할 것입니다.

- 그러므로 나의 사랑하는 자들아 너희가 나 있을 때뿐 아니라 더욱 지금 나 없을 때에도 항상 복종하여 두렵고 떨림으로 너희 구원을 이루라 너희 안에서 행하시는 이는 하나님이시니 자기의 기쁘신 뜻을 위하여 너희에게 소원을 두고 행하게 하시나니 모든 일을 원망과 시비가 없이 하라 (빌 2:12-14)

… 시편 37편, 악한 자들에 대한 불평 없애기

오십에 읽기 가장 좋은 말씀이 시편 37편입니다. 이 시편 말씀은 이 시대의 악행들을 살피며, 이 모든 상황을 주님께 맡기므로 미움과 원한을 갖지 않는 방법을 설명하고 있습니다. 주님께서 모든 상황을 다 아시고 계시며, 궁극적으로는 의인들을 구원하시기에, 오십에 든 그리스도인은 주님께 모든 것을 맡길 수 있습니다.

- 네 길을 여호와께 맡기라. 그를 의지하면, 그가 이루시고, 네 의를 빛같이 나타내시며, 네 공의를 정오의 빛같이 하시리로다. (시37:5,6)

- 여호와 앞에 잠잠하고, 참고 기다리라. 자기 길이 형통하며, 악한 꾀를 이루는 자 때문에 불평하지 말지어다. 분을 그치고 노를 버리며, 불평하지 말라. 오히려 악을 만들 뿐이라. (시37:7,8)

그리스도인들이 지금 현실에서 가장 잘 정리가 안 되는 부분이 바로 악을 행하는 이들에 대하여 어떻게 이해할 것인가 하는 문제입니다. 악을 행하는 자들 때문에 불평하지 말라, 불의를 행하는 자들 때문에 시기하지 말라는, 이 말씀을 실제 우리는 잘 지키기가 어렵습니다. 성경 원어 본문 주해를 빌리면, 우리에게 이렇게 명령합니다. 악인으로 인하여 너희 분노가 불타오르게 하지 말라고 말합니다.

주변에 일어나는 현실을 보면 알 수 있습니다. 이 시대에 일어나는 악인들의 포악스런 악행을 보기 때문입니다. 그럼에도 주님께서는 세상이 그러함으로 악을 일삼는 자들 때문에 불평하거나 시기하지 말라고 말씀하십니다.(시37:1)

또 주님께서는 이렇게 말씀하십니다. 주님 앞에 참아 기다리라. 그리고 분을 그치고, 노를 버리며, 불평하지 말라, 오히려 우리가 그렇게 함으로 악을 만들뿐이기 때문이라고 말씀합니다. 주님께서는 또 우리의 길을 주님께 맡기라고 분명하게 교훈하십니다. 주님을 의지하면, 주님께서 이루시고, 우리의 의, 즉 우리의 옳음을 나타내신다고 말씀하십니다. 성경 전반에 흐르는 주님의 의로우신 본성이 이 시편에도 그대로 나타납니다. 시편 37편은 우리에게 이를 일깨워줍니다. 우리가 잠잠히 참고 기다리면, 주님께서 우리의 의를 드러내신다고 말씀하시고 계십니다.

주님의 약속은 신실하며 변함이 없습니다. 오십에 들어서는 그리스도인이 어떻게 이 세상을 바라보고, 믿음과 세상 사이에서 어떻게 살아갈 것인가 하는 문제가 바로 시편 37편에 있습니다. 이 시대를 바라보며, 지속적으로 읽고 기도하기에 알맞은 성경말씀입니다. 오십에 들어서는 그리스도인들에게 세상에 대한 너그러운 마음을 갖게 하는 말씀입니다.

··· 용서 / 미움의 자리를 용서로 채우라

사람들에게 가장 안 되는 것이 바로 미움을 버리는 것이라고 말할 수 있습니다. 이것은 용서로만 가능합니다. 그런데 이것이 결코 쉽지 않습니다. 마음속 깊이 앙금이 남아 있기 때문입니다. 이 미움을 뿌리 뽑아야만 행복해집니다. 미움을 버리는 연습을 하십시오. 여러 사람들이 말합니다. 마음속 깊은 곳으로부터의 용서가 결코 쉽지 않습니다. 용서를 해야만 인생이 행복해집니다. 용서가 잘 안 되면 주님께 구하십시오. 용서할 수 있도록 말이지요. 그러면 행복해집니다.

비방과 비판을 감사로 바꿔라

— • **감사** appreciation • —

내가 주께 감사하옴은 나를 지으심이 심히 기묘하심이라 주께서 하시는 일
이 기이함을 내 영혼이 잘 아나이다 (시 139:14)

오십에 들면서 자주 읽고 묵상하기 좋은 시편을 고르라고 한다면,
아마 그 중에 한 편 바로 시편 139편을 들 수 있습니다. 이 시편은 표
제에 다윗의 시로 되어 있고, 인도자를 따라 부르는 노래로 되어 있습
니다.

시편 139편은 고발당한 자의 기도라고 할 수 있습니다. 후반부로 갈

수록 악인에 대한 하나님의 심판에 대한 탄원과 고백이 나옵니다. 그리고 마지막 절에는 기도자의 결백함을 드러내며, 하나님 앞에 탄원하는 모습이 나옵니다. 이 시편은 고발당한 자가 하나님께 탄원을 드리는 기도문입니다.

– 하나님이여 나를 살피사 내 마음을 아시며 나를 시험하사 내 뜻을 아옵소서. 내게 무슨 악한 행위가 있나 보시고 나를 영원한 길로 인도하소서 (시139:23-24)

오십, 인생의 중간 결산기에 들면, 우리는 결백함에도 우리를 고발하고, 비판하는 사람들에 대하여 어떻게 대응하는 자리에 서야 할까요? 젊은 시절에는 바로 비방한다든가, 바로 항의를 하는 일에 마음이 급해졌습니다. 그러나 오십이라는 인생의 성숙기에 들어서면, 악인에 대한 처신과 방향이 변하게 됩니다.

특히 교회 안에서 비방과 비판이 난무하고, 출처 없이 무성한 뒤 말들 때문에 고통을 받는 성도들을 보며, 이를 어떻게 해야 할까요? 시편 139편을 묵상하면, 이런 상황의 고난을 이겨나가는데 도움이 됩니다.

⋯ 우리의 모든 것 다 아시는 하나님께 감사하기

시편 139편은 주님께 감사함은 나를 지으심이 심히 기묘하시기 때문이라고 고백을 합니다. 그래서 기도자는 하나님께 감사를 드립니다.

하나님께서는 우리를 지으셨기에 우리의 모든 것을 다 아십니다. 우리가 앉으나 서나, 어디에 있던지 주님께서 다 아시니, 우리 말하는 것까지도 모르시는 것이 하나도 없으십니다.

- 여호와여 주께서 나를 살펴보셨으므로 나를 아시나이다 주께서 내가 앉고 일어섬을 아시고 멀리서도 나의 생각을 밝히 아시오며 나의 모든 길과 내가 눕는 것을 살펴보셨으므로 나의 모든 행위를 익히 아시오니 여호와여 내 혀의 말을 알지 못하시는 것이 하나도 없으시니이다 주께서 나의 앞뒤를 둘러싸시고 내게 안수하셨나이다 이 지식이 내게 너무 기이하니 높아서 내가 능히 미치지 못하나이다 (시 139:1-6)

오
십,
성
경
에
서
길
을
찾
다

주님께서는 우리의 모든 것을 다 아시기에 우리가 처한 고난의 상황도 다 아시고 계십니다. 우리를 지으신 하나님 앞에 우리 자신의 드러난 모습을 두려워하지 않을 수 없습니다. 그래서 말도 함부로 하면 안 된다는 것을 느낍니다. 우리가 말하는 것까지도 다 아시기 때문입니다. 우리를 지으신 하나님이 우리의 모든 것을 모르실리 없습니다.

우리가 주님께 감사를 드리는 것은 우리를 지으시고, 우리의 모든 것을 다 아시며, 우리의 고난과 고통당함도 다 아시고 계셔서, 우리를 힘들고 고통스럽게 하는 일들을 다 아시기 때문입니다. 시편 기도자의 고백은, 오십에 들어선 오늘 우리에게도 동일한 고백을 갖게 합니다. 악인을 만나 어려운 일을 당했을 때, 우리의 모든 것을 다 아시는 하나님께서 친히 다 아시고, 우리의 모든 것을 해결해 주심을 믿는 것입니다.

인생의 중간 결산기에 들면서 그리스도인은 주님을 향한 깊은 신앙

고백과 감사를 늘 입에 담을 수 있어야 합니다. 시편 139편을 통해서 그 이유가 명확해지면, 늘 감사가 나올 수밖에 없습니다. 주님께서는 우리가 앉으나, 서나, 말하나, 이 모든 일을 다 아시고 계시니, 우리의 고난과 슬픔도 다 아시고, 우리의 장래가 어떻게 될 것도 다 아십니다. 그러니 우리는 주님께 감사의 말을 드리지 않을 수 있겠습니까? 우리에게는 늘 감사가 넘칠 수밖에 없습니다.

… 우리의 입술에 있어야 할 말, 감사

교회 안에서 연로하심에도, 늘 겸손하며 존경스러운 권사님들을 뵈면, 공통적으로 입술에 감사가 항상 넘쳐 남을 봅니다. 그 이유는 그분들의 삶과 경험이 주님 안에서 그렇게 살아왔기 때문이며, 그 마음이 그렇게 청아한 빛을 띠고 있기 때문입니다. 그분들의 인품은 말과 얼굴과 행동에서 그 인자하신 모습 그대로 드러나 보입니다. 이분들에게서 배우는 것이 있습니다. 우리도 이런 모습이 드러나기를 기대하며 살아야 한다는 것입니다.

오십이 되면, 지금까지 살아온 삶의 여정과 역경이 얼굴에 나타나기 시작합니다. 감사가 넘치는 얼굴이거나, 고난에 찌든 얼굴이거나, 둘 중 하나가 됩니다. 오십에 들어서고 후반기에 갈수록 천국을 꿈꾸며, 주님만을 바라보며 살아야 합니다. 그래야만 그 얼굴에 미소를 띨 수 있습니다.

교회 안에서나 세상에서 비난과 힐난의 말을 당하며, 고통을 받아도 그리스도인은 바로 우리 주 하나님을 신뢰함으로, 주님께 의탁을 하며, 주님께 감사의 기도를 드립니다. 그 이유는 바로 시편 139편에서와 같이 주 하나님께서 우리의 모든 것을 다 아시고 계시기 때문입니다. 입술에 감사가 넘칠 수 있는 이유입니다.

… 비판의 말 버리기

주님께서 가르치신 교훈 가운데 중요한 말씀이 있습니다. '비판을 받지 않으려거든 비판하지 말라'는 말씀입니다. 이 말씀은 주님께서 가르치신 교훈이라는 것을 잘 알면서도 참 지키기가 어렵습니다. 오십의 나이, 성숙기에 접어들서는 그러지 말아야 합니다. 오십이 되면 이제 인생을 알고, 자신의 삶을 살아온 과정을 알고, 앞으로 살아가야 할 방향을 아는 시기입니다. 말 가운데 감사의 말만 하고, 비판의 말을 버리는 유익한 생활에 익숙해져야 합니다.

- 비판을 받지 아니하려거든 비판하지 말라 너희가 비판하는 그 비판으로 너희가 비판을 받을 것이요 너희가 헤아리는 그 헤아림으로 너희가 헤아림을 받을 것이니라 어찌하여 형제의 눈 속에 있는 티는 보고 네 눈 속에 있는 들보는 깨닫지 못하느냐 (마 7:1-3)

사실 비판하지 말라는 주님의 가르침은 부연 설명이 필요 없을 정도로 직설적으로 정의된 말씀입니다. 그러나 오십에 든 그리스도인들에게 문제는 이 말씀이 잘 실천이 안 되고, 지켜지지 않는다는 점입니다. 모임이나, 회합, 어떤 장소에서도 일어날 수 있는 문제입니다. 오십의 나이는 주님의 말씀을 액면 그대로 받아들이고, 생활화가 필요한 시기입니다.

오십에는 주님의 이 말씀이 아니더라도, 말에 대한 자세는 스스로 체득할 수 있는 때입니다. 그러나 주님을 구주로 영접하지 않은 사람들은 이 말의 의미조차 생각하지 않을뿐더러, 이 말씀의 필요성조차 느끼지 못합니다. 그리스도인들이 세상과 다른 이유가 여기 있습니다. 오십에 깨달아지는 또 하나의 구별입니다.

… 헛된 말 버리기, 천국의 말 꾸미기

나이 오십에 들면 버려야 할 것이 있습니다. 바로 헛된 말입니다. 이 세상의 헛된 말들은 결코 교회를 세우거나 하나님의 교훈을 세울 수 없습니다. 주님께서 가르치신 교훈들은 우리의 삶이 하나님의 사랑으로 가득 찬 말들로 꾸며지기를 바라고 있습니다.

사실 천국이 별다른 것이 아닙니다. 그곳에는 미움과 시기와 질투가 사라지고, 사랑이 가득한 주님의 모습만 생각나며, 모두가 기쁨과 즐거움으로 채워지는 곳입니다. 거기에는 헛된 말이 있을 수 없습니다. 서로가 서로를 위하여, 존중하며, 낮게 여기는 그 아름답고 평화로운 곳에, 사납고 더러운 말이 있을 수 없지요.

오십에는 입술을 천국의 말로 채워가는 것이 바람직합니다. 이것이 참으로 기쁨임을 아는 것은 이제 인생의 중간 결산기가 되었기 때문입니다. 현재를 진단하고, 나머지 인생을 어떻게 살 것인가, 바로 말부터 바꾸어야 합니다.

··· 감사 / 비방과 비판을 감사로 바꿔라

다른 사람을 비판하는 것은 다른 사람을 비판함으로써 나 자신이 높아지고자 하는 헛된 욕망에서 비롯되는 것입니다. 지나보면 다 쓸데없는 일들입니다. 자신의 인격이 좀 높아질까, 혹은 다른 사람을 비판하여 낮춤으로써, 남들보다 좀 더 높아져 보일까 하는 헛된 질투에서 나오는 나쁜 습성입니다. 그리스도인에게는 이런 일이 바람직하지 않습니다. 주님께서는 비판하지 말라고 명령하셨습니다. 젊은 시기에는 이런 나쁜 습관들을 절제하기가 어려웠습니다. 그러나 원숙한 나이가 된 오십에는 이런 일들이 헛됨을 알게 됩니다. 기쁜 말, 감사의 말, 좋은 말, 신앙고백의 말을 많이 함으로써, 그리스도인으로서 덕을 세워 나가야 할 것입니다.

자만을 버리고 낮아짐의 가치를 익혀라

● 겸손 modesty ●

그 때에 제자들이 예수께 나아와 이르되 천국에서는 누가 크니이까 예수께서 한 어린 아이를 불러 그들 가운데 세우시고 이르시되 진실로 너희에게 이르노니 너희가 돌이켜 어린 아이들과 같이 되지 아니하면 결단코 천국에 들어가지 못하리라 그러므로 누구든지 이 어린 아이와 같이 자기를 낮추는 사람이 천국에서 큰 자니라 또 누구든지 내 이름으로 이런 어린 아이 하나를 영접하면 곧 나를 영접함이니 (마 18:1-5)

인생의 중간 결산기, 오십에 되면, 믿음 생활도 그만큼 성숙해 집니다. 그러나 어떤 이들은 교회 안에서 봉사의 직책을 사회적인 직위로 생각하여 우쭐거리는 경우도 있습니다. 성경은 예수님의 겸손을 배우라고 아주 많이 경고합니다. 오십의 나이, 이제 교회 안에서도 중책을 맡는 경우가 많습니다. 그런데 주님께서는 교회의 직무가 겸손과 봉사, 섬김의 자세로 임할 것을 강조합니다. 오십의 후반에 접어들수록 주님의 마음을 깊이 생각하며, 주님을 닮아가기 때문입니다.

마태복음 18장은 천국에서 큰 사람에 대한 논쟁의 이야기로 시작이 됩니다. 제자들이 주님께 나와서 묻습니다. 천국에서 누가 큽니까?(마 18:1) 여기서 제자들이 서로 논쟁을 벌였단 이야기는 없습니다. 위계 질서를 존중하는 사회 문화권에서는 누가 어떤 지위에 있느냐가 매우 중요해집니다. 아마 제자들 사이에서 지위에 대한 논쟁이 일어난 원인이 있을 것입니다.

예수님께서는 어린 아이를 곁으로 불러내셔서 그들 가운데 세우십니다. 그리고 제자들에게 말씀하십니다. 그리고 너희가 돌이켜 어린 아이들과 같이 되지 않으면 천국에 들어가지 못하리라고 말씀하십니다. 그러므로 누구든지 이 어린 아이와 같이 자기를 낮추는 사람이 천국에서 큰 자라고 말씀하십니다.

··· 어린아이의 뉘우침과 겸손 배우기

오십, 사회적으로도 성숙기에 있는 때, 주님의 교훈처럼 자신을 낮추기가 그리 쉽지 않습니다. 그러나 주님께서는 어린아이처럼 낮아져야만 천국에 들어갈 수 있다고 말씀하십니다. 이것은 천국의 본질을 드러내는 말씀입니다.

어린아이처럼 낮아짐의 교훈은 마가복음(막9:33-37)과 누가복음(눅

9:46-48)에서 한 가지만을 말씀하는 것과는 달리, 마태복음(마18:1-5)에서는 두 가지를 함께 교훈하고 가르칩니다. 예수님께서는 제자들에게 어린아이처럼 돌이켜, 자기를 낮추어야만 천국에 들어갈 수 있다고 분명하게 말씀하십니다. 즉 어린아이와 같은 뉘우침과 겸손이 없으면, 결코 하늘나라에 들어갈 수가 없다고 말씀하십니다. 어린아이와 같은 겸손한 자세뿐만 아니라, 어린아이와 같은 믿음, 즉 신뢰를 함께 가져야한다는 뜻입니다.

예수님께서 제시하신 신앙의 표준은 어린아이와 같은 마음가짐으로, 하나님을 온전히 의지하고 신뢰해야 함을 말합니다. 마태복음에만 특별히 겸손으로 하나님만을 의지하는 사람만이 하늘나라에 들어갈 수 있다고 가르칩니다. 겸손의 문제를 특별히 지적하고 있습니다.

어린아이를 내세우시면서 중요하게 가르치신 교훈 하나는 다른 사람에 대한 태도입니다. 예수님의 이름으로 이와 같은 어린아이 하나를 영접하면, 예수님을 영접하는 것과 마찬가지라는 중요한 교훈을 오십이 된 우리에게 깨우치시고 계십니다.

누가복음에서는 예수님께서 제자들에게 마음속에 있는 생각을 아셨다고 말씀하십니다. 그래서 예수님께서 제자들이 본받아야 할 대상으로 아이를 예수님 옆에 세우십니다. 마가복음에서는 예수님께서 그 아이를 팔에 안으셨다고 덧붙여서 말합니다. 아이가 아주 작았다는 것을 어림짐작하게 합니다. 예수님의 이 같은 행위는 매우 중요한 의미가 있습니다. 당시 유대 사회에서는 아이들은 거의 아무런 지위나 신분도 인정받지 못했기 때문입니다. 아이들의 존재는 거의 무시되었기 때문입니다. 이 같은 모습은 제자들의 어린아이를 대하는 태도에서도 고스

란히 드러납니다.

- 사람들이 예수께서 만져 주심을 바라고 자기 어린 아기를 데리고 오매 제자들이 보고 꾸짖거늘 (눅 18:15)

예수님의 말씀은 제자들의 이러한 높고 낮음의 사고방식을 완전히 깨뜨립니다. 예수님의 교훈은 이 세상의 법칙이나 법도와는 전혀 다릅니다. 바로 이것이 천국 복음이요, 천국의 모습이고, 천국의 법도입니다. 누구나 상대편을 높이 받드는 바로 그곳이 천국이고, 서로 높여 주는 천국의 법도입니다.

- 그들에게 이르시되 누구든지 내 이름으로 이런 어린 아이를 영접하면 곧 나를 영접함이요 또 누구든지 나를 영접하면 곧 나를 보내신 이를 영접함이라 너희 모든 사람 중에 가장 작은 그가 큰 자니라 (눅 9:48)

어린아이처럼 낮아져 상대편을 높이는 그곳, 바로 겸손이 넘치는 곳입니다. 이 겸손은 바로 사랑에서 우러나오는 것입니다. 예수님의 말씀은 누가복음에서는 이와 같이 끝을 맺습니다.

오십을 지나는 그리스도인들도 어린아이처럼 낮아져 상대편을 높이는 그 겸손의 교훈을 받아야 합니다. 어린아이처럼 낮아지는 겸손 역시 마음가짐과 훈련을 통해서 몸에 배게 할 일입니다.

··· 각자 소임은 동등함

오십에 접어든 그리스도인은 주님께로 돌아갈 때를 늘 염두에 두고 생활하는 것이 좋습니다. 하나님의 나라는 사랑으로, 상대편을 고려하며, 서로 섬김의 자세로 나타나기 때문입니다. 이 사실을 마음속에 새기고 살면, 다른 사람 앞에서도 그리 높아지고 싶은 마음 자체가 생겨나지 않고 사라집니다.

주님께서는 제자들이 지위의 높고 낮음을 따지거나 서로 비교하는 일 자체를 거부하십니다. 제자들은 똑같은 축복의 자리에 참여하게 되기 때문입니다. 제자들 각자에게는 복음을 위한 다른 일과 각자 다른 책무가 주어질 것입니다. 그러나 어떤 일이 주어졌든, 그 일은 주님께서 맡기신 일로 크고 작음이 없이 동일하게 중요하게 여겨야 합니다.

주님께서 부활하신 후 제자들에게 나타나셨을 때, 베드로가 요한을 보고, 이 사람은 어떻게 되겠습니까 하고 물었습니다. 주님께서 베드로에게 내가 다시 올 때까지 그를 머물게 하고자 할지라도 그게 너와 무슨 상관이냐 라고 말씀을 하셨습니다.(요21:21-22)

제자들은 각자 자신의 맡은 바대로, 그 소명을 다 할 것을 배웠습니다. 다른 제자들이 어떤 삶을 살건, 그것은 주님께로부터 각자에게 부여받은 소명이었습니다.

오십의 그리스도인들은, 교회 안에서도, 사회에서도, 다른 사람이 어떤 위치에서 일하건, 어떤 자리에서 봉사하던, 그것이 주님의 사역임을 깨닫고 이를 인정할 필요가 있습니다. 어떤 사람들이 예수님께서 세우신 교회 공동체 내에서 어떤 핵심적이고, 중요한 역할을 맡았다고 해서 이것이 다른 제자들보다 더 높은 위치로 부름을 받았다거나, 기름부음 받았다고 착각해서는 안 됩니다. 바로 이것이 예수님께서 우리에게 가르치시고 계신 겸손의 마음가짐입니다.

… 예수님의 온유와 겸손 따르기

오십에 든 그리스도인들은 세상을 대할 때, 주 예수님의 심정으로 세상을 바라보는 눈을 배워야 합니다. 인생의 성숙기에 들면서 세상을 보는 눈도 조금은 달라야 합니다. 지금까지 세상에 살면서 세상의 방법으로 살았지만, 이제는 주님을 통해서 세상을 바라보는 눈으로 말입니다.

예수님의 생애는 우리들의 삶의 모본이었습니다. 주님께서 세상을 바라보시던 모습, 그 모습을 마음속에 그려볼 수 있습니다. 오십에는 모든 성경에서 예수님 모습을 찾고, 예수님의 모습을 발견할 수 있어야 합니다.

예수님의 온유와 겸손을 말하면, 사람들은 부드럽고, 자기를 낮추는 인격을 생각하고 말합니다. 하지만 예수님의 말이 자기를 낮추는 온유와 겸손의 말이라고만 여겨지지는 않을 것입니다. 보다 심오한 진리를 찾게 됩니다.

예수님께서 수고하고 무거운 짐 진 자들아 다 내게로 오라 내가 너희를 쉬게 하리라 하시고, 그 부관으로 이 온유와 겸손의 자세를 배우라 했는데, 이 온유와 겸손이 세상에서 도덕적으로 말하는 온유와 겸손이 아닙니다.

– 나는 마음이 온유하고 겸손하니 나의 멍에를 메고 내게 배우라 그리하면 너희 마음이 쉼을 얻으리니 (마 11:29)

예수님께서 가르치신 온유와 겸손! 그것은 십자가 위에서 피를 흘리시며 죽으심, 그 자체였습니다. 주님께서 우리 그리스도인들에게 가르치신 겸손은, 주님을 따라가는 것을 말합니다. 세상에서 십자가를 질 수밖에 없는 삶이 그리스도인의 삶입니다. 그렇게 살아야 합니다. 사람들이 짓밟고, 채찍질해도 그냥 죽어가야 합니다. 주님께서 그렇게 사셨습니다. 바로 이게 겸손입니다. 오십이 되면 바로 이 겸손을 배우게 됩니다. 아니 배우는 게 맞습니다.

주님의 십자가의 사랑하며, 예수님을 부인하지 않는 그 삶이 그리스도인의 삶이며, 겸손입니다. 더 이상 미사여구로 성경말씀을 포장하여 세상의 방식대로 살지 않아야 합니다. 우리는 죄와 불의에 의해 단호해야 합니다.

… 환호 속에서 겸손한 맘 찾기

오십 무렵, 그리스도인이 경계해야 할 대목이 있습니다. 바로 인기가 가장 높아질 무렵 자기 자신의 위치를 찾는 일입니다. 예수님의 모습은 우리에게 어떻게 인기가 높아지는 상황에서 자신의 위치를 찾을 것인지, 그 해답을 예수님의 삶 자체에서 보여주셨습니다.

예수님께서 예루살렘으로 입성하는 장면이 나옵니다. 예루살렘으로 순례를 온 수많은 사람들이 종려나무가지를 꺾어 들고 주님을 환호하며 맞이합니다. 이들이 호산나 외치며, 주님을 환호합니다. '호산나'라는 말의 의미는 '구하옵나니 구원하옵소서' 라는 뜻이지만, 칭송하는 의미로도 불렸습니다.

수많은 이들이 종려나무를 꺾어들고 '호산나 '하고 외칩니다. 이 거룩한 광경을 한번 상상해 보십시오. 아마 그 장면은 축제이다 못해 수많은 군중이 운집한 장엄한 광경이었을 것입니다.

종려나무 가지는 이미 쟁취된 승리를 선포하는 의미가 있습니다. 승리자에게 영광을 돌리는 것입니다. 그런데 주님께서는 승리와 영광의 말을 타신 것이 아니라, 볼품없고 보잘 것 없는 어린 나귀를 타시고, 지금 예루살렘으로 들어오시고 계십니다. 주님의 모습은 바로 이것입니다. 말을 타신 것이 아니라, 볼품없는 나귀를 타셨습니다. 겸손입니다.

- 시온의 딸아 크게 기뻐할지어다 예루살렘의 딸아 즐거이 부를지어다 보라 네 왕이 네게 임하시나니 그는 공의로우시며 구원을 베푸시며 겸손하여서 나귀를 타시나니 나귀의 작은 것 곧 나귀 새끼니라 (슥 9:9)

- 그 이튿날에는 명절에 온 큰 무리가 예수께서 예루살렘으로 오신다는 것을 듣고 종려나무 가지를 가지고 맞으러 나가 외치되 호산나 찬송하리로다 주의 이름으로 오시는 이 곧 이스라엘의 왕이시여 하더라 예수는 한 어린 나귀를 보고 타시니 이는 기록된 바 시온 딸아 두려워하지 말라 보라 너의 왕이 나귀 새끼를 타고 오신다 함과 같더라 (요 12:12-15)

예수님께서 어린 나귀를 타신 모습은 세상 사람들이 이해하던 왕의 모습과는 전혀 달랐습니다. 이는 예수님께서 바로 세상 사람들이 이해하는 주님의 모습과는 전혀 다릅니다. 주님께서는 이 사실을 대중들에게 분명히 인식시키고 싶어 주시고 계십니다. 그럼에도 이 대중들은 그것을 몰랐습니다. 내일이면 십자가에 못 박으라고 소리 지를 테니까요. 주님께서는 겸손하셔서 볼 품 없는 모습으로 예루살렘에 입성하셨습니다. 그런데 우리는 이를 알까요? 우리는 교회에 이렇게 어린 나귀를 탄 초췌한 모습으로 교회 문을 들어설까요?

오십이 되면, 주님의 모습에서 자기 자신의 정체성을 찾을 필요가 있습니다. 그리고 주님께서 걸어가신 겸손의 길을 살필 필요가 있습니다. 이제 오십에는, 예수님의 걸어가신 길을 따라, 천국까지 주님과 함께 꼭 걸어가야 합니다. 이를 결단할 시기가 바로 인생의 중간 결산기인 오십입니다.

··· 다른 사람의 허물 덮기

예수님께서 제자들의 발을 씻기는 모습을 보면, 우리 자신이 얼마나 영적 교만에 빠져 있는지를 알 수 있습니다. 예수님의 말씀과 행동은 우리 신앙생활의 표본이기에, 주님의 말씀을 찾으며, 우리의 모습을 거울에 비추어 보게 됩니다.

오십이면, 어느 정도 신앙생활의 성숙기에 들기에 자칫 그리스도인이 쉽게 빠질 수 있는 잘못된 모습이 있습니다. 다른 이들의 잘못을 쉽게 지적하는 정죄의 문제입니다.

　예수님을 뵈면서, 정말 두렵고 떨리는 사실은, 주님께서 유월절 만찬 자리에서 친히 팔을 걷어 부치시고 제자들의 발을 씻기셨다는 것입니다. 이 자리에서, 그것도 곧 내일이면 잡히실 텐데, 주님께서 제자들의 발을 씻기시고 계십니다.

　- 저녁 잡수시던 자리에서 일어나 겉옷을 벗고 수건을 가져다가 허리에 두르시고] 이에 대야에 물을 떠서 제자들의 발을 씻으시고 그 두르신 수건으로 닦기를 시작하여 (요13:4-5)

　주님께서는 십자가의 자리에 나갈 준비를 미리 하시고, 제자들에게 그 준비하는 방법을 알려주셨습니다. 다른 사람의 발을 씻는 일, 이게 쉬운 일이겠습니까? 이것은 바로 다른 사람의 허물을 덮는 일입니다.

　오십의 나이, 더 늦기 전, 그리스도인은 주님을 닮아가야 합니다. 그리고 결단해야 합니다. 다른 사람의 허물을 덮는 일! 이 일을 배워가야 합니다. 이게 쉽지 않습니다. 이것을 배우는 방법은 세상 사람들의 목소리에 귀를 닫고, 오직 예수님 한 분만 바라보며 살 일입니다. 주님만이 우리 삶의 표본이시기 때문입니다.

… 죄의 행위로 얻어지는 겸손 이해하기

　오십의 나이, 신앙의 성숙기에 들어선 그리스도인들 가운데서 일어나는 문제가 또 있습니다. 특히 지금까지 전혀 그릇된 길로 빠지지 않고, 죄를 전혀 짓지 않고, 올바르며 경건하게 살아왔다고 하는 그리스도인들이 빠지기 쉬운 함정입니다. 특히 기도를 많이 한다거나, 나름대로 지식이 많이 쌓이거나, 혹은 똑똑하다고 하는 사람들에게서 많이 나타나는 증상입니다. 나름대로 경건한 생활을 한다고 하는 사람들에게도 나타나는 영적 질병과도 같은 증상입니다. 쉬운 말로 표현하면 영적 교만입니다. 우리는 늘 이 부분이 조심스럽습니다. 지나보면 다 쓸데없는 자랑입니다.

이런 그리스도인의 모습은 부끄럽게도 성경말씀이 지적하고 있는 가장 초보적인 그리스도인들에게나 일어날 법안 일들입니다. 성경말씀은 초보적인 신자에 대하여 경고하는 한 부분이 있습니다. 바로 마귀를 정죄하는 그 올무에 빠질까 하는 것입니다.

- 새로 입교한 자도 말지니 교만하여져서 마귀를 정죄하는 그 정죄에 빠질까 함이요 (딤전 3:6)

성경말씀은 왜 초신자에 대하여 왜 이런 경고 사인을 했을까요? 우리 그리스도인 모두는 늘 조심스럽습니다. 다른 사람의 죄를 짓는 정황을 보면, 바로 동일한 죄를 짓고 있는 추한 우리 자신의 모습이 확연히 드러납니다. 그럼에도 다른 사람을 정죄하는 일은 너무 쉽고 빠릅니다. 그래서는 안 됩니다. 그런데 이런 정죄가 신앙의 성숙기에 있는 오십이 된 그리스도인들에게도 충분히 일어나고 있다는 점입니다.

죄의 역할은 그것입니다. 죄를 경험하고 나면, 사람을 겸손하게 만

든다는 것입니다. 회개할 수밖에 없습니다. 자신이 죄인임을 인식하면, 교회 안에서 다른 사람을 정죄할 수가 없습니다.

물론 예수님을 믿지 않는 일반 사람들에게도 이런 개념이 있을 수 있습니다. 그러나 성경 말씀에 따르면, 하나님을 알지 못하는 사람들도 그 자신에게 주어진 선한 양심이 있기 때문에 이 양심이 하나님에 대하여 증거해주므로, 자신의 잘못을 스스로 인증한다고 말합니다.

– 하나님 앞에서는 율법을 듣는 자가 의인이 아니요 오직 율법을 행하는 자라야 의롭다 하심을 얻으리니 (율법 없는 이방인이 본성으로 율법의 일을 행할 때에는 이 사람은 율법이 없어도 자기가 자기에게 율법이 되나니 이런 이들은 그 양심이 증거가 되어 그 생각들이 서로 혹은 고발하며 혹은 변명하여 그 마음에 새긴 율법의 행위를 나타내느니라) (롬 2:13-15)

세상 사람들에 비하면, 주님을 존중하며 사는 그리스도인은 참 깨끗하고, 그 양심에 티가 없을지 모릅니다. 그러나 주님의 빛과 말씀의 거울 앞에 비추면, 늘 부족하고 보잘 것 없고 추하기에, 우리는 스스로 죄인임을 인식할 수밖에 없습니다. 이 세상 사람들과 주님을 따르는 그리스도인의 근본적으로 다른 삶의 방향입니다.

오십에는 지극히 높은 보좌 위에 계시고, 빛 가운데 거하시는 주님의 모습을 늘 바라보고, 생각하여야만 합니다. 그리하여야 자신의 추하고, 부끄럽고, 회개할 것 많은 죄인 자신의 모습이 발견되어 겸손해집니다. 주님의 모습을 생각하면서, 오십에는 한 번쯤 이를 되새겨 볼 필요가 있습니다.

오
십,
성
경
에
서
길
을
찾
다

… 겸손 / 겸손한 삶 살기

겸손한 모습의 가장 표본적인 삶을 사신 분이 바로 예수 그리스도 우리 주님이십니다. 주님께서는 하나님 그분 자신이셨지만, 천하고 천한 이 땅에 인간의 몸을 입고 오셔서 친히 십자가 위에서 우리를 위한 대속의 죽음을 죽으셨습니다. 우리가 목자이신 예수 그리스도께서 우리 주님이심을 아는 방법이 무엇일까요? 바로 주님께서 우리를 위하여 죽으셨고, 그리고 다시 부활하시어, 제자들에게 보이시며, 소망을 주셨기 때문입니다. 예수 그리스도의 겸손하시고 낮아지심을 바라보는 주님 앞에서 그리고 다른 그리스도인 앞에서 낮아지지 않을 수 있을까요? 예수님을 배우면 겸손해질 수밖에 없습니다.

경건한 삶의 방향을 설정하라

망령되고 허탄한 신화를 버리고 경건에 이르도록 네 자신을 연단하라 육체
의 연단은 약간의 유익이 있으나 경건은 범사에 유익하니 금생과 내생에 약
속이 있느니라 (딤전 4:7-8)

오십에 들어서면 그리스도인이 이 세상 사람들과는 다른 구별된
생활을 하여야 한다는 것은 누구나가 깨닫습니다. 그러나 그 실천이
어렵습니다. 지금까지 성결하게 살아왔다고 단정할 수가 없는 회한이
드는 것도 바로 오십이 들어서면서 부터입니다.

성경말씀은 경건생활의 중요성을 여러 곳에서 강조하고 있습니다.

오십에 들어선 그리스도인들에게 거룩한 생활을 강조하는 말씀은 늘 가슴에 새겨야 합니다. 다시 경건생활로 돌아가는 기회가 남아 있는 것도 바로 오십의 나이입니다.

… 허탄한 것들 버리기

사도 바울이 디모데에게 보낸 편지 두 개와 디도서에게 보낸 편지는 문체와 내용이 비슷합니다. 그래서 이 편지들을 묶어서 목회서신이라고 이야기합니다. 목회자에게 교회에서 가르치는 일들의 구체적인 방법에 대하여 썼기 때문입니다. 이 세 편지들은 두 가지 특징이 있습니다. 하나는 목회자에게 보냈다고 하는 것이고, 다른 하나는 지도자들에게 교회를 이끄는 일과 자신의 삶에서 거짓 교훈을 물리치도록 권고하고 있다는 점입니다.

사도바울이 디모데에게 보낸 첫 번째 편지인 디모데전서에는 무엇보다도 교회의 치리에 관한 물음들을 다루고 있습니다. 거짓 율법 교사를 경계하라는 점, 목회 기도와 교회에서 남자와 여성의 처신에 관한 문제, 감독과 집사에게 요구되는 사항에 대하여도 기술합니다. 디모데 개인에 대한 조언, 그리고 교회의 회중들에 대하는 태도 등을 담고 있어서, 이 시대를 살아가는 우리들에게 아주 귀중한 말씀들입니다. 그 가운데서도 디모데전서 4장은 디모데 개인에 관한 사항에 대하여 조언을 하고 있는데, 이것이 오늘의 시대를 살아가고 있는 우리들의 경건한 삶에 귀중한 지침이 되고 있습니다.

물론 바울이 이 편지를 디모데에게 보낼 때는 '네 연소함을 업신여기지 못하게 하고' 라는 표현으로 보아 디모데가 젊은 목회자였음을 알 수 있습니다. 그럼에도 귀중한 자산이 되는 것은 바로 인생의 중간 결산기, 오십에 접어든 우리들에게도 꼭 필요한 말씀이기 때문입니다.

… 경건 훈련의 지침 열기

거룩하고도 성결한 삶의 모습은 경건에 이르도록 육체를 연단하며, 절제된 생활을 의미합니다. 이 삶은 복음을 전하며, 믿는 자들이 살아가는 삶의 기본 방식입니다.

디모데에게 보낸 서신 자체는 근본적으로 목회자들에게 요구되는 사항이지만, 인생의 중간 결산기인 오십에 접어든 그리스도인들이 지금 현 신앙생활 상태를 평가해보는데 적절한 말씀이기도 합니다. 특히 오십에 들어서는 그리스도인들에게도 디모데전서의 말씀들이 경건한 삶의 기준점이 된다는 것을 생각하면, 말씀을 곁에 두고 늘 되새기고 싶은 말씀들입니다.

– 누구든지 네 연소함을 업신여기지 못하게 하고 오직 말과 행실과 사랑과 믿음과 정절에 있어서 믿는 자에게 본이 되어 내가 이를 때까지 읽는 것과 권하는 것과 가르치는 것에 전념하라 (딤전 4:12-13)

경건한 생활, 거룩한 생활, 성결한 삶, 이 모든 말은 같은 말입니다.

이 삶의 방식은 예수 그리스도를 믿은 이후에 그 삶이 과거부터 돌이켜 나아가야 할 방향을 제시하는 말입니다. 금식과 기도생활, 예배드리는 생활, 이 모든 것들이 결국 믿는 자들에게 본이 되는 성결하고도 거룩한 생활로 이루어지기 때문입니다. 교회에서, 사회에서, 믿는 자에게 본이 되어야 할 나이는 바로 지금, 성숙한 그리스도인이 되는 오십에 아주 적절하게 경건생활을 열어가는 지침이 됩니다.

… 경건한 의식주 생활 훈련하기

사실 오십에 들도록 성경 말씀이 이렇게 깊이 의식주 문제까지 다루고 있을지는 잘 생각하지 않았을 것입니다. 그러나 이제는 신앙의 성숙기에 든 만큼 성경말씀을 통해서 의식주 생활에 대한 절제를 살피게 되면, 경건 훈련에 큰 도움이 됩니다. 그리스도인의 삶은 성결하고도 거룩한 삶으로, 이 세상과는 구별된 생활이기 때문입니다.

디모데전서 4장 1절부터 4절까지는 혼인과 음식물을 금하는 것에 대한 거짓 가르침을 멀리하도록 권고하는 내용입니다. 음식은 감사함으로 받으면 버릴 것이 없습니다. 오십에 접어든 그리스도인들이 디모데전서에서 배울 수 있는 점은 하나님의 말씀과 기도로 거룩하여진다는 사실입니다.

- 하나님께서 지으신 모든 것이 선하매 감사함으로 받으면 버릴 것이 없나니 하나님의 말씀과 기도로 거룩하여짐이라 (딤전 4:4-5)

술에 대해서는 술 취하지 말라는 권고와 아울러, 그리스도인에게는 보지도 말라는 잠언의 경고의 말씀이 있다는 점을 상기해야 합니다. 특히 잠언서가 쓰여 질 당시에도 이미 혼합주가 있었다는 사실은 놀라울 따름입니다. 오십 무렵이면, 회사나 사회, 교회, 거의 모든 부분에서 거의 리더의 위치에 해당되기 때문에 이 말씀들을 마음의 경계로 삼고 늘 주의하여야 합니다.

- 재앙이 뉘게 있느뇨 근심이 뉘게 있느뇨 분쟁이 뉘게 있느뇨 원망이 뉘게 있느뇨 까닭 없는 상처가 뉘게 있느뇨 붉은 눈이 뉘게 있느뇨 술에 잠긴 자에게 있고 혼합한 술을 구하러 다니는 자에게 있느니라 포도주는 붉고 잔에서 번쩍이며 순하게 내려가나니 너는 그것을 보지도 말지어다 (잠 23:29-31)

- 낮에와 같이 단정히 행하고 방탕하거나 술 취하지 말며 음란하거나 호색하지 말며 다투거나 시기하지 말고 오직 주 예수 그리스도로 옷 입고 정욕을 위하여 육신의 일을 도모하지 말라 (롬 13:13-14)

- 투기와 술 취함과 방탕함과 또 그와 같은 것들이라 전에 너희에게 경계한 것 같이 경계하노니 이런 일을 하는 자들은 하나님의 나라를 유업으로 받지 못할 것이요 (갈 5:21)

- 술 취하지 말라 이는 방탕한 것이니 오직 성령으로 충만함을 받으라 (엡 5:18)

돌이켜 보면, 여태껏 오십에 들도록 세상에서 너무 바쁘게 살아왔습니다. 절제하고 싶어도 세상에서 생존해야 하는 고민이 그리스도인에게는 늘 있습니다. 물론 오십에 들어서기까지 주님 앞에 각자 나름대로 경건하고도 성결한 삶을 살아왔을 것입니다. 오십이 되면, 믿는 이들의 본이 되어야 하는 시점이 됩니다. 성경말씀에 깊이를 더하며, 세상과는 구별된 삶을 살아가는 것이 올바른 일입니다.

··· 거룩하신 하나님께 나아가기

요한계시록 4장에는 사도 요한이 하나님의 형상을 환상으로 보고 거룩하신 하나님을 묘사한 모습이 나옵니다. 이는 마치 구약성경의 선지자 에스겔이 본 환상에서 묘사한 모습과 동일합니다. 거룩한 신하들에게 둘러싸여 있는 하나님의 모습입니다.

하나님의 영이 요한을 하나님 앞으로 끌어올립니다. 거기에서 하늘나라의 모습을 봅니다. 요한계시록 4장의 환상에는 시간적 차이가 있는 두 장면이 연속되어 나옵니다. 먼저는 가운데 있는 보좌와 거기 앞에 계신 분에 대한 장면입니다.(계4:2-3) 이어서 시선은 24개의 보좌들과 24명의 장로들에게로 옮겨 갑니다. 모두 흰 옷을 입고 금으로 된 면류관을 쓰고 있습니다. (계4:4)

요한은 중심보좌와 그 보좌를 둘러싼 공간이 보석 같다고 묘사합니다. 무지개, 불, 번개는 매우 역동적으로 보는 이로 하여금 경외감이 들게 합니다. 투명함과 빛남과 강렬한 색채의 묘사는 감히 인간이 근접할 수 없는 하나님의 영광의 거룩함을 드러내고 있습니다. 요한이 보는 것은 지극히 거룩하시고 빛나는 영광 가운데 계신 하나님의 역동적인 모습입니다.

- 네 생물은 각각 여섯 날개를 가졌고 그 안과 주위에는 눈들이 가득하더라 그들이 밤낮 쉬지 않고 이르기를 거룩하다 거룩하다 거룩하다 주 하나님 곧 전능하신 이여 전에도 계셨고 이제도 계시고 장차 오실 이시라 하고 (계 4:8)

우리가 요한의 환상을 본 모습을 글로 읽어서 그렇지, 실제 하나님의 모습을 뵙는다면, 우리는 그 곁에 있을 수조차 없습니다. 그냥 앞에서 엎드려 질 수 밖에 없습니다. 그분은 찬란한 빛이시기 때문입니다. 그리고 그분은 지극히 거룩하신 분이시기 때문입니다.

- 불의를 행하는 자는 그대로 불의를 행하고 더러운 자는 그대로 더럽고 의로운 자는 그대로 의를 행하고 거룩한 자는 그대로 거룩하게 하라 (계 22:11)

주님의 거룩하심을 뵈면, 우리는 주님을 위해서 바르게 살지 않을 수 없습니다. 지극히 사랑이 많으시고, 사랑, 그 자체이시지만, 주님은 영광 중에 계시고, 우리는 지극히 천하고 비천한 존재이기 때문입니다. 주 예수 그리스도의 사랑의 피로 씻긴 세마포 흰 옷을 입지 않고서야 그분을 결코 뵐 수 없습니다. 그런데 지극히 거룩한 생활을 버리고 함부로 살 수 있을까요? 그래서 죄에서 돌이키고, 경건한 삶을 살아야 하는 것입니다. 이것은 그리스도인의 의무입니다. 주님께는 사악함이, 악행이 존재할 수조차 없음을 오십에는 알아야 합니다.

··· 경건한 생활에 대하여 열망하기

경건, 거룩, 성결, 이 모든 말은 같은 말이고, 다른 표현이지만 같은 어의입니다. 세상의 풍파 속에 찌들고 시달린 그리스도인들이 예수 그리스도의 보배 피로 새 힘을 얻는 것은 바로 예배를 통해서 이루어집니다. 이 예배를 통해서 우리는 다시 경건한 생활로 돌아갑니다.

- 곧 하나님 아버지의 미리 아심을 따라 성령이 거룩하게 하심으로 순종함과 예수 그리스도의 피 뿌림을 얻기 위하여 택하심을 받은 자들에게 편지하노니 은혜와 평강이 너희에게 더욱 많을지어다 (벧전 1:2)

그리스도인이 그리스도인다워지는 것이 바로 경건과 거룩함으로 구별된 생활입니다. 우리가 예수님을 믿는 것을 어떻게 확증할 수 있을까요? 그것은 바로 예수님을 믿으면, 하나님께 드리는 예배를 사랑하게 된다는 것입니다. 여기에 거룩하게 구별된 생활을 즐긴다는 것이죠. 그래서 교회의 예배는 폐하여지거나 줄어들어서는 안 되는 것입니다.

··· 피의 제사, 속죄와 성결

레위기를 읽어보면 제사장이 겪어야할 거룩한 직무와 아울러 느낄 고초를 생각하게 됩니다. 거기에는 하나님께 드려야할 어린 양과 염소와 송아지와 같은 피가 가득했기 때문입니다.

황소의 피를 가져다가 성막 안에서 속죄소의 증거판 위에 뿌리는 대제사장의 하나님께 드리는 제사는 반드시 피가 있어야 했습니다. 대제사장은 오직 홀로 은은히 일곱 촛대의 불빛이 비취는 그곳에서 피의 제사를 드리고 있는 것입니다. 만약 대제사장의 이러한 피의 제사가 없었다면 선택받은 이스라엘 백성은 거룩함을 얻지 못할 것입니다.

한 번쯤 생각해 보셨습니까? 대제사장의 온 몸은 화려해 보이지만, 동물의 피범벅이라는 사실을 말이지요. 이스라엘 백성들은 소나 양, 염소와 같은 동물을 잡을 때도 피를 먹어서는 안 되었습니다. 그것은 피는 생명이었고, 하나님께 속한 것이었기 때문입니다. 하나님의 말씀의 오묘한 진리가 여기에 있습니다. 하나님의 외 아드님! 독생자 예수 그리스도의 보배로운 피가 아니고서는 우리가 구속함을 입을 수 없다는 사실. 이 구속함의 예표를 구약성경을 통해서 미리 보이시고 있다는 사실을 우리 잊어서는 안 될 것입니다.

- 그러므로 함께 하늘의 부르심을 받은 거룩한 형제들아 우리가 믿는 도리의 사도이시며 대제사장이신 예수를 깊이 생각하라 (히3:1)

오십, 신앙의 가장 성숙기에 접어든 그리스도인의 모습은 대제사장 되신 예수 그리스도를 다시 회상하며, 하나님께 더욱 가까이 나아가야 할 시기입니다. 구약시대 제사를 드리던 모습을 상상하면, 오십, 제사를 준비하던 지도자의 모습이 상상되기 때문입니다.

오십, 성경에서 길을 찾다

경건한 삶을 사는 것은 우리 그리스도인들에게 강령이자 의무입니다. 믿음으로 구원을 받는다는 사실을 너무 강조하다가 보면, 삶의 지침을 잃어버릴 수가 있습니다. 말과 행실과 사랑과 믿음과 정절에서 믿는 자에게 본이 된다는 것은 바로 경건생활의 첫 모양일 수 있습니다. 그리스도인은 수도사처럼 세상과 동 떨어져 독립된 생활을 살아야 한다는 말이 아닙니다. 삶속에서 늘 세상의 유혹에 시달리는 상황에서도 거룩하신 주님의 모습을 닮아가며, 소금과 빛의 모습으로 바르고 단정하게 살아가는 것입니다.

유혹으로부터 돌아서야 시작된다

———————————— • **부흥** revival • ————————————

오라 우리가 여호와께로 돌아가자 여호와께서 우리를 찢으셨으나 도로 낫
게 하실 것이요. 우리를 치셨으나 싸매어 주실 것임이라. 여호와께서 이틀
후에 우리를 살리시며, 셋째 날에 우리를 일으키시리니, 우리가 그의 앞에서
살리라. 그러므로 우리가 여호와를 알자. 그의 나타나심은 새벽 빛 같이 어
김 없나니, 비와 같이 땅을 적시는 늦은 비와 같이 우리에게 임하시리라 하
니라 (호6.1-3)

오십에 들어가는 그리스도인들이 달라져야 할 것이 있다면, 바로
세상 중심에서 돌아서 주님 중심으로 돌아가는 것입니다. 이를 회개라
고 말하는데, 부흥(revival)이라고 말합니다. 교회에서 부흥이라는 말
은 엄밀하게 교회가 다시 회개 운동을 일으키므로, 수많은 사람들이
이 회개에 동참하는 역사를 가리켜 말합니다.

이제 인생에서도 이 갱신의 시기가 필요합니다. 이 세상의 삶에서 거의 정점에 도달하는 시기가 나이 오십이고, 마지막 열정을 다해 달려가는 시기이기도 합니다. 또 한 면으로는 인격의 원숙기에 접어들뿐만 아니라, 신앙생활에서도 그 결실을 볼 시기입니다. 그러나 복음의 결실은 외적인 결실보다도 오히려 내적으로 주님과 함께하는 삶을 누려야 하기에, 오십에 들면 내적 결단의 시간이 필요합니다. 주님을 위해서 살겠다는 의지를 지금 다지지 않으면, 인생의 중간 결산기를 오십을 넘어가는 시점에는 그 의지력이 점점 약화될 수 있기 때문입니다.

호세아가 일깨우는 바는 하나님을 거역하고 떠난 그리스도인은 하나님의 법 안으로 돌아가야 한다는 것입니다. 본문의 말씀만을 본다면 이는 당연히 하나님의 선민인 이스라엘에 대한 이야기입니다. 오늘의 그리스도인으로 본다면, 당연히 하나님을 거역하고 세상을 벗 삼아 살고 있는 그리스도인에 대한 경고의 메시지입니다.

··· 하나님께로 돌아가기

주님의 사랑을 신부된 교회에 대하여 극적으로 묘사한 성경이 바로 호세아서입니다. 이스라엘 백성, 지금의 신부된 교회와 그리스도인, 어느 쪽을 적용하든 호세아서의 말씀의 적용은 단호합니다. 생명의 근원이시고 삶의 근원이신 우리 주님께로 돌아오라는 명령입니다. 이는 예언서의 공통된 주제입니다. 이사야서가 그렇게 부르짖고, 예레미야서 또한 그렇습니다. 소선지서들 역시 하나님께 돌아오라고 외칩니다.

　– 이스라엘아 네 하나님 여호와께로 돌아오라 네가 불의함으로 말미암
아 엎드러졌느니라 (호14:1)

　주님께서 그분의 품으로 돌아오라고 우리를 부르시고 계십니다. 호
세아 선지자는 우리 모두 하나님께 돌아가자고 말합니다. 오십의 나
이, 지금까지 주님을 떠나 있었다면, 결단하며 다시 주님께 돌아가야
합니다. 조금이라도 세상에 물들어 있었다면, 주님의 사랑을 깊이 생
각하며, 또한 주님께 돌아가 주님을 찾아야 합니다.

　– 그가 이르시기를 너희는 각자의 악한 길과 악행을 버리고 돌아오라 그
리하면 나 여호와가 너희와 너희 조상들에게 영원부터 영원까지 준 그 땅
에 살리라 (렘 25:5)

　예언서에 공통적으로 나오는 몇 가지 용어가 있습니다. 돌아오라는
주님의 부르심의 말입니다. 그리고 또 하나 그 날이라고 말합니다. 그
날이라는 미래의 특정한 날을 지칭합니다. 그 날에는 주님의 사유하심
으로 모든 것이 회복될 것입니다. 바로 호세아서가 말한 그 날은 주 예
수님께서 오셔서 우리를 죄와 죽음의 속박에서 건져낸 날입니다. 궁극
적으로 그 날은 주님께서 온 이스라엘, 즉 우리 교회와 그리스도인 모
두를 마지막 날에 구원하는 날입니다.

- 그 날에는 내가 그들을 위하여 들짐승과 공중의 새와 땅의 곤충과 더불어 언약을 맺으며 또 이 땅에서 활과 칼을 꺾어 전쟁을 없이하고 그들로 평안히 눕게 하리라 (호 2:18)

- 여호와께서 이르시되 그 날에 내가 응답하리라 나는 하늘에 응답하고 하늘은 땅에 응답하고, 땅은 곡식과 포도주와 기름에 응답하고 또 이것들은 이스르엘에 응답하리라 (호 2:21-22)

오십의 그리스도인은 소망이 있습니다. 이 세상의 사람들과 같지 않습니다. 오직 우리 주 예수 그리스도의 구원하심을 소망하는 것입니다. 거기에는 오직 신부가 신랑을 기다리듯이, 오직 주님만 바라보는 결단이 필요합니다.

… 하나님의 인애의 법도 실천하기

오십의 그리스도인의 회개의 결단은 삶과 행동이 수반됩니다. 바로 주 예수 그리스도를 믿는 생활입니다. 이 생활은 믿음의 문제뿐만 아니라, 교회의 예배 참여로 하나님을 경외하는 생활을 수반합니다. 그리고 세상에서도 주님의 법도를 따라야 합니다. 바로 그것이 공의와 정의의 실천입니다. 예수님께서는 하나님 사랑, 이웃 사랑이라고 표현하셨습니다.

구약성경의 십계명부터 예언서, 그리고 신약성경의 예수님의 본질적 속성은 사랑으로 똑같습니다. 호세아서도 동일하게 공의와 정의를 베풀 것을 약속하시고 계십니다. 즉 예수님 믿으면서 사랑을 실천하는 것이 별다른 것이 아닙니다. 바로 바르게 행하고, 바르게 사는 것입니다. 바로 이것이 예수 그리스도를 믿는 그리스도인의 부흥입니다.

- 그런즉 너의 하나님께로 돌아와서 인애와 정의를 지키며 항상 너의 하나님을 바랄지니라 (호12:6)
- 내가 네게 장가들어 영원히 살되 공의와 정의와 은총과 긍휼히 여김으로 네게 장가들며 진실함으로 네게 장가들리니 네가 여호와를 알리라 (호2:19-20)

호세아서로 돌아가면, 하나님께 돌아가자는 호세아의 부르짖음은 돌아오라는 하나님의 명령에 순응합니다. 오라는 말은 주님께서 제자들을 부르심과 같이 우리가 복음을 전하는 전형적인 모습입니다. 우리는 주님께로 돌아가야 합니다. 그 이유는 단 한 가지입니다. 우리 주 하나님께만 구원이 있기 때문입니다.

이 시대의 오십의 그리스도인뿐만 아니라, 모든 그리스도인이 동일한 요구를 받고 있습니다. 주님께 돌아가야만 합니다. 주님께만 구원이 있기 때문입니다. 하나님께 돌아감은 공의, 인애와 정의의 실천, 세상 우상을 버리고, 주님만을 경배하며, 바르게 사는 것입니다.

··· 죄를 뉘우치고 주님의 얼굴을 구하기

오십의 나이, 그리스도인 모두가 알아야 할 것이 주님의 얼굴을 구하는 방법입니다. 이미 교회 안에서 많이 들었고, 다 아는 이야기지만, 다시 성경말씀으로 돌아가야 할 필요가 있습니다. 주님의 말씀은 언제나 우리 신앙생활의 경계가 되기 때문입니다.

하나님께서는 하나님을 거역한 이스라엘 백성과 오늘의 우리 그리스도인들을 징계하시고 고통 속에 몰아넣으셨습니다. 그러나 주님께서는 주 하나님께 돌아가는 우리를 낫게 하시며, 상처를 싸매어 주십니다. 바로 주님은 한없는 사랑 때문입니다.

호세아는 다른 선지자와 달리 이틀 후에 우리를 살리시며, 사흘 후에 우리를 일으켜 세우실 것이라고, 구체적인 날짜를 전합니다. 다른 선지자들은 모두 그 날이라고 말합니다. 미래에 다가 올 특정한 그 어느 주님께서 정하신 날입니다. 그러나 호세아서는 그 날 대신 이틀과 사흘이라고 아주 임박한 표현을 씁니다. 우리가 주님께 돌아가면, 주님께서 우리를 곧 치유하시고 회복시키실 것입니다. 그래서 우리는 그분 앞에서 영원히 살게 될 것입니다.

- 여호와께서 이틀 후에 우리를 살리시며 셋째 날에 우리를 일으키시리니 우리가 그의 앞에서 살리라 (호 6:2)

이 사흘이라는 의미는 예수님께서 하나님을 거역한 우리의 죄악과 고난을 대신 짊어지시고 십자가에 죽으신 후 다시 사흘 만에 다시 살아난 날짜일 것 입니다. 초대교회 예배 의식에서는 이 호세아의 예언을 예수님의 부활에 대한 예언으로 이해하였습니다. 하나님의 죄에 대한 사유하심이 없다면, 우리는 결코 구원을 받을 수 없습니다. 그렇지만 하나님께서는 우리에게 그 구원의 길을 열어 놓으셨습니다. 그 길은 예수 그리스도시요, 살아계신 하나님의 아들이십니다. 우리가 그분께 나아가는 길은 바로 죄를 고백하며 그분을 믿음으로 그분의 사유하심을 받음으로 죄에서 돌이키는 것입니다.

… 간절한 회개와 기도로 결단하기

오십에 접어 든 그리스도인들이 주님께 돌아가는 방법은 결국 몸과 맘을 정결케 하고, 회개하며, 주님께 간절한 기도로 주님께서 함께 하시기를 구하는 것입니다.

호세아서 5장 마지막절인 15절에서는 하나님께 돌아가는 방법을 주 하나님께서 분명히 설명합니다. 바로 죄를 뉘우치고 주님의 얼굴을 구하는 것입니다. 그리고 고난 받을 때에 주님을 간절히 찾는 것입니다.

– 그들이 그 죄를 뉘우치고 내 얼굴을 구하기까지 내가 내 곳으로 돌아가리라 그들이 고난 받을 때에 나를 간절히 구하리라 (호 5:15)

구약성경은 환난을 당할 때 하나님을 찾는 방법을 설명합니다. 바로 주님을 간절히 찾는 기도입니다. 그냥 묵상이 아닙니다. 간절함입니다. 그리고 부르짖음입니다. 이 기도의 모습은 시편과 예레미야서에서 자주 나타남을 볼 수 있습니다. 주님께 나가 엎드려, 주님 아니시면 해결할 수 없음을 알고, 주님께서 해결해 주시기를 간절히 아주 간절히 부르짖어 기도하여야 합니다. 환난을 당할 때, 그 고난에 주님의 응답을 받는 비결입니다.

- 내가 내 음성으로 하나님께 부르짖으리니 내 음성으로 하나님께 부르짖으면 내게 귀를 기울이시리로다 (시 77:1)
- 너는 내게 부르짖으라 내가 네게 응답하겠고 네가 알지 못하는 크고 은밀한 일을 네게 보이리라 (렘 33:3)

주님께 부르짖는 이에게 응답하시는 하나님은 그분의 약속대로 겸손히 낮아져서 그분을 찾는 이에게 분명히 함께하십니다. 그분의 약속은 어김이 없고, 분명하게 그분의 뜻을 나타내 보이신다는 사실을 우리는 깨달아야 합니다.

··· 끊임없는 유혹 두 가지

그리스도인들이 사회생활 속에 큰 유혹은 두 가지입니다. 바로 돈과 음란입니다. 이 두 가지를 합하면 타락입니다. 결국 이 두 가지 때문에 넘어지게 됩니다.

이 두 가지를 완전히 회개하지 않으면 천국에 들어가기 어려운데,

이 나이가 되도록 가끔 이런 욕구가 머릿속을 휘저어 놓아 고민입니다. 이 시대 늘 쉬이 접하게 되는 영상이 늘 문제입니다.

기도를 했다고 하는 날은 다른 책을 보거나, 혹은 유튜브 영상을 접하면서 이 두 가지가 머리를 엄청 어지럽힐 때가 있습니다. 늘 이게 문제입니다. 기도를 더하여야 하는데 늘 문제입니다.

사람들이 많이 모이는 도시의 사치스럽고 화려한 이면엔 이런 어둡고. 타락한 도시의 본 모습이 있다는 것을 생각하면, 유목민으로 살아간 아브라함의 축복을 다시 한 번 느끼게 됩니다. 주님의 거룩한 부르심은 고요와 광야의 초목으로 우거진 빈들에서 시작하기 때문입니다.

… 부흥revival과 회개repentance

우리의 삶은 명확합니다. 재앙이 일어나거나 고통스런 일들이 일어날 때, 반드시 주님께로부터 혹은 나 자신으로부터 시작된 원인을 살펴봅니다. 이것은 그리스도인으로서 당연한 삶의 자세입니다. 하나님께서는 그분의 선한 백성들에게 그분의 말씀으로 주님 앞에 바른 삶의 보상과 주님을 배반한 결과에 대한 징계를 기록해 놓고 있습니다. 특히 역병은 이스라엘 민족의 배반에 대한 결과 징계의 도구로 성경 안에서 역병을 많은 사람이 희생되었던 역사적 사실을 기록하고 있습니다.

하나님의 징계가 시작될 때 우리 그리스도인들이 취할 태도는 바로 길과 행위를 고치는 것입니다. 갱신입니다. 교회에서는 이 용어를 부흥이라는 말로 표현합니다. 이 갱신에는 반드시 행위를 고치고 돌이키는 회개가 선행됩니다.

- 그런즉 너희는 너희 길과 행위를 고치고 너희 하나님 여호와의 목소리를 청종하라. 그리하시면 여호와께서 너희에게 선언하시는 재앙에 대하여 뜻을 돌이키시리라 (렘26.13)

하나님께서는 약속하십니다. 우리가 주님의 목소리를 청종하고 그 죄악에서 돌이키면 주님께서 선언하신 재앙에 대한 뜻을 돌이킨다고 말씀하십니다.

··· 부흥 / 과거로부터 돌아서 새로운 세계로 나아가기

인생의 중간 결산기, 오십, 앞만 보며 달려온 지금까지의 삶은 세상과 타협한 삶이었습니다. 그러나 오십부터는 세상을 버려야 합니다. 과거로부터 돌이켜야 합니다. 지금까지 세상과 적절히 타협했던 삶은, 모든 것을 주님 중심으로 모든 것을 바꾸어야 합니다. 죄악에 빠졌던 삶을 버리고, 주님께로 돌이켜야 합니다. 주님의 얼굴을 구해야 합니다. 이 삶은 부흥의 삶입니다. 지금까지 어느 정도 삶의 열매를 맺어왔지만, 앞으로의 삶은 부흥입니다. 부흥은 갱신입니다. 잘못된 것으로부터 돌이켜 더 나은 길로 가는 것입니다. 지금 이 삶이 오십에 시작됩니다. 무엇이 잘못되었는지를 결산하고, 새로운 인생의 도약기를 시작해야 합니다. 여기에는 먼저 죄의 유혹으로 부터 돌이켜 주님께로 나

아가는 결단이 함께 수반됩니다. 앞으로의 인생은 하나님 안에서 부흥
입니다.

오십, 성경에서 길을 찾다

chapter 5

오십, 영적 기준 다시 세우기

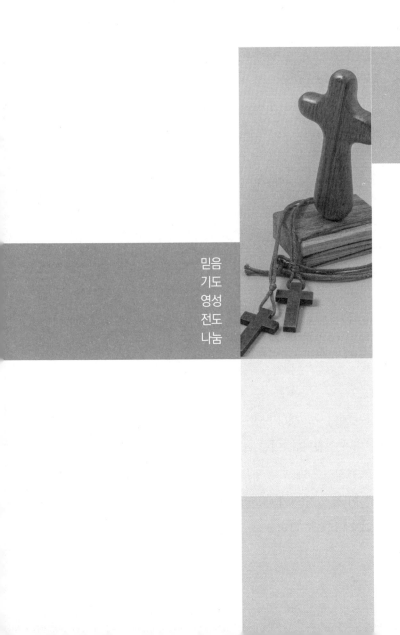

믿음
기도
영성
전도
나눔

믿음의 기준을 다시 세워라

● **믿음** faith ●

예수를 너희가 보지 못하였으나 사랑하는도다 이제도 보지 못하나 믿고 말
할 수 없는 영광스러운 즐거움으로 기뻐하니 믿음의 결국 곧 영혼의 구원을
받음이라 (벧전1:8-9)

오십이 되어서도 세상 사람들에게 "왜 예수 믿어?"라고 질문을 종
종 받을 때가 있습니다. 이런 질문들에 대하여 간혹 머뭇거리거나 당
혹스러운 표정을 짓게 되는 경우가 있습니다. 그것은 믿음에 대한 확
실한 기준이 서 있지 않기 때문입니다. 오십의 그리스도인이라면 명쾌
히 이 질문에 대하여 답변할 준비를 하고 있어야 합니다. 그것은 다른

사람에 대한 대응 때문이기도 하지만, 무엇보다도 그리스도인 자신이 궁극적인 믿음에 대한 해답을 가지고 있어야 하는 말입니다.

베드로전서에는 믿음에 대하여 깨닫게 되는 확실한 두 가지가 있습니다. 하나는 우리에게 주어진 믿음으로 얻게 되는 현실적 현상이 무엇이며, 또 하나는 궁극적으로 그리스도인이 믿음의 결과로 얻게 되는 것이 무엇인가 하는 것입니다.

성경은 이 두 가지 질문에 대하여 결코 중언하지 않습니다. 베드로전서 1장 8,9절 말씀은 그리스도인들이 믿음 때문에 영광스러운 즐거움으로 기뻐하게 된다는 현실적 상황을 이야기합니다. 또 하나는 믿음의 궁극적 기대는 바로 바로 영혼의 구원을 받게 된다는 현재와 미래적 사실입니다. 우리가 믿는 믿음의 결국은 바로 영혼의 구원입니다. 이 실제적 사실이 없다면 우리의 믿음은 헛것이고 말 것입니다.

그리스도인으로서 생활하면서, 다른 사람들이 믿음에 대하여 물을 때, 명쾌하게 대답을 할 수가 없었을 때, 이 질문에 대하여 성경말씀을 확실히 짚고, 자기 스스로에게도 대답해 보아야 합니다. 믿음의 결과는 영혼의 구원을 받는 기쁨이라는 것을 믿고, 또 고백할 수 있어야 합니다.

⋯ 믿음은 하나님의 선물

오십이 되는 동안 자주 말하거나, 또한 듣던 말이 "예수 믿으세요.", 혹은 "예수 잘 믿으세요." 라는 말일 것입니다. 그런데 예수님을 잘 믿게 되는 이 일이 맘대로 되지 않습니다. 믿음이 우리의 자유의지로 맘대로 조정이 되지 않는다는 구체적으로 인식할 나이가 바로 오십에 들어서면서 부터입니다.

청년의 시절에는 어떻게는 내 의지로 교회를 나가기도 하고, 또 교회를 쉬기도 했습니다. 믿음에 자신이 있던 청년기였지만, 시간이 지날수록 이 믿음을 갖고 싶은데 그게 내 맘대로 잘 안됩니다. 즉 믿음이 내 마음대로 생겨나지가 않는다는 것을 경험합니다. 그래서 믿음이 하나님의 선물이라고 하는 것입니다. 젊은 시절에는 이것이 선물이라는 점이 쉽게 인식되지 않습니다. 신앙의 연륜이 차고, 오십에 이른 무렵에야 믿음의 성숙기가 되고, 그제야 믿음이 하나님의 선물이라는 성경 말씀이 깨달아집니다.

성경말씀은 이미 우리에게 알려 주었습니다. 그럼에도 이 말씀이 내 마음에 실체로 다가오기까지 그만큼 시간이 걸리는 셈입니다. 이 믿음은 이론이 아닌 실재입니다.

오십, 성경에서 길을 찾다

– 너희는 그 은혜에 의하여 믿음으로 말미암아 구원을 받았으니 이것은 너희에게서 난 것이 아니요 하나님의 선물이라 (엡 2:8)

믿음이 선물이라고 할 때는 두 가지 의미가 있습니다. 하나는 하나님께서 독생자 예수 그리스도를 보내심으로써 우리를 죄에서 구원해 내셨다는 의미와, 또 하나는 우리가 주님을 믿는 믿음도 주님께서 선물로 주시지 않으시면 일어날 수 없다는 복합적 의미가 있습니다. 하나님께서 우리에게 그분의 독생자 예수 그리스도를 이 땅에 보내시지 않으셨다면, 우리는 예수 그리스도를 믿을 수 있는 기회조차 없었을 것입니다. 예수 그리스도를 이 땅에 보내신 것은 절대적인 하나님의 선물입니다. 하나님의 사랑이 아니고는 우리가 주 예수 그리스도의 구속하신 사랑을 절대로 받을 수가 없었을 것입니다.

또 하나는 우리 인간에게 자유의지가 있지만, 인간의 본성은 악하여 하나님을 거절하는 것이 주특기입니다. 주님께서는 그분이 사랑하는 영혼들에게 고난을 허락하시어, 예수님을 찾도록 하는 기회를 부여하십니다. 곧 이어서 주 예수님께서 현현하심으로 우리들에게 주님을 찾도록 하고, 믿음을 일으켜 세우신다는 것입니다.

믿음 생활을 하면 할수록, 연륜이 더하면 더할수록, 이 두 가지 사실이 확고해집니다. 특히 오십에 접어들면 이를 분명하게 느끼게 됩니다. 왜냐하면 내 힘으로 믿음생활을 할 수 없었다는 것과 주님께서 찾아오시지 않으셨다면, 결코 깨달을 수 없었기 때문입니다.

… 나아만 닮은 우리의 믿음 살피기

오십의 우리와 꼭 닮은 믿음의 모습이 있습니다. 열왕기하 5장의 엘리사 선지자 시대, 나아만 장군의 믿음의 상태를 엿보게 됩니다. 복잡한 세상사에 마음 또한 복잡해졌기에, 예수님을 믿는다는 것이 어린아이처럼 단순하게 믿어지지 않는 모습이, 마치 오늘날의 우리의 모습 그대로입니다. 눈으로 보지 않으면, 잘 믿지 않으려 한다는 것이죠.

엘리야가 승천한 이후, 엘리사는 주님께서 드러내신 오병이어의 표적 같은 놀라운 이적들을 나타내었습니다. 그 가운데 엘리사를 찾아온 아람 나라의 군대장관 나아만의 이야기가 나옵니다. 이 나아만 장군의 이야기는 열왕기하 5장 전체를 차지할 정도의 긴 이야기입니다. 그 가운데 엘리사가 나아만 장군을 치료한 이야기를 살펴보면(왕하 5:1-19), 믿음이란 문제에 대해서 깨달을 수 있습니다.

엘리사에게 나아만 장군이 찾아옵니다. 나아만의 여종이 선지자 엘리사를 소개했기 때문입니다. 엘리사가 나아만 장군에게 하도록 한 것은 너무나도 단순한 일이었습니다. 그냥 요단 강물에 일곱 번 씻으면 된다는 것이었습니다. 그러자 나아만이 노하여 발길을 돌리며 말합니다. 그가 내게로 나와 서서 그의 하나님의 이름을 부르며, 환부 위에 그의 손을 흔들어 나병을 고칠 걸이라고 생각했다고 말합니다.

– 나아만이 노하여 물러가며 이르되 내 생각에는 그가 내게로 나와 서서 그의 하나님 여호와의 이름을 부르고 그의 손을 그 부위 위에 흔들어 나병을 고칠까 하였도다 (왕하 5:11)

나아만 장군은 그의 고향 다메섹 강물이 더 낫지 않느냐며, 분노하며 발길을 돌립니다. 선지자 엘리사가 시키는 일이 너무나 단순했기 때문입니다. 그러자 그의 종들이 만류해서 권고를 합니다. 더한 큰일을 시켜도 할 터인데, 씻어 깨끗하게 하라 하는데, 그것을 안 하겠느냐고 하며 따르기를 권고합니다. 그리고 하나님의 사람 엘리사의 말대로 요단강에 일곱 번 몸을 잠그니, 그의 살이 어린아이의 살 같이 깨끗하게 되었습니다.

나아만을 보면 오십에 든 우리의 모습이 보입니다. 세상의 경험이 앞세워져 있어 성경말씀의 방식대로 잘 믿기가 참 힘이 듭니다. 우리가 주님께 나아가 우리의 일들, 우리의 모습의 치유를 주님께 구할 때, 나아만처럼 생각하기 쉽습니다.

엘리사가 나아만에게 요구한 것은 아주 단순하게 믿음으로 받아들이고, 요단강에서 물로 씻는 행동이었습니다. 예수님께서도 이적과 표적을 나타내실 때, 치유를 받은 사람들은 아주 단순한 믿음을 가진 이들이었습니다. 그들에게는 낫고자 하는 간절함만이 가득했습니다. 오십에는 이 믿음을 배울 필요가 있습니다.

… 단순한 믿음 구하기

오십의 그리스도인들뿐만 아니라, 대부분의 그리스도인들이 기도를 할 때, 주님께서 우리의 문제를 풀어주시기를 바라곤 합니다. 그러나 실제 해답은 아주 간단한 데 있습니다. 주님 앞에 구하고, 구한 것은 구한 대로 이루어질 것이라고 믿기만 하면 됩니다. 주님께서 이미 성경에서 말씀하시고, 가르치신 그대로 믿기만 하면 됩니다. 주님께서 이미 약속하셨기 때문입니다. 주님께서 주시는 믿음은 값없이 주어지는 것입니다.

– 오호라 너희 모든 목마른 자들아 물로 나아오라 돈 없는 자도 오라 너희는 와서 사 먹되 돈 없이, 값없이 와서 포도주와 젖을 사라 (사 55:1)

주님께서 말씀하셨습니다. 그리스도인들이 믿기만 하면, 주님께서 보이신 표적과 같은 일도 이루게 하신다는 사실 말이죠.

- 내가 진실로 너희에게 이르노니 누구든지 이 산더러 들리어 바다에 던져지라 하며 그 말하는 것이 이루어질 줄 믿고 마음에 의심하지 아니하면 그대로 되리라 (막 11:23)

젊은 시절에는 여러 가지 복잡한 생각도 많고, 미래만 생각하기에 자신의 의지대로 결정하고 밀고 나갑니다. 그러나 인생의 중간 결산기, 오십에 들어서면, 믿음도 점차 단순해집니다. 주님께서 이루실 것이라고 하는 믿음이 생겨납니다.

주님께서 말씀하신 교훈처럼 이런 믿음은 그냥 생겨나지를 않습니다. 깊은 기도 후에, 주님께서 믿음을 주셔야만 생겨나는 믿음입니다. 믿음은 성령님께서 우리에게 주시는 은사라고 성경은 기록하고 있습니다.(고전12:9)

어떤 분의 기도를 부탁받는 경우가 있습니다. 누군가의 도움으로 그 일이 이루어지길 바라거나, 혹은 나아만이 생각하는 것 같은 기도 응답을 받기를 바랍니다. 기도와 간구의 응답은 단순하게 주님께서 그의 믿음을 보고, 순간적으로 허락하시는 선물이요 기쁨입니다. 또 때로는 어떤 일을 이루시거나, 질병이 치료되는 기도와 간구의 응답은 긴 시간에 걸쳐서 점차적으로 응답이 주어지는 경우도 있습니다. 어떤 찰나적 순간으로 주어지는 응답이 아닐 수 도 있습니다. 확실한 사실은 기도는 응답이 있다는 사실이고, **마음에 의심이 생기지 않을 정도로 기**

오십, 성경에서 길을 찾다

도를 해야 한다는 사실입니다.

기도하는 이들은 나아만이 요단 강물에 몸을 일곱 번 씻음과 같이 우리는 주님 앞에 죄를 회개하고, 주님의 성령님의 임재하심을 구하면 됩니다. 나아만은 처음에는 분을 내었지만, 즉시 신하들의 권고를 받아들이고, 그대로 몸을 씻는 행동으로 실천합니다. 이 실천이 있었던 믿음의 결과는 그 자신이 원하던 대로 몸이 깨끗해졌습니다.

이 사실을 보며 깨우쳐야 할 일이 있습니다. 믿음은 지극히 단순한 행동이라는 것입니다. 죄에서 돌이키는 방법, 바로 죄에서 돌이켜 주 예수 그리스도의 죄 사함을 받는 것, 이것이 유일한 구원의 믿음입니다. 나아만은 이 단순한 믿음의 표징을 대하는 오십의 우리들의 모습과 또 그 이전의 실수를 여실히 보여주고 있습니다.

… 믿음 확증하기

오십이면, 자기 자신이 믿음 안에 서 있는지 여부는 자기 자신이 가장 잘 압니다. 어느 누구도 판단할 수 없습니다. 따라서 오십이 된 이후에는 하나님을 믿는 믿음 안에 서 있는지 스스로 판단하고 살펴야 합니다.

믿음의 문제는 큰 두 가지를 질문합니다. 하나는 내가 믿고 있는가 하는 것이고, 또 하나는 내가 믿는다면 무엇으로 알 수 있는가 하는 것입니다. 또 믿고 있다 하더라도 그 믿음은 늘 변할 수 있는 것이며, 나는 그 변하지 않는 믿음 위에 서 있느냐고 하는 것입니다.

예수 그리스도를 믿는다는 것은 믿을지 말지 문제가 아닙니다. 믿는 것입니다. 그런데 믿는지, 믿지 않는지를 본인이 모르고 있다면, 믿음의 부르심에 대한 확증이 필요합니다.

불변하는 굳건한 믿음은 거듭남, 즉 중생의 체험에 의해서만 이루어질 수밖에 없습니다. 거듭난다는 것은 오직 우리 주 예수 그리스도의 거룩하신 부르심에 의하여만 가능한 일입니다. 주님의 부르심이 없다면, 믿음 또한 형성될 수 없습니다.

- 너희는 믿음 안에 있는가 너희 자신을 시험하고 너희 자신을 확증하라. 예수 그리스도께서 너희 안에 계신 줄을 스스로 확증하지 못하느냐? 그렇지 않으면 너희는 버림받은 자니라. (고후 13.5)

거듭났다는 것은 우리 주 예수 그리스도를 믿는 믿음의 자리에 우리가 참여하는 것을 의미하며, 성령님의 역사하심으로 거듭남을 의미합니다. 이 경험이 내적으로 분명히 확인될 때만 믿음이 흔들리지 않습니다.

믿음이 있는 사람은 예수님께서 가르치신 성경의 말씀을 따라 행동하며, 그렇게 살고자 하는 노력이 늘 생활 가운데 있기 마련입니다. 예수님을 아는 사람은 예수님의 사랑의 법이라는 계명을 따라 삽니다. 이 기준과 잣대로 자신의 믿음을 점검하면, 주님을 위해 살고 있는지 혹은 믿음이 있는지 스스로 확증할 수 있는지를 오십에는 한 번 살펴야 합니다.

오십, 성경에서 길을 찾다

··· 견고한 믿음 토대 쌓기

인생의 중간 결산기, 오십에 들어선 어느 정도 연륜이 찬 그리스도인이라면, 믿음에 대한 가치기준과 확신이 서 있기 마련입니다. 그러나 그렇지 못한 경우도 있기에 믿음에 대한 확실한 가치와 기준의 정립이 필요합니다.

우리가 받아들이는 믿음의 기초는 사도신경에 나타나 있습니다. 주예수 그리스도께서 우리의 죄를 대신 짊어지시고 십자가에 달려 돌아가시므로, 우리의 죄를 구속하셨다는 것을 믿고, 신앙으로 고백합니다. 또한 이 예수 그리스도를 믿기만 하면, 우리는 구원을 받을 수 있습니다.

이 믿음을 가지면, 믿음에서 오는 고난과 환란을 극복할 수 있고, 이고난을 이기므로 예수 그리스도께서 나타나실 때, 칭찬과 존귀와 영광을 얻게 됩니다. 우리는 이 사실을 믿는 믿음을 가지고 있습니다.

- 너희 믿음의 확실함은 불로 연단하여도 없어질 금보다 더 귀하여 예수그리스도께서 나타나실 때에 칭찬과 영광과 존귀를 얻게 할 것이니라 (벧전1:7)

오십에는 한 번쯤 자신의 믿음을 점검해 보아야 합니다. 과연 이렇게 불로 시험을 해도 우리의 믿음이 넘어지지 않을 수 있을까요? 불로 연단하여도 금보다 더 귀한 믿음으로 남아 있을 수 있을까요? 이 질문에 자신 있는 대답은 쉽지 않습니다. 그래도 마음속으로는 확증을 해야 합니다.

교회시대 초기 그리스도인들이 화형을 당하는 박해가 극심할 때, 사도 베드로의 편지는 교회가 믿음을 굳건히 가지도록 권고합니다. 박해가 극심한 상황에서의 베드로의 편지는 먼 나라 이야기로 들릴 수 있습니다. 그러나 중국, 북한, 인도, 이슬람권 등등, 죽음을 무릅쓰고 복음을 전하는 선교사들과 지하 교회는 베드로가 권고하는 상황과 매우 비슷합니다. 선교사들의 이야기를 들으면 베드로의 편지의 권고가 실감이 나고, 우리의 믿음의 마지막 종착지가 어디여야 하는지를 알게 됩니다. 히브리서의 말씀은 바람직한 믿음으로 우리를 안내합니다.

– 믿음이 없이는 하나님을 기쁘시게 하지 못하나니, 하나님께 나아가는 자는 반드시 그가 계신 것과 또한 그가 자기를 찾는 자들에게 상 주시는 이심을 믿어야 할지니라. (히11.6)

성경 말씀과 선교사들의 열전을 읽으며, 우리가 처한 믿음의 좌표를 분명히 하고, 그 믿음의 토대를 튼튼히 세워 나가는 것이 옳습니다. 불로 연단 받는 믿음의 사람들은 소수에 해당되는 선교사들일 수 있습니다. 지금 편안한 이 시대를 살고 있는 그리스도인들에게는 남의 나라 이야기처럼 들릴 수 있습니다. 그러나 기도로써 불 시험을 이길 수 있는 믿음의 토대는 지금 평안이 지속되는 이 시간에도 쌓아 가야 합니다.

오십이 되면, 신앙의 연륜도 차오르는 것만큼, 믿음의 토대를 확고히 하고, 이 믿음을 더 깊게 해두는 기도를 생활화 하는 것이 옳습니다. 믿음의 기초를 더욱 튼튼히 세워야 합니다. 기도가 아니면 이 믿음은 토대 없이 흔들리는 믿음이 되기 쉽습니다. 늘 사랑하시는 주님께서 바로 곁에 늘 가까이 함께 하시고 계심을 아는 방법이 기도입니다.

··· 어느 여인의 간증에서 믿음 얻기

두레수도원을 운영하시는 김진홍 목사님의 설교 가운데 미국에 집회를 갔다가 만난 은혜로운 한 여인의 간증을 전해주는 이야기가 있습니다. 미국에서 간증을 한 여성분이 김진홍 목사님께 그 간증을 전해도 된다고 하며, 설교 중에 나온 이야기입니다.

그 여성분을 김진홍 목사님이 만나서, 참 은혜로와 보인다고 이야기를 했더니, 그 여성분이 눈물을 흘렸답니다. 왜 그럴까 생각하던 차에, 여성분이 집에 딸린 기도실로 안내해서 그분의 이야기를 들려주었답니다. 그 여성분의 간증을 간략히 소개합니다.

그분은 동두천에서 몸을 파는 일을 하다가 미군을 만나 결혼을 해서 미국 농촌으로 이주를 오게 되었습니다. 그러나 미군 남편은 매일 바깥으로 백인 여성을 만나 동거하며, 집으로 들어오지 않았습니다. 미국 시부모님이 계신 집에 청소 도구를 들고 집안 청소를 하려고 들어가면, 미국 시부모는 자신의 이전 생활을 알고 있는 듯, 아예 집으로 들어오지도 못하게 했습니다.

미국에서 말도 통하지 않는데다가, 남편은 들어오지도 않고, 시부모는 얼씬도 못하게 하니, 너무나 외롭고 몸은 망가져서 죽고 싶은 생각밖에 나지 않았습니다. 결국 자살을 하려고 마구간에서 밧줄을 매고 목을 매려고 하다가 건초더미에 미끄러져서 바닥에 떨어졌습니다. 그 헛간 바닥에 넘어져서 너무도 서러워서 엄마 생각이 그렇게 나더랍니다. "엄마!" 하고 한없이 우는데, 갑자기 어린 시절 어머니 모시고 다니던 교회 생각이 나더랍니다. 친정 엄마를 생각하며 울다가 갑자기 하나님 생각이 났습니다. "하나님 이 불쌍한 딸을 불쌍히 여기시옵소서." 하고, 울면서 하나님을 찾으며 또 울었습니다. 얼마나 울었는지는 모르는 상황에서 갑자기 마구간 천정에서 한줄기 빛이 가슴팍에 비쳐서 뒷걸음치는데, 그 빛이 따라왔습니다. 그 가운데 하나님의 음성이 들렸습니다. "딸아! 다 너를 버릴지라도 나는 너와 함께 있느니라." 하고 말이죠. 그리고 난 뒤 마음에 한없이 기쁨이 넘쳤습니다. 나는 하나님을 잊고 험한 세월을 살았는데, 하나님은 나를 버리지 않으셨구나 하는 생각으로 기쁨이 넘쳐났습니다. 그러면서 어릴 적 부르던 찬송을 부리기 시작했습니다. '예수 사랑하심은 거룩하신 말일세. 우리들은 약하나 예수 권세 많도다.' 라고 찬송을 부르며, 기쁨이 넘쳤습니다. 그 후는 남편이 돌아보지 않아도 하나도 슬프지 않고, 남편이 불쌍히 여겨지고, "우리 남편에게도 주님을 알게 해주셔요" 하고 남편을 위해서 기도하게 되었습니다. 위궤양도 고쳐졌습니다. 그 모습을 시부모도 보고 있었을까요? 삼 개월 뒤, 시부모님이 집으로 불렀습니다. 너는 하늘나라에서 우리 집에 보낸 천사라고 하며, 손을 잡고 귀한 딸로 받아들였습니다. 또 남편을 불러서 이 아이는 주님께서 보낸 천사라면서, 지금까지 바깥 살림을 청산하고 들어오라고 남편을 나무랐습니다. 그리고 이 아이를 딸처럼 여기며 살겠다고 했습니다. 그 자리에서 생각해 보겠다고 나간 남편이 며칠 후 청산하고 돌아와서 지금까지 은혜롭게 잘 살고 있습니다.

그 여성은 김진홍 목사님께 보여준 고운 옷 속 팔에는 젊은 시절 그 고통스런 상황에서 벗어나려고 했던 몸의 문신과 병으로 손목을 그은 상처 자욱이 그대로 남아 있었습니다. "목사님! 이렇게 살다가 주님을 만났으니, 제 은혜를 받은 얼굴이 맞겠지요?"라고 하며, 목사님이 말씀하실 때 기뻐서 눈물을 흘렸다며, 간증을 했다고 합니다.

··· 믿음 안에서 교제 나누기

교회에서 점점 중요한 봉사의 직책을 맡는 시기가 바로 나이 오십 무렵입니다. 이 시기에는 교회 안의 일들로 교회에서 믿음의 교제도 늘어가게 됩니다. 그러나 교회에서 성도들 간의 믿음 안에서 교제는 조심해야할 점이 있습니다.

믿음의 사람들은 믿음의 판단 기준에서 바르지 않는 경우에는 단호히 끊을 줄 아는 날카로움이 있어야합니다. 굳이 포용만이 좋은 것이 아니라는 것입니다. 경우가 틀릴 때는 단호히 끊을 줄도 알아야 합니다.

– 보라 내가 너희를 보냄이 양을 이리 가운데로 보냄과 같도다 그러므로 너희는 뱀 같이 지혜롭고 비둘기 같이 순결하라 (마10:16)

오십에는 교회 안에서 가장 이상적인 교제를 하고 싶지만, 실상은 만나면 여러 가지 금전적 문제가 함께 수반이 됩니다. 어떤 가정은 모임의 회비, 식사, 선물, 교통비 등등, 이 지출이 가계에서는 적잖은 부담이 되는 경우도 있습니다. 교회에서의 믿음의 교제는 희생이 따릅니다. 능력이 되는 가정이 먼저 부담함으로써 교제가 수월히 진행되는 경우도 있습니다. 그러나 이 또한 감당할 능력 만큼이어야지, 부담을 느낄 정도가 되어서는 안 됩니다. 교회 안에서의 덕을 쌓아가는 일 또한 지혜가 필요합니다. 오십의 풍부한 인생 경험이 교회 안에서 덕을 쌓을 때 큰 도움이 될 수 있습니다. 교회에서 덕을 쌓을 수 있는 것은 행복이요, 기쁨입니다.

··· 믿음 / 믿음의 기준 세우기

그리스도인에게 믿음의 결론은 영혼의 구원을 얻음입니다. 믿음에는 구원의 확증이 있어야 합니다. 예수 그리스도의 구속하신 은총과 사랑을 믿는 믿음의 토대가 서 있어야 합니다. 오십 이후의 인생을 살아갈 때, 이 믿음의 깊은 토대가 서 있지 않으면, 믿음이 흔들리고 삶도 흔들리고 말 것입니다. 믿음은 우리 주님께서 상 주시는 이심을 믿는 단순한 믿음이어야 합니다. 예수 그리스도께서 우리를 위해 필 흘리시며, 우리를 구속하셨다는 이 사실을 확실히 믿는 믿음이어야 합니다. 교회 안에서의 믿음의 교제 역시 우리 주 예수 그리스도의 십자가의 죽으심을 생각하며, 그분 안에서 교제가 이루어져야 할 것입니다.

기도로 인생을 세워라

● **기도** pray ●

이와 같이 성령도 우리의 연약함을 도우시나니 우리는 마땅히 기도할 바를
알지 못하나 오직 성령이 말할 수 없는 탄식으로 우리를 위하여 친히 간구하
시느니라 (롬8:26)

아마 오십에 들어서며, 지금까지 가장 힘을 얻게 하는 말씀이 있다
면, 그 가운데 하나가 바로 이 말씀입니다. 우리가 무기력하게 힘을 잃
을 때, 성령님께서 미리 다 아시고 우리의 연약함을 도우신다는 말씀
입니다.

우리가 기도하지 못하고, 기도에 어려움을 겪고 있을 때도 성령님께

서 말할 수 없는 탄식으로 우리를 위하여 기도하고 있습니다. 성령님께서 우리를 대신하여 기도하신다는 사실을 알고 있다면, 우리는 주님께로부터 마음의 위로를 받을 수 있습니다.

성령님께서 하시는 일은 바로 우리의 연약함을 도우시는 일입니다. 오십에 들면서 성령님이 하시는 일을 정확히 알면, 믿음 생활에 큰 도움이 됩니다. 성령님은 제3위 하나님으로 우리와 늘 함께 하신다는 사실을 알면, 아무리 어려운 일이 다가와도 힘을 낼 수 있습니다.

⋯ 우리의 기도를 도우시는 성령님의 실체 바로 알기

사실 오십에 들어서도 우리는 늘 부족합니다. 우리는 늘 연약합니다. 또 유혹에 늘 넘어집니다. 그럴 때마다 우리 안에 거하시는 성령님께서 우리 마음 속 깊은 곳에서 속삭이죠. 너 그렇게 하면 되니? 그렇게 죄짓는 일은 반복됩니다. 어느 날 갑자기 이야기를 하죠. 그리고 꽝. 한방 칩니다. 물론 그 일은 사단이 할 것입니다. 그리고 연약한 모습으로 기도하기를 돕죠. 우리는 이때 다시 또 회개하며 주님께 나아갑니다. 주님께 돌아가게 됩니다. 우리가 죄를 지을 때, 하나님께서 극도로 싫어하는 일을 할 때, 어떤 경우 온 몸이 전율처럼 떨리는 것을 경험합니다. 주님의 성령께서 우리의 몸과 마음을 움직이시기 때문입니다.

우리가 죄를 지을 수밖에 없는 상황 가운데 있을 때도, 우리를 보시고, 불쌍히 여기시며, 우리가 주님의 품으로 돌아올 때까지, 문밖에 서서 한없이 기다리시고 계시는 분이 바로 주님이십니다. 보혜사 성령님도 똑같습니다. 예수님의 사랑의 그 모습 그대로입니다. 우리 안에 내주하시고, 늘 우리를 붙드시는 모습, 그리고 사랑하시는 모습, 예수님의 그 모습 그대로입니다.

- 내가 아버지께 구하겠으니 그가 또 다른 보혜사를 너희에게 주사 영원토록 너희와 함께 있게 하리니 그는 진리의 영이라 세상은 능히 그를 받지 못하나니 이는 그를 보지도 못하고 알지도 못함이라 그러나 너희는 그를 아나니 그는 너희와 함께 거하심이요 또 너희 속에 계시겠음이라 (요 14:16-17)

성령님께서 우리의 연약함을 도우시고 계십니다. 우리가 하나님의 거룩하신 성품에 참여하도록 우리를 인도하시고. 우리가 넘어지고 쓰러질 때, 성령님께서 말할 수 없는 탄식으로 우리를 대신하여 기도하시고 계십니다. 우리를 불쌍히 여기시고, 성부 하나님께 친히 아뢰시고 성령님께서 함께 기도하시므로 우리가 죄에서 돌이켜 주님을 섬기며, 주님께서 인도하시는 길로 우리 걸어갈 수 있는 것입니다. 성령님께서 늘 함께하시므로, 늘 우리를 붙드시고 계십니다. 주님의 품 안에서 평안한 길로 우리를 인도하시고 계십니다. 바로 오십에 들어선 나이의 그리스도인이 꼭 알아야 할 성령님의 역할과 모습 입니다.

오십이 되면서, 지금까지 하나님께 구해왔던 것들을 살펴보면, 대체로 교회생활 문제, 평안문제, 부모와 자녀 문제, 가계 재정 문제, 이사 문제, 생활 문제 등등, 이 세상의 문제들이 대부분 우선순위를 차지해왔습니다. 그러나 성경말씀은 기도의 우선순위를 세상의 것들에 두고 있지 않습니다.

기도할 때 우선순위가 대체 이런 것들이 아니면, 무엇이냐고 물을 수 있습니다. 물론 우리는 생활이나, 우리의 삶의 문제를 기도하지 않을 수 없습니다. 그러나 성숙한 그리스도인이 되면, 주님께서 말씀하신 교훈에서 찾아야 합니다.

성경말씀은 주님의 교훈에서 우리가 먼저 구할 것을 알립니다. 우리가 일상적인 것을 구하기 전에, 기도의 우선순위에 먼저 두어야 할 이 있음을 말씀합니다. 바로 하나님의 나라와 의를 구하는 것입니다. 그리고 또 하나 성령님의 내주를 구하는 것입니다.

- 그런즉 너희는 먼저 그의 나라와 그의 의를 구하라 그리하면 이 모든 것을 너희에게 더하시리라 (마 6:33)
- 너희가 악할지라도 좋은 것을 자식에게 줄 줄 알거든 하물며 너희 하늘 아버지께서 구하는 자에게 성령을 주시지 않겠느냐 하시니라 (눅 11:13)

우리가 하나님께 구해야 할 것은 두 가지입니다. 첫째는 하나님의 나라와 하나님의 의로우심, 이 두 가지가 우리 안에 있기를 구하는 것이고, 둘째는 성령님께서 우리와 함께 하시기를 구하는 것입니다. 이를 완전하게 해 주실 분은 예수 그리스도, 주님밖에는 없습니다. 우리는 우리 안에, 그리고 이 땅에 하나님의 나라가 임하고, 주님께서 우리 안에 거하시기를 기도해야 합니다. 그 방법이 바로 제3위의 하나님이신 성령님께서 우리 안에 내주하시기를 구하는 것입니다.

오십이 되도록 아직까지 성령님의 내주하심을 경험하지 못했다면, 주님 앞에 간절히 기도하는 것이 옳습니다. 주님께서는 기도하는 이의 기도를 들으시고, 또한 기도하는 이를 통하여 그분의 구원의 계획을 이루시기 때문입니다.

··· 교회의 무기, 기도의 능력 알기

교회가 세상의 위험에 접해 있을 때, 교회의 유일한 무기는 기도입니다. 한 개인 역시 마찬가지입니다. 세상으로부터 고립을 당하고, 또한 이 세상을 이길 힘은 기도입니다.

교회의 의무 역시 기도입니다. 세상으로부터 형제의 고난은 교회가 함께 당하는 시련입니다. 교회와 그리스도인들이 가진 유일한 힘은 기도이기에, 교회는 기도를 쉴 수가 없습니다.

– 그러므로 너희 죄를 서로 고백하며 병이 낫기를 위하여 서로 기도하라 의인의 간구는 역사하는 힘이 큼이니라 (약 5:16)

우리의 무기는 세상의 칼과 창이 아닙니다. 이 세상의 총과 칼이 우리에게는 없기 때문입니다. 오직 우리 주 예수 그리스도의 이름으로 우리 하나님께 매달릴 수 있는 무기. 바로 기도입니다. 이 기도는 우리의 힘이 아닌, 하나님의 능력을 의존하는 것입니다.

- 우리의 싸우는 무기는 육신에 속한 것이 아니요 오직 어떤 견고한 진도 무너뜨리는 하나님의 능력이라 모든 이론을 무너뜨리며 하나님 아는 것을 대적하여 높아진 것을 다 무너뜨리고 모든 생각을 사로잡아 그리스도에게 복종하게 하니 (고후10:4-5)

오십이 올 때까지 우리 교회나 그리스도인들이 이 무기를 너무 소홀히 하고 있었던 것은 아닌지 한 번쯤 생각해야 할 일입니다. 그리고 기도의 자리에 나아갈 일입니다. 합심으로 성령님을 보내시고, 내주하시기를 기도할 일입니다.

… 얼마나 어떻게 기도할까

예수님의 기도 모습에서 배우기

우리가 다급한 상황이 왔을 때는 얼마나 어떻게 기도해야 할까요? 기도의 모습을 묻는다면 아마 예수님의 기도입니다. 예수님은 새벽 미명에도, 혹은 밤을 지새우면서도 기도하셨습니다. 그리고 귀신을 쫓아내신 후 제자들이 묻는 질문에도 기도 외에는 이런 종류가 나갈 수 없다고 말씀하셨죠. 이를 보면 오늘의 우리 그리스도인들이 기도를 너무 소홀히 여기며 사는 것이 아닌가 하는 생각을 갖게 합니다.

　－ 귀신이 소리 지르며 아이로 심히 경련을 일으키게 하고 나가니 그 아이가 죽은 것 같이 되어 많은 사람이 말하기를 죽었다 하나 예수께서 그 손을 잡아 일으키시니 이에 일어서니라 집에 들어가시매 제자들이 조용히 묻자오되 우리는 어찌하여 능히 그 귀신을 쫓아내지 못하였나이까 이르시되 기도 외에 다른 것으로는 이런 종류가 나갈 수 없느니라 하시니라 (막 9:26-29)

　－ 예수께서 힘쓰고 애써 더욱 간절히 기도하시니 땀이 땅에 떨어지는 핏방울같이 되더라 (눅22.44)

　우리가 어려움이 있을 때, 도저히 우리 힘으로는 해결이 안 되는 극도의 어려움이 있을 때, 우리의 기도의 모습은 바로 예수님처럼 간절해야만 합니다. 바로 이런 기도의 모습이 있을 때, 주님께서 그분의 보좌를 움직이시고 우리의 기도를 들어주시는 것이죠.

　오십이 될 때까지, 주님의 기도처럼 이렇게 간절히 기도한 경우가 손에 꼽힐 것입니다. 다시 한 번 이런 기도의 자리에 나아가 주님께 기도할 일입니다. 기도하면 주님께서 들으시기 때문입니다.

… 묵상기도 이해하기

교회가 경건을 강조하면 예배시간 중에 크게 소리 내어 기도하는 것이 어려울 수 있습니다. 오십에 들어서면 교회에서 기도할 때, 크게 소리 내어 기도하는 것보다 조곤조곤 주님 앞에 아뢰는 기도가 좋아질 때가 있습니다. 이런 기도를 성경에서는 묵상기도라고 말합니다.

교회에서 묵상으로 기도드립시다. 라고 한다면, 시편 1편의 묵상이라는 말과는 사실 조금 다른 의미입니다. 시편 1편의 '주야로 묵상하는 자로다'라는 말은 그 표현이 새들의 소리, 시냇물의 흐르는 소리와 같은 모습을 나타내는 말입니다. 가끔 뉴스에서 보도되는 이스라엘의 성전의 남아있는 벽체인 통곡의 벽에서 기도하는 랍비들의 모습에서 이를 볼 수 있습니다. 구약성경을 읽으며, 기도하는 그분들의 기도의 모습이 묵상한다고 하면 맞을 것 같습니다.

요즘 교회에서 쓰는 묵상기도라는 말은 아마 침묵기도에 가깝습니다. 주보에 묵상기도라고 표현된 말은 침묵기도로 이해하면 될 듯합니다.

성경은 기도드리는 모습을 여러 형태로 묘사합니다. 오십의 성숙기에 들어선 그리스도인은 기도의 여러 형태를 이해하고, 질서 있게 기도하면, 이를 받아들이고 이해하면 될 것 같습니다. 시편의 묵상기도처럼 읊조리는 기도는 좋은 기도의 방법입니다.

··· 기도 응답 경험하기

주님께서 기도에 응답하시는 기도응답은, 어떤 때는 일주일 이내, 어떤 때는 일이 년, 어떤 때는 평생이 걸리는 경우도 있습니다. 그런데 중요한 기도제목은 서서히 바뀌어 기도의 응답이 오는 경우도 있고, 혹은 기도의 제목이 바뀌어 가는 경우도 있습니다.

오십에 들어서서 매일 기도하는 습관을 가지며, 가족을 위해 기도해보면, 기도했던 제목이 서서히 이루어짐을 볼 수가 있습니다. 특히 가족의 변화를 놓고 기도응답을 살피면, 기도응답의 과정이 눈에 보입니다.

우리의 기도는 주님께서 응답하시리라는 확신을 가지고, 또한 주님께서 응답하실 것이라는 기대와 확신을 가지고 기도합니다. 이 기도는 나의 욕구충족을 위한 기도가 아니라, 주님의 영광을 드러낼 것이라는 목적과 기대감이 있어야 합니다. 우리가 주님께 믿음으로 드리는 기도는 강력한 힘을 가지고 있습니다. 이 기도가 설령 나 혼자 드리는 기도라 하더라도 믿음의 기도는 주님께서 반드시 응답하시기 때문입니다. 기도응답을 경험해 보면, 점점 더 기도의 자리에 나아가고 싶어집니다. 기도응답은 기도의 즐거움을 알게 합니다.

주님께서 우리의 앉은 자리에서 일으키시고자 할 때는 무언가 느낌이 있습니다. 기도해 보면, 주님께서 왜 기도의 자리에 안내하셨는지를 알게 됩니다.

– 내가 평안히 눕고 자기도 하리니 나를 안전히 살게 하시는 이는 오직

여호와이시니이다 (시4:8)

　- 평안을 너희에게 끼치노니 곧 나의 평안을 너희에게 주노라 내가 너희에게 주는 것은 세상이 주는 것과 같지 아니하니라 너희는 마음에 근심하지도 말고 두려워하지도 말라 (요14:27)

　기도의 응답의 확신은 주님 안에서 마음이 한없이 평화로워진다는 것입니다. 간절한 기도에 주님께서 내 기도에 응답하셨다는 확신을 얻을 수 있는 것은 바로 평화로움이 찾아오는 것으로 알 수 있습니다. 인생의 중간 결산기, 오십에는 기도의 자리에 나아가 이 평안을 반드시 찾아야 합니다. 기도 후의 평안은 기도를 위해서 뿐만 아니라, 앞으로 남은 반평생을 위해서도 필요한 일이기 때문입니다.

… 에스라의 금식기도 배우기, 환난 속에서 평안 구하기

　에스라서의 기도는 너무나 간단하고도 쉽게, 그리고 명료하게, 그리고 문제에 대한 기도 응답의 결과를 확실하게 내놓고 있습니다. 인생의 중간 결산기에 이 말씀을 되새기는 것은 우리의 인생의 여정의 마지막에도 이와 같은 평안을 구하기 때문입니다.

　'금식을 선포하고, 평탄한 길을 간구하였더니, 우리 하나님께 응답하심을 입었다.' 이것이 에스라의 금식기도의 결론입니다. 답은 아주 간단합니다. 어려운 일을 맞았는데, 하나님께 금식하고 기도하였더니, 주님께서 '우리가 원하는 대로 그것을 들어 주셨어.' 이것이 말씀의 요지입니다.

— 그 때에 내가 아하와 강가에서 금식을 선포하고 우리 하나님 앞에서 스스로 겸비하여 우리와 우리 어린 아이와 모든 소유를 위하여 평탄한 길을 그에게 간구하였으니, 이는 우리가 전에 왕에게 아뢰기를 우리 하나님의 손은 자기를 찾는 모든 자에게 선을 베푸시고 자기를 배반하는 모든 자에게는 권능과 진노를 내리신다 하였으므로 길에서 적군을 막고 우리를 도울 보병과 마병을 왕에게 구하기를 부끄러워 하였음이라 그러므로 우리가 이를 위하여 금식하며 우리 하나님께 간구하였더니 그의 응낙하심을 입었느니라 (스8:21-23)

에스라의 기도에서 우리는 세 가지를 이해할 수 있습니다. 금식이란 무엇이며, 금식의 이유, 그분의 응낙하심에 대한 것들입니다.

유대인의 귀향을 앞두고 에스라가 결단을 합니다. 에스라는 주전 458년 4월 8일 바벨론을 출발해서, 8월 4일 귀국했으며, 에스라는 1년 안에 그의 모든 활동을 끝낸 것 같습니다. 귀국 길이 3개월 반이나 걸렸다는 점을 생각하면, 여행은 힘들고 험난한 여정이었습니다. 에스라 8장의 1절부터 나와 있는 이 행렬의 인원을 살펴보면 남자가 1,500명쯤으로, 여자와 아이들까지 합한다면, 아마 전체 여행자의 수가 5,000명 정도가 되어 보입니다. 예루살렘에 도착한 날은 에스라 7장 9절에서 알 수 있습니다. 이 광야 길은 1,400에서 1,500킬로미터가 되었으니, 길 가운데, 쉬어야 할 날도 있었겠지요. 이 행렬에는 온갖 살림살이가 들어있는 이삿짐과 먹을 것, 그리고 그 밖에도 성전을 위해 드릴 많은 헌물과 예물이 가득했습니다. 에스라 8장 26절에서 언급하고 있는 은 650달란트는 25톤입니다. 그리고 금 100달란트는 3,75톤으로 근로자 수십 만 명의 일 년 수입과 맞먹는 큰 액수입니다. 에스라서 8장 24절에서 레위인들은 기증받은 품목과 액수를 정확하게 기록합니다.

에스라는 8장 22절에 보면 왕의 군대의 호위를 받는 것을 거절합니다. 오직 하나님만의 보호에 의존하기로 마음을 먹습니다. 예루살렘의 재건을 위하여 길 떠나는 수천 명의 인구와 낙타가 이끄는 이삿짐의 무리가 떠납니다. 페르시아 왕은 이러한 이삿짐의 무리를 보호하기 위하여 군대를 파견해 줄 것을 약속하고 권고했지만, 하나님을 믿는 에스라는 이를 단호히 거절합니다. 그리고 이스라엘의 하나님이신 여호와께서 이들을 편안히 인도하실 것이라 믿고 출발합니다. 지금부터 에스라의 여정은 오직 하나님께 달렸습니다.

… 하나님께 기도 응답 기대하기

하나님께서 우리에게 은혜를 베푸시는 요구 조건이 하나 있습니다. 그것은 회개와 믿음입니다. 그리고 기도와 간구입니다. 주님을 신뢰하고 따른다면, 우리에게 외롭지 않게 친밀한 친구가 되어 주시며, 우리의 모든 것이 되시는 주님을 믿어야 합니다. 특히 환난 가운데 있다면, 금식하며, 주님께 기도하며, 간구할 일입니다.

오십, 성경에서 길을 찾다

– 환난 날에 나를 부르라 내가 너를 건지리니 네가 나를 영화롭게 하리로다 (시50:15)

에스라는 제2의 출애굽이라는 막중한 사명을 감당할 때, 그는 세상의 사람들을 의지하지 않았습니다. 그리고 이스라엘 민족들의 금식기도를 명했습니다. 그 결과는 에스라가 구했던, '우리'와 '우리의 자녀'와 '우리의 모든 소유'에 평탄한 길을 얻었습니다. 이것이 우리에게는 가정과 자녀, 사업, 직장, 이 모든 것이 해당되는 말입니다.

율법에 정통한 학자인 에스라는 황폐화 되어 있던 성전을 복원하고, 율법을 지키도록 유대민족의 부흥운동을 다시 일으켜야 합니다. 왕명을 받은 관리였지만, 거룩하신 하나님을 섬기는 에스라는 하나님의 신실하심을 믿습니다. 에스라는 세속의 도움을 받지 않습니다. 오직 하나님에 대한 한 가지 방법을 취합니다. 출발하는 전원을 대상으로 금식을 선포합니다.

에스라의 여정의 시작은 금식과 기도였고, 그 결과는 마침내, 평탄한 여정을 마칠 수 있었습니다. 오십의 나이에 든 우리들 역시 에스라에게서 교훈을 삼아야 합니다. 금식기도는 인간이 하나님 앞에 낮아지는 가장 큰 기도의 방법입니다. 오십을 지나는 인생여정 가운데, 위기가 찾아올 때, 한 번쯤은 금식기도가 필요한 경우가 있습니다.

점점 더 살기 편해지고, 웬만한 질병들은 병원에서 치료를 받는 것이 가능해지니, 점점 더 기도의 필요성이 줄어들게 됩니다. 그러나 예수 그리스도를 믿음은 신비 그 자체입니다. 주님께서는 반드시 우리의 기도에 응답하십니다. 우리가 중요할 수 없는 문제를 해결받기 원할 때는 주님과 같이 간절한 기도가 필요한 법입니다. 성령으로 거듭나는 중생의 체험도 내 모든 죄를 다 뱉어내고 주님의 도우심을 간절히 구할 때만 주님께서 역사하십니다. 우리가 기도를 등한시 하지 말아야 할 것은 매일 주님을 만나는 일과로 기도가 필요하다는 것이지요. 기도는 주님과 만나는 우리의 영혼의 호흡이기 때문입니다. 주님과 만나기를 바라거나, 극단적인 상황의 일들에 구제를 받기 위해서는 반드시 간절한 기도가 필요합니다. 주님께 응답을 바란다면, 주님을 찾고 또 찾아야만 만날 것이므로 믿음을 더하여 주님께 간절히 기도할 일입니다. 기도하는 이에게 주님께서는 응답하시고 화답할 것이기 때문입니다.

영성의 깊이를 더하라

— **영성** spirituality —

이로써 그 보배롭고 지극히 큰 약속을 우리에게 주사 이 약속으로 말미암아 너희가 정욕 때문에 세상에서 썩어질 것을 피하여 신성한 성품에 참여하는 자가 되게 하려 하셨느니라 그러므로 너희가 더욱 힘써 너희 믿음에 덕을, 덕에 지식을, 지식에 절제를, 절제에 인내를, 인내에 경건을, 경건에 형제 우애를, 형제 우애에 사랑을 더하라 (벧후 1:4-7)

오십에 들어서서, 영성(靈性, spirituality)을 갖췄다 하면, 혹 사람들은 어떤 영적인 특별한 능력을 갖춘 사람을 말하는 것이 아닌가 하고 오해를 할 수 있습니다. 영성은 하나님을 믿는 그리스도인들에게 나타나는 영적인 성품을 말합니다. 예수 그리스도의 은총을 경험한 이들에게 성령님의 역사하심으로 자연스럽게 나타나는 경건한 성품이 바로 영성입니다. 경건한 성품이 어떤 것이냐고 묻는다면, 바로 베드로후서의 말씀을 통해서 예수 그리스도를 믿는 믿음 위에 더해지는 사랑이라고 간략하게 말할 수 있습니다.

오십이 되면, 어느 정도 신앙의 성숙기에 들고, 신앙의 열매가 나타나는 시기입니다. 신앙생활에서 성령의 어떤 열매를 맺고 있을까, 자기 자신을 한 번쯤 살펴보는 것도 좋은 일입니다. 베드로후서가 권면하고 있는 사랑의 성품에 얼마나 이르고 있는지 살피면, 자신의 영성을 이해하고, 또한 지금의 영적 상태를 진단할 수 있습니다.

··· 하나님의 사랑의 성품 배우기

오십에 들어서며, 사랑이라는 말을 되돌아보는 것이 좋습니다. 지금까지 이해하던 사랑의 개념과 성경말씀이 드러내는 사랑의 의미의 차이를 살필 수 있기 때문입니다. 젊은이들이 자주 쓰는 사랑한다는 말과 그리스도인이 사용하는 사랑의 의미를 혼동해서는 안 됩니다. 젊은이들의 사랑과 교회의 사랑은 그 격이 다르기 때문입니다.

교회가 사랑을 많이 부르짖고, 사랑을 많이 이야기합니다. 그런데 참 사랑의 모습이 무엇인지 궁금합니다. 교회가 부르짖는 사랑이란 대체 무엇일까요? 본질적으로는 예수님께서 우리를 구원하시기 위하여 십자가에 달리셔서 죽기까지 우리를 사랑하신 그 사랑을 말하는 것임에는 틀림이 없습니다. 그렇다면 그 사랑의 깊이만큼 교회가 보여야 하는 사랑은 어떤 것일까요?

하나님의 사랑은 자신이 사랑하는 독생자 예수님의 몸을 내어줄 정도로 극대화된 사랑입니다. 부모가 자식을 사랑하는 마음 그 이상이라고 할 수 있습니다.

성경은 하나님께서 우리를 사랑하신 것같이 성도들 간에도 서로 사랑하라고 말합니다. 그렇습니다. 성도간의 사랑은 그런 것입니다. 예수님을 닮은 사랑의 모습이 바로 우리 그리스도인들이 지켜야할 사랑의 본질이기 때문입니다.

하나님의 사랑이 어떤 것이냐고 묻는다면, 한 마디로 딱 부러지게 말할 수가 있습니다. 하나님의 본체이심에도 불구하고, 우리를 구원하시기 위하여 이 땅에 오셔서, 십자가에 몸 버려 피 흘려 죽으시어, 우리를 구원하신 예수님의 사랑이라고 간략하게 대답할 수 있습니다.

성경은 예수님께서 우리를 위해 죽으심으로 사랑을 확증하셨다고 말합니다. 그리고 하나님을 사랑이시라고 말합니다.

– 우리가 아직 죄인 되었을 때에 그리스도께서 우리를 위하여 죽으심으로 하나님께서 우리에 대한 자기의 사랑을 확증하셨느니라 (롬 5:8)

베드로후서는 사랑의 본질적 모습에 대하여 설명합니다. 이 사랑의 성품은 하나님의 성품에 어울리는 것입니다. 그리스도인이 사랑을 배움으로서 궁극적으로 예수 그리스도를 알게 된다고 베드로후서는 설명합니다.

··· 사랑의 성품 더하기

인생의 중간 결산기, 중후한 나이 오십에 들면, 하나님의 사랑의 성품에 가까워지는 나이입니다. 사랑을 드러내는 모습도 중후해 집니다. 겉으로 드러나지 않지만, 그 내면에 사랑이 더욱 깊어지고, 함축될 시기입니다.

성경말씀은 우리 그리스도인이 하나님의 성품에 참여하라고 말합니다. 예수 그리스도, 그분의 성품을 닮으라고 명령합니다. 예수 그리스도의 성품을 닮아가는 것, 성경은 하나님의 사랑의 성품의 모습을 구체적으로 기록합니다.

믿음이란 기초 위에 무려 여섯 가지를 더하여 하나님의 성품이 사랑을 더하라고 말하고 있으니, 성경은 믿음에 덕을, 덕에 하나님을 아는 지식을, 그리고 그 지식 위에 절제를, 절제 위에 인내를, 인내 위에 경건, 경건 위에 형제 우애를, 형제 우애 위에 사랑을 더하라고 명령합니다.(벧후 1:5-7)

세상의 썩어질 것을 피하여 하나님의 신성한 성품에 참여하는 것, 이것이 하나님의 사랑에 이르는 길입니다. 그런데 이 사랑이 믿음이란 기초 위에 일곱 가지를 더합니다. 마치 갈라디아서 5장 22절, 23절의 성령님의 열매 아홉 가지를 모두 합쳐 놓은 것 같습니다. 바로 이것이 하나님의 성품, 사랑에 이르는 길입니다.

– 오직 성령의 열매는 사랑과 희락과 화평과 오래 참음과 자비와 양선과 충성과 [23] 온유와 절제니 이같은 것을 금지할 법이 없느니라 (갈 5:22-23)

오십, 성경에서 길을 찾다

참 어렵기는 어렵습니다. 우리가 예수 그리스도를 믿는 믿음 위에 무려 여섯 가지를 더한 후에 사랑을 더하라고 말합니다. 이 사랑은 바로 마지막 형제 우애 위에 더해지는 것입니다. 피를 나눈 골육 간의 형제 우애, 그 위에 사랑을 세우니, 이 사랑이 얼마나 고귀할까요? 교회가 말하는 사랑은 이런 것입니다. 그래서 사랑은 함부로 말할 수 있는 것이 아니라는 것을 느끼게 됩니다.

우리가 사랑을 말할 때는 정말 깊이 한 번쯤 생각하고, 이 사랑이라는 말을 내어 놓아야 합니다. 그것이 옳습니다. 교회의 사랑은 바로 이런 것입니다. 고귀한 것입니다. 하나님의 사랑이 얼마나 깊고 깊은지를 알고, 사랑이란 말을 썼으면 좋겠습니다.

오십에 들어서면 그 영성의 깊이도 깊어지는 만큼, 교회 안에서 그리 쉽게 '사랑합니다.' 라는 말을 그렇게 가볍게 내뱉을 수 없게 됩니다. 믿음과 영성 역시 중후한 모습으로 다른 사람들에게 비춰지게 될 것입니다.

··· 은사가 주어질 때, 질서 있게 은사 활용하기

오십의 나이에 성령님의 영적 은사를 받은 분들이 있을 수 있습니다. 교회 안에서 은사를 외적으로 드러내다가 보면, 이것이 교회내의 혼란이나, 질투를 유발시키는 등 영적 혼란을 일으킬 수 있습니다. 교회의 예배나 공적 모임에서 은사는 드러내지 말고, 조용히 홀로 주님께 기도하면서 사용하는 것이 옳습니다. 특히 가장 잘 나타나는 방언은 더욱 그렇습니다.

영적 은사는 어떤 사람을 판단하라고 주어진 것이 아니라, 교회의 덕을 세우도록 성령님께서 보내신 것입니다. 만약 말씀에 기초가 되어 있지 않고, 교회의 질서를 따르지 않거나, 교회를 시끄럽게 하는 경우라면, 이는 성령님의 역할이 아니라, 마귀에게 사로잡힌 것일 수 있기 때문입니다.

- 그런즉 내 형제들아 예언하기를 사모하며 방언 말하기를 금하지 말라 모든 것을 품위 있게 하고 질서 있게 하라 (고전14:39-40)

성령님의 은사를 받으신 분들은 교회에서 굳이 겉으로 드러낼 필요가 없습니다. 오히려 시끄러워지기 때문입니다. 개인적인 기도 시간을 더 할애하며, 주님께 기도하면 될 일입니다. 은사는 더욱 많이 기도하도록 부여받은 것입니다. 기도의 자리에 나아가서 이 시대와 교회를 위하여 주님께 탄원하라는 말입니다. 이것이 교회의 질서를 유지하는 일입니다. 성령님의 은사는 오직 주님을 위해서 사용하여야 할 일이고, 외적으로 자랑하거나, 혹은 다른 이에게 이야기하라고 주어진 것은 아니기 때문입니다. 따라서 은사를 소유하신 분들은 고린도전서 12장에서 14장까지를 읽고 믿음의 덕을 세워나가는 일에 질서 있게 사용해야 할 것입니다. 가장 중요한 것은 하나님과의 관계 속에서 기도하면서 주님과 대화하며 사는 것입니다.

오십에는 깊은 영성을 얻기 위한 기도에 한 번쯤 도전을 해볼 시간입니다. 여러분은 과연 주님을 위한 열심에 얼마의 수고를 더하십니까? 교리 논쟁은 이 모든 지식과 은혜를 더하고 나서도 늦지 않습니다. 말씀과 기도는 여러분에게 주님의 음성을 듣게 하는 기회입니다. 주님의 은혜를 간절히 사모할 일입니다. 오십의 나이에는 한 번쯤, 이런 은혜의 자리에 나아가는 것도 행복입니다.

… 그리스도인의 참된 영성 쌓기

오십에는 참된 영성에 대한 분명한 가치관이 있어야 합니다. 그리고 그리스도인으로서 참된 영성을 쌓는 노력을 기울여야 합니다. 그러기 위해서는 영성에 대한 올바른 가치관을 가져야 하고, 성경말씀이 교훈하는 영성에 대한 분명한 지식을 갖추고 있어야 합니다.

그리스도인의 참된 모습의 표준을 찾는다면, 바로 그리스도인의 삶의 방식 바로 사랑에서 출발하는 인격입니다.

예수 그리스도를 믿지 않았을 때 우리의 삶은 세상의 유혹에 빠져 세상과 벗 삼아 살며 돈이, 쾌락이 전부인지를 알며 살았습니다. 그러나 이제는 좀 다릅니다. 예수 그리스도를 알고 나면 생명의 성령님의 법이 우리를 지배하고 우리의 모습은 사랑스런 존재로 거듭나기 때문입니다.

예수 그리스도 안에서 거듭난 삶의 모습은 어떤 것일까요? 우리 주님을 따르는 성도들은 주님을 닮아가며, 진한 복음의 향기를 내게 됩니다. 성경은 이 모습을 그리스도의 냄새를 내는 모습이라고 표현을 합니다. 복음의 향기를 지닌 그리스도인의 모습은 정말 세상에서도 아름다운 모습입니다.

– 끝으로 형제들아 무엇에든지 참되며 무엇에든지 경건하며 무엇에든지 옳으며 무엇에든지 정결하며 무엇에든지 사랑 받을 만하며 무엇에든지 칭찬 받을 만하며 무슨 덕이 있든지 무슨 기림이 있든지 이것들을 생각하라 (빌 4:8)

일곱 가지의 그리스도의 향기를 내는 모습은 마치 베드로후서 1장 4절에서 7절에 기록된 말씀과 닮았습니다. 믿음에 덕과 지식, 절제, 인내, 형제 우애 등을 더하여 마지막으로 사랑을 더하는 그 모습과 동일합니다. 그리스도인의 성품의 가지 수도 근 일곱 가지로 비슷합니다.

참 아름다운 모습입니다. 참되며, 경건하며, 옳으며, 정결하며, 사랑 받을 만하며, 칭찬 받을 만한 사람. 복음의 향기를 연신 뿜어내는 사람. 가끔 우리 주위에는 그런 사람들이 있습니다. 점점 더 세상에 가까워진 그리스도인의 삶 때문에 그리스도인으로서의 향기를 잊어버릴 때, 우리의 가슴을 여미게 해 줄 아름다운 그리스도인의 모습을 바라보게 됩니다. 이런 성도들이 많은 교회는 행복합니다.

오십에 들면 영성이 깊어진다고 합니다. 이 영성의 근본은 바로 하나님께 돌아가는 것, 즉 회개가 먼저 선행됩니다. 그리고 이 회개의 믿음의 기초 위에 각양의 경건한 모양을 더하여, 그리스도인의 사랑을 완성합니다. 그리스도인의 영성은 이것입니다. 그리스도인으로서 그리스도인다운 참된 모습을 갖는 것이 영성입니다. 그리스도의 사랑이라는 이 영성이 제대로 갖춰지면, 영성에 대한 오해가 생기지 않을 수 있습니다. 하나님을 닮은 사랑의 성품, 깊은 영성은 가장 먼저 예수 그리스도를 믿는 이 믿음의 기초 위에 사랑이 깊이가 더하여지기 때문입니다.

⋯ 영성 / 영성 다지기

영성이란 말은 하나님을 믿는 그리스도인들에게 나타나는 영적인 성품을 말합니다. 즉 그리스도인에게 나타나는 영성은 사랑의 성품입니다. 믿음과 소망과 사랑을 가진 그리스도인의 가장 아름다운 모습입니다. 이 영성은 구원의 확신 위에 서 있어야 요동치 않습니다. 영성은 때때로 영적인 은사를 가진 상태를 이야기할 수 있습니다. 영적인 은사의 높고 낮음이 다툼이 될 때가 있습니다. 사랑은 모든 것을 덮습니다. 가장 영적인 성품의 참 모습은 바로 예수 그리스도의 사랑입니다. 오십에 들어선 그리스도인들이 더욱 채워가야 할 것은 사랑입니다. 이 사랑의 성품을 다져나가는 것이 영성을 갖는 길입니다. 그리스도인의 향기를 내는 사람은 아름답습니다. 영성의 근본은 회개를 통하여 하나님께 돌아가는 것으로부터 시작됩니다.

한 마리의 잃은 양도 찾아야 한다

● **전도** mission ●

예수께서 나아와 말씀하여 이르시되 하늘과 땅의 모든 권세를 내게 주셨으니 그러므로 너희는 가서 모든 민족을 제자로 삼아 아버지와 아들과 성령의 이름으로 세례를 베풀고 내가 너희에게 분부한 모든 것을 가르쳐 지키게 하라 볼지어다 내가 세상 끝 날까지 너희와 항상 함께 있으리라 하시니라 (마 28:18-20)

오늘 날 평균적으로 팔십을 산다고 볼 때, 스무 살로부터 꼭 중간 나이가 되는 시점이 바로 나이 오십입니다. 인생의 중간 결산기이기도 하지만, 신앙생활에 있어서도 중간 결산기가 됩니다. 지금까지 주님 앞에 내어 놓을 신앙의 유물들을 결산해 보기에 딱 알맞은 나이입니다.

이 말씀은 마태복음 마지막 장에 있는 마지막 세 구절의 성경말씀입니다. 열한 제자가 갈릴리에 가서 예수님께서 지시하신 산에 이르렀습니다. 예수님을 뵈옵고 주님의 마지막 명령을 받던 말씀입니다. 이 산에서 열한 제자가 예수님을 뵈었지만, 이때까지도 의심했던 제자가 있었습니다.(마 28:16) 그러니 이 시대 우리는 어떻겠습니까? 주님을 믿는 제자들은 예수님의 마지막 말씀을 고이 성경에 기록합니다. 주님의 이 명령은 당시 열한 제자들뿐 아니라, 오늘 우리에게도 똑같이 해당되고 있는 내용입니다.

복음을 전하는 일은 우리 그리스도인이 마지막까지 가져야할 숙제입니다. 마지막 주님 앞에 내어 놓을 주님께 드리는 선물입니다. 자선과 구제와 동시에 한 영혼을 주님께로 인도했던 기쁨을 마지막 주님과 함께 나누어야 합니다.

··· 주님의 마지막 지상명령 이해하기

오십에 읽는 주님의 지상명령은 늘 가슴에 부담입니다. 이 명령을 얼마나 실천했을까요? 참 한심합니다. 한 번도 없다는 말이 맞습니다. 나는 전도를 많이 했어, 복음을 이만큼 전 했어 하고 자랑할 수 있는 사람이 결코 몇 안 될 것입니다. 복음을 전하는 일, 주님의 마지막 유언의 말씀을 되새기는 일은 신앙생활의 도전이 됩니다.

주님의 지상명령을 보면 참으로 위대합니다. 온 세상을 향한 주님의 명령이기 때문입니다. 모든 족속으로 제자를 삼아, 성부와 성자와 성령, 삼위일체 하나님의 이름으로 세례를 베풀고, 분부한 모든 것을 가르쳐 지키게 하라고 하셨습니다. 주님께서 제자들에게 마지막 남긴 유언과도 같은 말씀입니다. 주님께서 자신의 몸을 내 주시면서, 얼마나 이 세상 사람들을 사랑하셨을까요? 주님의 피 값으로 사신 그분의 백성들! 주님께서 모두 예수님을 알기를 얼마나 바라시고 계실까요? 우리가 주님의 명령을 받아야할 이유입니다. 또한 그 명령을 수행하여야 할 이유입니다.

주님께서는 제자들이 깨달아 알기를 바라시고, 또한 지키시기를 원하셨습니다. 오십에 들어서는 우리들에게도 깊은 의미가 있습니다. 우리에게도 해당되는 말이기 때문입니다. 우리도 주님의 명령을 지켜야 하기 때문입니다.

주님께서 하신 말씀은 특별합니다. '모든 권세', '모든 민족', '모든 것을 지키게 하라', "항상" 이라는 등의 표현을 사용하십니다. 예수님께서 부활하심으로 이제 예수님의 전권은 하늘의 영역까지 다다릅니다. 그럼에도 예수님의 권세는 여전히 섬기시는 인자의 권세입니다. 부활하신 예수님은 여전히 섬김을 위해서 오셨던 그 모습 그대로 천국에서 우리를 보시고 계십니다.(마 20:25-28) 제자들의 활동 무대는 이제 이스라엘을 넘어서서 이방 지역까지 다다릅니다. 바로 우리가 예수 그리스도를 구주로 받아들일 수 있게 된 이유입니다.

제자들이 하여야 할 일은 사람들을 개종시키는 것 보다가는 제자를 삼는 것이었습니다. 그리고 그 임무는 '가서', '세례를 베풀고', '가르치는' 방법으로 수행하여야 합니다. 주님께서 복음을 전파하는 방법에 대한 명령이셨습니다. 주님께서 겸손한 인자의 자리에 계시듯, 우리도 가서 섬김으로 복음을 전하는 일을 다 하여야 합니다.

오십, 성경에서 길을 찾다

오십에 들면 이 일에 생각의 깊이를 더하게 됩니다. 이 일이 주님의 명령을 지키는 일이기 때문이고, 꼭 해야 할 일이기 때문입니다.

··· 누가복음 15장, 가장 아름다운 하나님의 사랑이야기

우리는 성경을 가장 잘 나타내는 성경구절을 요한복음 3장 16절에서 찾습니다. 흔히들 작은 복음이라고 말합니다. 이 말씀은 정확히 신구약 성경 전체가 말하고자 하는 말씀을 단 한 줄로 요약하여, 하나님의 사랑을 가장 정확히 표현한 성경말씀입니다.

- 하나님이 세상을 이처럼 사랑하사 독생자를 주셨으니 이는 그를 믿는 자마다 멸망하지 않고 영생을 얻게 하려 하심이라 (요 3:16)

이 요한복음 3장 16절 다음으로 주님의 마음을 가장 잘 드러내며 표현하는 성경말씀이 있습니다. 바로 누가복음 15장입니다. 누가복음 15장은 보석과 같이 아름다운 성경말씀입니다. 누가복음 15장은 읽으면 읽을수록 한 폭의 풍경화 같은 느낌이 듭니다. 아름답고도 미려하며, 아주 세밀히 체계화된 네 폭의 병풍 같은 글입니다. 잃어버린 양의 비유, 잃어버린 은전의 비유, 돌아온 둘째 아들 이야기, 그리고 큰 아들 이야기 네 폭입니다. 거기에 하나님의 인자하시고, 죄인을 사랑하시는 모습이 보입니다.

누가복음 15장은 정말 읽으면 읽을수록 주님의 깊은 뜻과 사랑에 깊이 빠져들게 합니다. 성경을 품에 안을수록 주님의 말씀을 정확히 전달하고자 애썼던 누가의 탁월한 문장 능력에 탄복을 하곤 합니다.

… 회개하는 한 영혼, 하나님의 가장 큰 기쁨 이해하기

누가복음을 읽는 것은 하나님의 가장 큰 기쁨을 이해하기 위함입니다. 주 하나님께서 기뻐하는 일을 정확히 알면, 우리가 해야 할이 무엇인지 알게 되기 때문입니다. 오십이 되면 더 그렇습니다.

잃어버린 양과 잃어버린 은전의 두 비유에서 묘미는 바로 주님께서 말씀하신 결론적인 교훈에 있습니다. 잃어버린 양의 비유에서는 죄인 한 사람이 회개하면, 회개할 것 없는 의인 아흔아홉으로 기뻐하는 것보다, 더 큰 기쁨이 된다고 말씀하십니다. 잃어버린 은전의 비유에서는 죄인 한사람이 회개하면 하나님의 사자들 앞에서 기쁨이 된다고 말씀을 하십니다.

– 내가 너희에게 이르노니 이와 같이 죄인 한 사람이 회개하면 하나님의 사자들 앞에 기쁨이 되느니라 (눅 15:10)

여기서 죄인이라는 말과 회개라는 말, 하늘의 기쁨, 하나님의 사자들 앞에서의 기쁨이란 말이 문제가 됩니다. 이 두 비유를 듣고 있는 청중들은 아마 짐작했겠지요. 주님께서 말씀하고자 하시는 정확한 내용을 알았을 것입니다. 누가복음서인 저자 누가가 이 점을 너무나 잘 표현해 내었습니다.

이 두 가지의 비유 다음으로, 이어서 잃어버렸던 아들의 비유가 나옵니다. 가난한 양치기의 이야기에서, 가난한 여성의 이야기를 지나, 부잣집의 아버지와 아들의 비유가 그 다음에 등장합니다. 그리고 아버지에게는 두 아들이 있습니다. 그래서 아버지와 두 아들의 비유라고 제목을 붙이기도 합니다.

… 죄인이 회개하고 돌아오기를 기다리시는 하나님의 마음 이해하기

오십이 되면, 인생의 깊이와 어울려, 성경을 깊이 있게 읽는 묘미를 느낄 때입니다. 성경말씀의 깊은 이해와 즐거움을 느낄 때입니다. 성경말씀은 한 영혼을 구해야 하는 노력에 함께 동참하기를 권고합니다. 이 일은 주님을 기쁘시게 하는 일이기 때문입니다.

누가복음 15장에 나오는 잃어버린 것들에 대한 세 가지 비유의 마지막 세 번째는 아버지와 두 아들의 비유입니다. 잃어버린 아들, 즉 아버지와 두 아들의 비유에서는 주님께서 앞의 두 비유에서 결론으로 말씀하셨던, 죄인, 회개, 기쁨, 하늘, 하나님, 사자들이란 말이 나오지 않습니다. 그런데 자세히 읽어보면, 아버지와 두 아들의 비유에서는 이 모든 용어 하나하나가 실제적인 사실 묘사를 통하여, 앞의 교훈을 예증하고 있습니다. 누가복음의 아름다운 묘미가 바로 여기에 있습니다. 거기다가 잃어버렸던 아들이란 소재 외에 큰 아들이 추가로 등장하여 그의 모습을 보여줍니다.

두 아들은 죄인의 대표적인 두 형태를, 그리고 아버지는 주 하나님의 모습을 드러냅니다. 아버지는 죄인인 작은 아들을 반겨 맞습니다. 큰 아들 또한 얘야 다정히 부르시면서 용서와 한없는 애정의 모습을 표현합니다. 부모의 사랑입니다. 바로 주님의 사랑의 모습이 여기 있습니다. 이 비유에서 나무람이란 없습니다. 아버지의 다독거리는 모습만 드러나 보입니다. 잔치는 기쁨을 그리고 불평하는 큰 아들에게도 즐거워하고, 기뻐하는 것이 마땅하다고 설명하며 마무리 됩니다.

- 이 네 동생은 죽었다가 살아났으며 내가 잃었다가 얻었기로 우리가 즐거워하고 기뻐하는 것이 마땅하다 하니라 (눅 15:32)

아버지는 종들에게 명령합니다. 제일 좋은 옷을 입히고, 손에 가락지를 끼우고, 발에 신을 신기게 합니다. 그리고 살진 송아지를 잡으라. 우리가 먹고 마시고 즐기자 라고 말합니다.(눅15:22-23) 앞의 두 본문에서는 이웃을 불러 모으고 즐거워하지 않겠느냐고 말합니다. 돌아온 아들의 비유에서는 주님께서 결론으로 말씀하신 내용에 이웃이 들어 있지 않습니다. 우리가 먹고 즐기자 하고 말할 뿐입니다. 천국에서 기쁨이 된다는 것과 하나님의 사자들 앞에서 기쁨이 된다고 말씀하신 내용과 어우러집니다. 아들이 돌아와서 잔치를 베풀지만, 이웃을 불러오라는 이야기는 없습니다. 이 자리에 당연히 이웃을 불러서 즐겼을까요? 왜 들에 있는 큰 아들은 왜 아직 잔치 자리에 참여하지 않았을까요?

이 축제의 자리를 아직 큰 아들은 알지 못합니다. 이 큰 아들은 불행히도 축제의 자리에 참여하지 못합니다. 오히려 불평하는 자리에 있습니다. 잔치는 아버지와 종들, 그리고 돌아온 아들뿐입니다. 큰 아들은 열심히 일하던 일터에서 잔치소리를 듣고 뒤늦게 도착합니다.

누가복음 15장의 비유 세 가가 모두 일치합니다. 잃어버린 양과 잃어버린 은전, 잃어버렸다가 돌아온 아들 비유의 모습이 모두 일치합니다. 두 비유의 해석 과정이 바로 아버지와 두 아들의 비유입니다. 거기에 더 확장되어 들어오는 모습이 큰 아들입니다. 앞의 두 비유는 회개한 영혼에 대한 기쁨입니다. 돌아온 아들의 비유에서는 앞의 교훈을 사실적 비유로 예증해 보입니다.

… 어떤 죄인이라도 사랑하시는 하나님의 마음 이해하기

잃어버린 아들의 비유에서는 앞의 두 비유의 결론인 '하늘나라', '하나님의 사자들', '앞에서 기쁨이 된다.' 라는 말이 없습니다. 대신 이 말을 하나하나 비유 자체에서 설명하는 모습이 들립니다.

죄인 하나가 회개하고 돌아오면, 하늘나라, 그리고 하나님의 사자들 앞에서 기쁨이 된다는 이야기가 명확해집니다. 큰 아들도 돌아오기 전, 아버지 하나님과 그 종들이 회개하고 돌아온 둘째 아들 때문에 기뻐합니다. 이제 의미가 명확해 집니다. 죄인 한 사람이 회개하면이라는 말씀의 의미가 명확해 집니다. 바로 둘째 아들이 바로 죄인 하나였습니다.

이 아들을 사랑하고 끝까지 보듬어 안으시는 부모의 심정을 이해할 수 있죠. 나아가서는 성부 하나님의 사랑이 얼마나 극진한지를 알 수 있습니다. 하나님께서 우리와 같은 보잘 것 없는 죄인 하나를 얼마나 사랑하시는지 말입니다.

오십의 나이에 든 그리스도인들은 어느 정도 확고한 신앙의 기준이 서 있기 마련입니다. 신앙의 성숙기에 들어와 있기 때문입니다. 특히 이 나이에 주님의 마음을 읽어야 합니다. 회개하고 돌아오는 이들을 주님의 마음으로 사랑해야 합니다. 큰 아들과 같은 태도를 보이지 않도록 주의를 기울여야 합니다. 하나님의 마음처럼 너그러운 마음으로 회개하는 영혼들을 받아들여야 합니다. 도저히 구제받을 수 없을 것 같은 사람들이라도 사랑해야 합니다. 바로 이것이 주님께서 우리에게 권고하시는 말씀입니다. 죄인들을 사랑하시는 하나님의 마음을 누가복음 15장에서 배우게 됩니다.

… 한 영혼을 잃어버림에 대해 경계하기

교회 안에서 오십에 경계로 삼아야 할 말씀이 있습니다. 바로 한 영혼을 실족케 할 위험성에 관한 문제입니다. 가끔 교회에서 다툼으로 성도들이 교회를 떠나게 만드는 경우가 있습니다.

물질만능주의 시대가 되고, 교회도 세속에 물듭니다. 교회 안에서 횡령이 일어나고, 목회자 자녀들의 세습 문제, 교회 재물과 재정을 손대는 경우도 발생합니다. 일부 교회는 목회자의 잘못으로 교회가 문을 닫는 경우도 있습니다. 목회자의 은혜롭지 못한 설교 문제로 교인들이 교회를 떠나는 경우도 있습니다. 이 모든 일이 교인들을 실족케 하는 일입니다. 주님의 경고는 엄중합니다.

- 누구든지 나를 믿는 이 작은 자 중 하나를 실족하게 하면 차라리 연자맷돌이 그 목에 달려서 깊은 바다에 빠뜨려지는 것이 나으니라 실족하게 하는 일들이 있음으로 말미암아 세상에 화가 있도다 실족하게 하는 일이 없을 수는 없으나 실족하게 하는 그 사람에게는 화가 있도다 만일 네 손이나 네 발이 너를 범죄하게 하거든 찍어 내버리라 장애인이나 다리 저는 자로 영생에 들어가는 것이 두 손과 두 발을 가지고 영원한 불에 던져지는 것보다 나으니라 만일 네 눈이 너를 범죄하게 하거든 빼어 내버리라 한 눈으로 영생에 들어가는 것이 두 눈을 가지고 지옥 불에 던져지는 것보다 나으니라 (마 18:6-9)

주님께서 가장 기뻐하시는 일이 한 영혼이 예수님을 소개하고, 주님을 뵙게 하는 것입니다. 그런데 한 영혼을 잃어버리다니요? 지금 성도들이 출석할 교회가 없다고 아우성입니다. 목회자의 설교가 성경을 떠나고, 사회참여적인 설교가 넘쳐납니다. 오십에는 교회에서도 중직자로 중추적인 역할을 할 시기입니다. 주님께서 한 영혼을 잃어버림에 대한 경고의 말씀을 깊이 하셨다는 사실을 꼭 마음에 새기고 경계로 삼아야 합니다.

··· 오십에 듣는 재미있는 전도지 전도 이야기

80년대 어느 교회에서 교사 부부였던 어떤 장로님 내외분이 일 년에 109분을 전도하셨습니다. 어떻게 그게 가능했을까요? 참 대단한 열정이었습니다. 저 역시 그렇게 하고 싶었습니다. 그러나 저는 길을 오가는 사람들에게 전도를 잘하지 못합니다.

오십이 되며, 주님을 위하여 전도 한번 못하고 가는 것 아닌가 싶었습니다. 그래서 궁리한 것이, 전도책자를 만들어 택시를 탈 때마다 전도책자 운전기사에게 드리기로 하였습니다. 지나보니 20년간 매주 주일 아침, 교회에 갈 때마다 매주 택시를 탔으니, 1년 52명, 택시 운전하시는 분을 만난 숫자가 1천명이 넘습니다. 택시를 타고 교회에 까지 가는 시간이 기본요금이 나오는 딱 오 분 이내, 그 사이 전도책자를 전달하여야 합니다. 순간적으로 대화를 시작하여 전도책자를 받을 수 있도록 해야 했습니다. 이삼 분 사이 복음을 전하느냐 못 전하느냐, 깊이 대화할 시간이 없으니, 전도책자를 전달할 대화 방법만 찾습니다. 쿡! 성공! 그렇게 전도를 시작했습니다. 이것만 가지고는 성이 차지 않았습니다. 그래서 몇 사람을 끌어보아 회비를 모아 전도지를 만들기 시작했습니다.

코로나로 모두 모임이 어려워졌습니다, 모임도 흐지부지 될 때, 이제 제가 가진 용돈도 거의 다 떨어져가게 되었습니다. 올해까지만 하고, 주님, 이제 그만 하고 외쳤습니다. 그러자 기적 같은 일이 일어났습니다. 전도지를 그만 만들기로 마음먹은 그 이듬해, 주님께서 새로이 헌신할 분을 보내셨습니다. 지방에 멀리 계신 분으로부터 후원금이 도착했기 때문이었습니다. 피켓을 들고 예수 구원, 불신 지옥, 외치던 목사님께 매월 후원을 하고 계셨는데, 그 목사님이 교통사고로 돌아가셨습니다. 그래서 제가 눈에 들어오셨나 봅니다.

덕분에 지난 해 세 차례 전도지만 17만부를 찍어, 어려운 교회들마다 무상 배부할 수 있었습니다. 전도책자 1천 권을 몇 곳의 필요한 곳에 보낼 수 있었습니다. 물론 그 이전에도 전도책자와 전도지는 제작이 되어 배부되었지만, 전도지 제작이 늘어난 셈입니다. 올해 5월까지 두 차례 전도지 23만부를 인쇄했습니다. 그럼에도 전도지 소요량을 감당하지 못하여, 전도지 인쇄 조판 파일 8종을 250여개 교회에 무상으로 배부했습니다. 올 상반기 전도지 3차분으로 6월에 다시 7만부 가량을 목표로 인쇄 예정입니다. 올해 전도지 무상 배부는 매 분기 20만부가 목표입니다. 주님께서는 제가 이 일을 포기할 때, 주님의 방법으로 길을 열어 주셨습니다.

지금까지 발간된 전도지는 13종 가량이고, 소 전도책자와 전도책자 역시 10종정도 됩니다. 이 모든 일들이 제가 준비한다고 되는 일들이 아니었습니다. 제가 포기할 때, 주님께서 새로운 경로를 통하여 허락하셨기 때문입니다.

전도지 디자인은 어려워질 때, 전도지 디자인을 무상으로 봉사해 주시는 분이 함께했습니다. 전도지 전도의 놀라운 일은 이제 시작입니다. 올해도 최소한의 일이기 때문입니다. 주님의 역사하심을 믿습니다. 주님과 함께해 보셔요. 복음을 전하는 행복한 일들이 오십의 나이에 벌어질 겁니다.

전도는 하나님의 지상명령입니다. 모든 족속으로 제자를 삼아, 성부와 성자와 성령, 삼위일체 하나님의 이름으로 세례를 베풀고, 분부한 모든 것을 가르쳐 지키게 하라. 주님의 이 명령은 열두 제자들에게 명령된 것입니다. 그렇지만 주님의 명령은 지금 우리에게도 해당되는 말입니다. 주님께서 가장 기뻐하는 것은 죄 많은 한 영혼이 주님께 돌아오는 것입니다. 왜냐하면 주님께서 우리와 같은 죄인들을 위하여 십자가에 달려 죽으셨기 때문입니다. 오십에 전도의 열정을 쏟으면, 주님께서 역사하심을 볼 수 있습니다. 주님께서 이 시대 경고하시고 계시는 것은 믿는 성도들을 실족시키는 일입니다. 한 영혼을 잃어버리는 일보다 두려운 일은 없습니다. 주님의 복음을 전하면, 성령님의 기뻐하심으로 기쁨이 넘칩니다. 오십에 복음을 전하는 계획을 짜보면, 즐거움과 기쁨이 영속될 수 있습니다.

헌신으로 천국 배낭을 채워라

● **나눔** disjoining ●

내가 너희에게 말하노니 불의의 재물로 친구를 사귀라 그리하면 그 재물이
없어질 때에 그들이 너희를 영주할 처소로 영접하리라 (눅 16:9)

인생의 중간 결산기, 오십에 들어서면, 어느 정도 안정적인 가계를
꾸려 가는 시기입니다. 자녀들이 취업을 해서 독립적인 삶을 살고, 그
렇지 않더라도 자녀들의 문제도 결혼 문제 외에는 어느 정도 해방될
시기입니다. 돈의 소유와 삶의 방향에 대한 지침을 찾아, 팔십 인생을
사는 인생 후반기를 하나님을 위해 값지게 투자하며 살아갈 준비를 할

때입니다.

- 오직 선을 행함과 서로 나누어 주기를 잊지 말라 하나님은 이같은 제사를 기뻐하시느니라 (히 13:16)

주님께서는 인생의 삶의 방향을 비유와 교훈과 예화로 우리의 바른 삶을 가르칩니다. 이 삶은 이 세상을 위한 삶이 아니라, 하나님의 나라, 천국으로 가는 삶입니다. 이 삶의 방향은 구제와 자선의 실천으로만 가능합니다.

… 이 세상의 재물로 자선 베풀기

오십에 들어서게 되면 보다 심화 있는 성경 공부를 하고 싶은 때가 있습니다. 가끔 성경말씀이 어렵게 느껴지기 때문입니다. 그냥 볼 때는 쉬운 것 같았는데, 읽고, 듣고, 또 보면 볼수록 성경 말씀이 어렵게 느껴집니다. 말씀하시는 뜻은 어렴풋이 알 것 같습니다. 그런데 이를 명확히 설명하기엔 무척 힘이 듭니다. 구체적인 자선과 구제, 나눔을 가르치는 누가복음 16장의 말씀도 어려운 구조 속에 속합니다.

어느 부잣집의 집사, 즉 청지기가 부도덕한 행동들로 주인집에서 나오게 된 상황으로부터 이야기가 전개됩니다. 청지기는 이제 마지막 직무를 마무리하고 있습니다. 요즘 말하면 은행과 같은 금융회사의 대출

담당 중역에 해당되는 사람입니다. 그런데 이 청지기의 처신에 대하여 8절에는 이 옳지 않은 청지기가 일을 지혜롭게 처리하였으므로, 주인이 칭찬했다고 말합니다. 논쟁은 여기서부터 시작됩니다.

이 불의한 청지기가 일을 옳지 않게 처리했음에도 왜 칭찬했을까요? 주님께서는 이 비유를 두고 이 세대의 아들들이 빛의 아들들보다 더 지혜롭다고 말씀하시는 것으로 보아, 청지기가 실업자가 된 이후의 자신의 미래의 삶을 준비하는 모습을 칭찬한 것으로 이해할 수 있습니다. 이 세상의 자녀들은 지금 이 세상에서의 자신의 앞날을 준비하지만, 하나님의 자녀들은 다가올 천국을 위해 아무 준비도 하지 않습니다. 그래서 주님께서는 이 교훈에 아울러 불의의 재물로 친구를 사귀라고 말합니다.

이 불의의 제물은 우리가 일상을 살아가는 돈의 소유이며, 이 돈으로 자선을 베풀고, 그 구제와 자선을 베풀라는 말입니다. 그 결과로 우리는 천국에 들어가는 기쁨을 누리게 될 것입니다. 주님께서는 우리가 세상에 사는 동안 우리가 가진 돈으로 천국을 미리 준비하고, 천국에 보화를 쌓으라는 말입니다. 그 방법은 구제와 자선입니다.

인생의 중간기가 지나고 점점 더 후반으로 지나갈수록 주님께 돌아가는 문제를 생각하게 됩니다. 오십을 지나는 시점에는 점점 천국보화를 쌓는 길을 고민하고 준비할 때입니다.

… 세상 재물보다는 하나님 한 분 섬기기

　그리스도인이 세상을 살면서 늘 겪는 갈등의 문제가 하나님과 세상 사이에서 주님을 선택하는 일입니다. 이 일이 젊은 시절과는 달리, 오십이 되면, 더욱 민감해집니다. 주님께 가게 될 날이 점점 더 가까워 오기 때문입니다. 천국을 준비하는 생각이 무디어질 때, 성경말씀이 우리를 일깨웁니다.

　누가복음 16장은 이 세상의 작은 것, 즉 세상의 재물을 제대로 관리하지 못하는 사람이 어떻게 하나님을 제대로 섬기겠느냐고 묻습니다. 집 하인이 두 주인을 섬길 수 없듯이, 그리스도인도 하나님과 재물을 겸하여 섬길 수 없음을 말합니다.

　- 너희가 만일 불의한 재물에도 충성하지 아니하면 누가 참된 것으로 너희에게 맡기겠느냐 (눅16:11)
　- 집 하인이 두 주인을 섬길 수 없나니 혹 이를 미워하고 저를 사랑하거나 혹 이를 중히 여기고 저를 경히 여길 것임이니라 너희는 하나님과 재물을 겸하여 섬길 수 없느니라 (눅16:13)

　누가복음 16장 9절의 '불의한 재물로 친구를 사귀라' 라는 말은 가난한 이에게 구제와 자선을 베풀라는 말입니다. 영주할 처소는 바로 우리가 마지막 날에 가야할 천국입니다.

　아마 대부분의 그리스도인은 신앙생활에서 성경을 읽으며, 예수 그리스도를 알고, 교회 봉사를 하며, 늘 천국에 대한 소망을 가지고 살기

오
십,
성
경
에
서
길
을
찾
다

마련입니다. 그런데 삶의 현실적인 측면에서, 누가복음 16장의 비유처럼, 부자와 가난한 자의 관계 문제가 발목을 잡습니다. 구제와 자선을 베푼 경험을 찾으라면, 불행하게도 거의 없습니다.

　인생의 중간 결산 시기, 오십에 들어섭니다. 의학의 발달로 거의 팔십 세 이상을 산다고 보면, 나이 오십은, 천국에 돌아갈 날이 아직은 스무 살부터 지금까지 살아온 기간만큼, 꼭 그만큼 남아 있는 시기입니다. 지금부터 남은 기간은 천국 가는 그 길을 준비하여야 합니다. 천국 가는 배낭을 어깨에 짊어져야 합니다.

··· 천국 가는 배낭 만들기

　오십에 들며, 지금까지 봉사와 구제, 혹은 나눔의 생활을 얼마나 했는지를 살펴보면 부끄러워집니다. 이웃을 위해 자선을 베풀어본 경험이 별로 없기 때문입니다. 누가복음을 읽으면, 인생의 갈 길과 방향을 결정할 수가 있습니다.

　누가복음 전체가 나눔, 즉 구제와 자선, 천국 가는 길을 강조하고 있습니다. 누가복음은 지금 우리가 가진 재산을 팔아 구제하여 낡아 헤지지 않는 배낭을 만들라고 말합니다. 이것은 천국에 두는 보물이 된다고 교훈합니다.

　- 너희 소유를 팔아 구제하여 낡아지지 아니하는 배낭을 만들라 곧 하늘에 둔 바 다함이 없는 보물이니 거기는 도둑도 가까이 하는 일이 없고 좀도

먹는 일이 없느니라 (눅 12:33)

불의한 재물은 훔친 돈이 아닙니다. 이 세상의 돈을 지칭하는 말입니다. 즉 하나님의 나라의 것과 대조되는 말이지요. 친구를 사귀라는 말은 바로 앞부분의 청지기의 비유처럼, 주인의 엄청난 재산으로 자신이 반절이나 깎아주면서 친구를 사귄 모습을 가리킵니다. 이 행위는 이 세상에서 사용하는 물질로 자선을 베풂을 의미하고 있습니다. 우리는 주님 앞에 갈 때에 이 세상에 벌던 돈을 들고 못 가죠. 바로 이 돈으로 어려운 이웃들에게 베풀며 친구를 사귄 돈인 자선과 구제의 손길의 결과로 우리를 영원한 처소인 천국으로 인도한다는 것이죠. 이것은 믿음의 문제가 행위로 연결되는 더 차원 높은 믿음의 결과를 제자들에게 요청하고 있는 것입니다.

우리가 죽고 나면 주님 앞에 들고 갈 것은 아무 것도 없습니다. 오직 구제와 자선을 행했던 손길뿐이죠. 주님을 따르는 행위는 믿음을 수반합니다. 부잣집 청지기가 주인에게 빚진 자들에게 탕감한 액수는 실로 어마어마한 금액입니다. 제자들은 주님을 따르며 주님께 가르치신 따름의 길을 배워야 합니다. 구제와 자선을 베푸는 행위로 친구를 사귀라고 구체적인 행동을 요구하고 있습니다.

⋯ 천국 배낭 준비하기

늘 길 떠날 채비를 하고 있나요? 저는 언제든지 길을 나설 수 있도록

오십, 성경에서 길을 찾다

항상 배낭을 준비해 둡니다. 시간이 많지 않으니, 언제 조금 시간이 나고 휴식 시간이 되어 갑작스럽게 떠나야 할 때는 배낭을 그냥 짊어지고 나갈 수 있도록 말이지요. 배낭 안에는 카메라 세트와 소품들이 준비되어 있습니다.

젊은이들은 미래를 시작하는 새로운 일을 찾아 출발할 것이고, 끊임없는 시련과 승리라는 도전을 맞닥뜨리게 될 것입니다. 그러나 오십 이후를 지나는 이들은 주님 뵈올 날을 손꼽으며, 점점 더 그 길을 찾아야 되겠지요.

오늘 주님께서 부르시면, 맘 편히 자유롭게 떠날 수 있을까요? 자선과 구제, 사랑이라는 주님께 드릴 선물을 들고, 믿음으로 주님 앞에 설 수 있을까요? 아님 매일 주님께 통회하며, 진심으로 주님을 섬겼던 그 기쁨으로 주님을 뵈올 수 있을까요? 주님 앞에 두 손에 들고 나갈 것은 기도와 자선의 손길뿐입니다.

그것이 하나님을 위한 삶의 목적이라면, 천국 가는 배낭을 내 삶 속, 내 마음의 한 구석에 늘 꾸려놓으면 어떨까요? 주님께 드릴 선물을 배낭에 채우기 시작하면, 얼마나 즐겁고 기쁜지 알 수 없답니다. 기도든, 자선이든, 구제든, 사랑스러움이든, 그 무엇이든, 오늘 부터라도 내 모습 그대로, 이 모습을 낡아 헤어지지 않는 천국 배낭에 채워보는 기쁨을 만들기를, 오십에 들어선 지금에는 꼭 천국배낭을 만들어야 합니다.

… 봉사와 구제, 자선 실천하기

이웃을 위한 봉사와 구제와 자선의 행실은 주님께 속한 것임에 틀림이 없습니다. 주님의 성품은 언제나 자비와 사랑이 가득하기 때문입니다. 그리스도인의 삶의 방식이 무엇일까요? 그것은 사랑입니다. 이 사랑의 실천 방식은 늘 우리가 어떻게 살아야 할지를 설명해 줍니다. 주님의 말씀이 여기 있습니다. 주님께서 우리에게 가르치는 삶의 방식입니다.

- 가난한 자를 불쌍히 여기는 것은 여호와께 꾸어드리는 것이니, 그의 선행을 그에게 갚아 주시리라. (잠19.17)

주님을 위하여 산다고 말로서 늘 외치는 것, 어쩌면 그것은 거짓일지 모릅니다. 실은 나를 위한 삶의 방식에 맞추는 하나의 방편 일 수 있기 때문입니다. 봉사와 구제와 자선을 실천하며 사는 일이 생각만큼 그리 쉽지가 않다는 말입니다.

연봉 십억 원이 넘는 사람이 혹은 수천억 원의 빌딩을 가진 사람이 수천만 원의 헌금을 했다고 해서 주님께서 기뻐하실까요? 그건 그 중심에 주님에 대한 헌신의 마음이 있느냐 없느냐 하는 본질의 문제입니다. 아무리 기도를 많이 하고, 구제를 많이 펼친다 해도 그리스도인의 눈빛이 없다면, 그의 삶은 복되다 할 수 없습니다.

왜 주님께서 그분의 기이한 표적들을 보이시면서, 남들이 혐오하는 세리와 창녀와 같은 죄인들을 찾으셨을까요? 바로 주님의 사랑의 본질이 여기 있기 때문입니다. 소외되고 기댈 곳 없는 그런 사람들을 늘 애련한 눈빛으로 보시고 계시기 때문입니다.

한 부자 청년은 너무 부자였기에 주님을 따르지 못함을 봅니다. 모든 재산을 이웃에게 나눠주고 주님을 따르라 했기 때문입니다. 주님을 따름은 늘 숙제입니다. 차라리 그리스도인이 아니었다면, 그 심판이 덜 할 수도 있었을 것입니다. 그리스도인이기 때문에 우리 주 예수 그리스도, 우리의 주님을 믿기에 주님을 따르는 일은 고난일 수밖에 없습니다.

봉사와 구제와 자선, 거기에는 늘 이 세상의 재물이 소비됩니다. 그리스도인의 고민이 여기에 있습니다. 예수 그리스도, 우리 주님을 믿는 것, 오십이 되면, 그것을 한 번쯤 더 깊이 생각해 보아야 합니다.

··· 나눔의 손길 분별하기

믿는다고 하는 많은 분들을 만나면, 주님을 믿는 분들인지를 어떻게 알 수 있을까요? 바로 그의 행동입니다. 그의 말과 행동, 특히 돈에 대한 가치관을 보면 대부분 그의 믿음의 분량을 알 수 있습니다. 말과 행동을 보면 예수 그리스도 안에서의 삶을 봅니다. 형제와 자매의 나눔입니다. 이 모습은 목적이 아니라, 주님을 자연스런 결과입니다.

그리스도인의 삶이 무엇일까요? 주님 앞에 갈 때 무엇을 들고 갈까요? 천국 배낭엔 무엇이 담길까요? 자선과 구제, 이것 외에는 주님께 들고 갈 것이 없습니다. 이 사실을 알기가 그렇게 어렵습니다. 저 자신이 그렇습니다.

그렇다고 이 시대 사도행전의 그리스도인처럼 살라는 말은 아닙니다. 자신이 기본적으로 쓸 것조차 잃어버려서는 안 되니까요. 그래서 지혜가 필요한 것입니다. 소득의 일정 부분을 주님께 드릴 수 있는 사람은 참 행복한 사람입니다. 특히나 자원을 해서 드릴 때는 말이지요.

··· 나눔 / 나눔 실천하기

오
십.
성
경
에
서
길
을
찾
다

그리스도인들은 영원한 처소 하늘나라를 바라보고 사는 사람들입니다. 이 삶은 구제와 자선을 베풀며 이웃을 위한 사랑을 실천하는 삶입니다. 누가복음 16장은 구제와 자선의 삶을 살아가는 행복에 대하여 가르칩니다. 주님을 따르는 빛의 아들들이 오히려 이 세상의 아들들보다 미래에 대한 준비를 하지 않습니다. 하나님을 따르는 사람들은 주님께 돌아갈 미래를 준비하여야 합니다. 하나님의 율법은 전혀 변하지 않습니다. 사랑으로 완성이 됩니다. 지금은 눈에 보이지 않지만 부자와 거지 나사로 비유처럼 그 삶이 달라질 것입니다. 가난했던 거지 나사로는 낙원에 있습니다. 그리스도인들은 천국 가는 배낭을 준비해야 합니다. 천국 가는 배낭은 구제와 자선을 실천한 사랑입니다. 이 사랑은 율법의 완성입니다. 궁극적으로 주님의 제자들이 소유하고 있어야 할 것입니다.

chapter 6

오십, 삶의 방식 다시 세우기

소망
맡김
기쁨
능력
변화

소망 있는 삶 살아야 한다

─── • **소망** hope • ───

여호와의 말씀이니라 너희를 향한 나의 생각을 내가 아나니 평안이요 재앙이 아니니라 너희에게 미래와 희망을 주는 것이니라 너희가 내게 부르짖으며 내게 와서 기도하면 내가 너희들의 기도를 들을 것이요 너희가 온 마음으로 나를 구하면 나를 찾을 것이요 나를 만나리라 (렘 29:11-13)

그런즉 믿음, 소망, 사랑, 이 세 가지는 항상 있을 것인데 그 중의 제일은 사랑이라 (고전 13:13)

오십은 성년이 된 스물 이후로부터 일할 수 있는 나이 팔십까지 꼭 그 중간기에 해당이 됩니다. 이 사회에서 은퇴를 할 시간보다 앞으로 살아갈 기간이 아직 그만큼 남아 있다는 말입니다. 그리스도인이 이 세상을 살아가는 방식은 바로 미래에 대한 희망입니다.

소망의 미래가 없다면, 삶은 무의미해지고 맙니다. 예레미야는 고난

중에 있는 이스라엘 백성에게 미래와 희망을 선언합니다. 이 삶이 그리스도인의 삶의 방식입니다. 그리스도인에게는 이 세상 사람들과는 달리 늘 소망이 있습니다. 그 이유는 바로 주님께서 우리의 장래를 늘 책임져 주실 것이라는 믿음이 있기 때문입니다.

⋯ 환란 가운데서도 궁극적 구원하심에 대한 희망의 메시지

오십까지 인생을 살아오는 과정에서 누구나 많은 환난과 고난을 겪습니다. 즐거움과 기쁨의 시간도 많지만, 견디기 힘든 고난의 시간도 많습니다. 이 삶의 역경 속에서 살아가는 것은 미래와 희망이 있기 때문입니다. 그리스도인의 삶의 방식은 바로 내일에 대한 소망입니다. 미래는 내일과 장래, 궁극적으로 천국이 함께 존재합니다. 이 세상에서의 더 나아지고, 회복될 내일의 삶 또한 소망이기에 매우 중요합니다.

예레미야의 예언은 예루살렘의 멸망에 대한 메시지였지만, 궁극적으로는 하나님께서 이스라엘 백성을 다시 구원하실 것이라는 희망의 메시지였습니다. 예레미야 29장 11절부터 13절까지의 말씀은 예루살렘에서 바빌로니아로 포로로 잡혀간 백성들에 대한 예언이었습니다. 주 하나님께서 미리 우리의 사정을 아시고, 이스라엘 백성을 고난에서 구원해 내실 것이라는 약속의 말씀입니다.

이 말씀은 지금 우리들에게도 동일하게 적용되고, 주님의 말씀을 순종하지 않으므로 고난을 받는 우리 모두에게 전해주는 구원의 메시지입니다. 우리는 늘 고난이 가득한 이 세상의 삶 가운데서도 주님을 신뢰하며, 주님께서 구원을 주시는 희망의 메시지를 안고 살아가야 할 것입니다.

… 그리스도인에게 늘 함께 있어야 할 소망

그리스도인이 가장 좋아하는 단어가 있다면, 아마 믿음, 소망, 사랑이라는 말일 것입니다. 오십에 접어들면서 또 가장 좋아하는 말 역시 이 단어들일 것입니다.(고전 13:13)

이 말씀은 사도 바울이 고린도 성도들에게 쓴 둘째 편지(고린도후서)에서 각양의 은사를 가진 성도들이 서로 높은 은사를 가졌다고 주장하는 데서 오는 변증입니다. 누가 더 큰 은사를 가졌을까요? 그러나 각양의 은사는 주님의 이름으로 오시는 성령님께로부터 주어졌으며, 이 모든 은사는 하나입니다. 모든 은사의 궁극적인 목적은 교회의 덕을 세우기 위한 것입니다.

그리스도인 모두에게는 사랑의 은사가 있습니다. 이 사랑은 주 예수 그리스도를 믿는 믿음이 함께 있습니다. 주님께서 우리를 인도하실 것이라는 소망이 함께 있습니다. 이 모든 것은 하나, 주님의 사랑으로 완성됩니다. 이 세 가지 가운데 가장 위대한 것은 사랑입니다. 이 사랑 역시 믿음과 소망의 한 연합체입니다.

믿음이 없는 사람이 무슨 의미가 있으며, 소망이 없는 사랑이 무슨 의미가 있겠습니까? 우리는 믿음을 가지고 많은 사람을 사랑합니다.

우리의 사랑은 늘 미래의 소망을 부여합니다. 사랑의 본질은 예수 그리스도이시며, 그분께서 가르치시고, 보여주신 본질적인 모습이 바로 사랑입니다. 오십의 나이에도 이 소망은 늘 넘쳐야만 합니다. 그래야 복된 인생입니다.

··· 소망스런 삶 살기

만약 이 세상에서의 삶이 희망이 없다면, 어떻게 될까요? 아마 우리의 삶은 무가치해지고, 무기력해지고 말 것입니다. 오십에는 더하지 않을까요. 주님께서 우리에게 부여하신 소망은 현재 뿐만은 아닙니다, 오늘보다 내일이 좋으리라는 것입니다. 또한 영원에 이르는 삶입니다. 이 소망스런 삶을 오십에도 가꾸어 가야만 합니다.

우리의 소망은 세 가지 과정에서 나타납니다. 첫째는 현재의 소망이며, 또 하나는 미래의 소망, 그리고 마지막은 영원한 장래의 영원한 천국에 대한 소망입니다.

먼저 **현재의 소망**은 우리가 살아가는 지금 현재, 바로 주님께서 구원하실 것이라는 믿음입니다. 현재 고난과 질병 가운데 있을 때, 주님께서 이 현재의 고난을 극복하게 해 주시며, 또 질병을 치료받고 강건하게 되어, 하나님께 영광을 돌리는 현재적 삶에 대한 소망입니다. 이 소망은 믿음으로 늘 우리의 실생활에 함께 합니다. 주님께서 함께하시고, 우리를 변화시키시며, 주님 말씀 안에서 바르고 올바르고 진실하며, 강하고 담대한 삶을 살도록 늘 함께하심을 말합니다. 이 소망은 우리의 늘 바라는 바요, 앞으로도 우리가 또 주님의 약속을 믿음으로 늘 함께하는 것입니다.

둘째 이 세상에서의 **미래적 소망**입니다. 이는 현재 삶과 현실 지금 부닥친 문제들을 넘어서서 주 하나님의 늘 함께 계심과 앞으로 우리의 장래를 지금 현재보다 더 낫도록 인도해 주실 것을 믿는 믿음입니다. 지금 이 시간 우리에게 보이는 삶의 현실을 넘어서서 주님께서 장래에 복 주시리라는 것과 위대하신 주 하나님께서 우리의 장래를 창대케 하시리라는 것, 가난을 넘어서 성공적인 삶의 자리로 인도해 주실 것임을 믿는 것입니다. 이는 당장 현재 이 시점의 문제가 아니라, 우리의 죽음의 마지막 날까지 이 세상에서의 삶이 평탄함과 아울러 더욱 나아지며, 주님의 인도하심 안에서 성공적인 삶을 살기를 주님 앞에 바라는 것입니다.

셋째, 천국 소망의 삶으로 이 세상이 아닌 장차 도래할 하나님의 나라, 저 **천국에 대한 소망**입니다. 이 소망은 이 세상에서의 현실적 삶과는 상관이 없습니다. 미래적 소망이 이 세상에서의 삶의 한계라면, 천국 소망의 삶은 죽음 이후의 영광된 몸으로 부활하여 우리 주님과 영원히 함께하는 삶을 의미합니다. 이것이 천국소망입니다.

오십에 든 그리스도인에게도 늘 이 세 가지 소망이 있기 마련입니다. 이 소망이 없다면, 우리의 삶이 큰 의미가 없을 것입니다. 우리의 생은 전도자의 말처럼 헛되고 헛되며, 헛되고 말 것입니다. 그러나 우리는 주 예수 그리스도를 믿습니다. 영원한 천국으로 우리를 이끌어 들이실 것입니다. 오십에 든 그리스도인들 역시 이 약속을 믿으며 살아갑니다.

… 주님께 소망 두기

오십은 인생의 남은 시기의 전환점입니다. 주님의 부르심을 새로이 다짐하는 중요한 전환점의 시기입니다. 지금 이 시간 주님을 위해 헌신할 자로 우리를 부르시고 계십니다.

- 우리 주 예수 그리스도의 아버지 하나님을 찬송하리로다 그의 많으신 긍휼대로 예수 그리스도를 죽은 자 가운데서 부활하게 하심으로 말미암아 우리를 거듭나게 하사 산 소망이 있게 하시며 썩지 않고 더럽지 않고 쇠하지 아니하는 유업을 잇게 하시나니 곧 너희를 위하여 하늘에 간직하신 것이라 (벧전 1:3-4)

그리스도인의 목표는 오직 하나님을 위한 삶의 목적이 되어야 합니다. 우리 모두 인생을 주 하나님께 두고 살아야 합니다. 영원한 삶, 영원에 기초한 삶, 이 삶의 결론은 주 하나님을 아는 것입니다. 지금 현재도 그렇지만, 궁극적으로 주님과 함께 있을 것이라는 소망입니다.

오십이 되면 궁극적 인생의 방향을 정리해야 합니다. 그 시간은 길어 보이지만 잠깐입니다. 바로 젊은 시절의 인생의 중후한 성숙기인 오십 대에서 남은 인생의 방향을 설정해야 합니다. 이 삶의 소망은 오직 주 예수 그리스도입니다. 미래의 천국에 소망을 둔 삶입니다.

설령 오십의 나이에 접어든 오늘이 삶이 힘들 수 있습니다. 그렇다고 하더라도 바로 지금 이 시간을 살피시는 주 예수님을 의지해야 합니다. 장래의 소망을 하나님께 두며, 그분과 함께 살아가기를 기도하여야 합니다. 이 소망은 오직 우리 주 예수 그리스도께로부터 오는 것입니다.

… 이 시대 소망 전하기

오십은, 인생의 성숙기입니다. 그만큼 시대를 분별할 능력을 가지는 때입니다. 이 시대를 향해서 말씀하셨던, 주님의 말씀을 살피며, 주님께 소망을 두고 살아갑니다. 우리의 생활도 주님의 말씀을 따라, 주님께 소망을 두며, 단정해야 합니다.

말세가 되면 사람들은 조급해지며, 사나워지며, 분을 참지 못하고, 탐욕스러워집니다. 사람들이 모이면 사람들이 더 이상 인애와 도덕으로 살지 않습니다. 서로 헐뜯고, 거짓말하며, 자신의 이득을 위해서 살아갑니다. 그리스도인들이 하나님께 소망을 두며 살아갈 때, 이 세상의 헛된 소망은 멀어지게 됩니다. 성경말씀을 통해서 이 시대를 분별하며, 주님을 소망하게 됩니다.

– 너는 이것을 알라 말세에 고통하는 때가 이르러 사람들이 자기를 사랑하며 돈을 사랑하며 자랑하며 교만하며 비방하며 부모를 거역하며 감사하지 아니하며 거룩하지 아니하며 무정하며 원통함을 풀지 아니하며 모함하며 절제하지 못하며 사나우며 선한 것을 좋아하지 아니하며 배신하며 조급하며 자만하며 쾌락을 사랑하기를 하나님 사랑하는 것보다 더하며 경건의 모양은 있으나 경건의 능력은 부인하니 이같은 자들에게서 네가 돌아서라

(딤후 3:1-5)

　지금의 현실은 구별된 삶을 살기에 정말 어려워졌습니다. 주님을 위하여 헌신하는 삶이 쉽지 않습니다. 바로 이 시대의 현실입니다. 세상이 복잡해졌습니다. 이기적으로 변해가는 사람들에게 복음 전하기가 어려운 시대가 되었습니다.

　오십의 나이에도 주님을 향한 열정, 그분을 위한 삶을 살기가 어렵습니다. 이 삶을 정죄할 필요가 없습니다. 우리 모두 그런 부류에 속하기 때문입니다. 지금 할 수 있는 일은 기도로 돕는 일밖에 없습니다. 우리 주님께서 사랑하시고 인도하심을 알기 때문입니다. 주님 앞에 나약하게 엎드려 울부짖는 사람에게 주님께서 함께하시기 때문입니다.

… 소망 / 소망 있는 삶 살기

　오십의 삶의 원칙, 첫 번째, 소망이 있는 삶입니다. 우리의 삶에 소망이 없다면, 우리의 삶은 모두 헛것이 되고 말 것입니다. 이 소망은 현재와 미래, 그리고 영원한 장래의 소망을 포함합니다. 이 소망은 바로 예수 그리스도, 우리 주님께서 함께 하심입니다. 그리스도인의 소망은 평안이며, 궁극적으로는 우리 주님과 함께 있는 것입니다. 이 소망이 없다면, 그리스도인의 삶은 무의미해지고 말 것입니다. 그리스도인은 주님께서 늘 함께 하신다는 믿음의 소망을 가지고 살아가야 합니다.

무거운 짐, 주님께 맡기라

• **맡김** reposal •

수고하고 무거운 짐 진 자들아 다 내게로 오라 내가 너희를 쉬게 하리라 나
는 마음이 온유하고 겸손하니 나의 멍에를 메고 내게 배우라 그리하면 너
희 마음이 쉼을 얻으리니 이는 내 멍에는 쉽고 내 짐은 가벼움이라 하시니라
(마 11:28-30)

오십에는 세상사의 일들로 어깨가 무거울 때입니다. 거기다가 가
끔 교회 내적인 쟁론에 휩싸이면, 짐의 무게가 더욱 무겁습니다. 주님
께서 부르시는 이 말씀을 들으면, 우리의 무거운 짐을 주님께 맡길 수
있습니다.

　무거운 짐 진 사람들을 주님께로 오라고 부르십니다. 이스라엘 백성

들이 광야에서 쉬었던 것처럼, 우리에게 예수님 안에서 쉬게 하십니다. 예수님께서는 율법을 폐지하시는 것이 아니라, 온유와 겸손으로 쉼을 얻게 하십니다.

··· 두 가지 무거운 짐, 주님께 맡기기

오십에 들어서며, 지금까지 지고 온 짐은 두 가지입니다. 하나는 스스로 짐을 메고, 허덕거리는 수고의 짐이 있습니다. 다른 하나는 나의 의지와는 상관없이 사람들이 강제로 메도록 한 무거운 짐이 있습니다. 주님께 나아가면 우리를 쉬게 하신다고 말씀하십니다. 주님께 나아가야 합니다. 이 두 가지 짐을 모두 주님께 맡겨야 합니다.

오십에 들기까지 쉴 겨를이 없었습니다. 지금까지 늘 바쁘게 달려 왔습니다. 지금도 분주하고 바쁘게 살아갑니다. 잠시라도 쉬게 되면 오늘 먹고 입어야 할 양식을 잃어버린 것처럼 달려왔습니다. 우리의 먹고 입는 것, 걱정하지 말고, 염려하지 말라고 주님께서 말씀하십니다.

– 또 너희 중에 누가 염려함으로 그 키를 한 자라도 더할 수 있느냐 그런즉 가장 작은 일도 하지 못하면서 어찌 다른 일들을 염려하느냐 백합화를 생각하여 보라 실도 만들지 않고 짜지도 아니하느니라 그러나 내가 너희에게 말하노니 솔로몬의 모든 영광으로도 입은 것이 이 꽃 하나만큼 훌륭하지 못하였느니라 오늘 있다가 내일 아궁이에 던져지는 들풀도 하나님이 이렇게 입히시거든 하물며 너희일까 보냐 믿음이 작은 자들아 너희는 무엇을 먹을

까 무엇을 마실까 하여 구하지 말며 근심하지도 말라(눅12:25-29)

쉼을 얻으려면, 우리 짐을 주님께 맡겨야 합니다. 주님께 짐을 맡기는 방법은 말씀과 기도입니다. 말씀에 힘을 얻고, 기도로 주님께 우리 짐을 맡기는 것입니다.

··· 주님께로부터 쉼 얻기

오십에 든 우리들을, 주님께서 끊임없이 우리를 부르시고 계십니다. 세상의 명예, 지위, 의식주, 교육, 자녀 양육, 재물, 인간관계 등, 쉬지 못하는 우리 모습을 보시고 계십니다. 이 세상 쓸데없는 일들에 시달리는 우리 모습입니다. 주님께서 이미 아시고 계십니다. 세상일로부터 자유롭지 못한 우리 모습을 보십니다. 쉬지 못하는 우리의 모습도 보십니다. 주님께서 내게 오라고 지금도 말씀하십니다.

오십의 나이, 무거운 짐을 진 우리들을 주님께서 부르십니다. 그리고 쉬게 하십니다. 깊이 무릎 꿇고, 주님 앞에 엎드려 보세요. 무거운 짐이 벗기고, 평안이 찾아옵니다. 오십에는 교회의 기도실 마룻바닥이 필요할 때 입니다. 주님을 뵈면, 평안이 찾아오고, 평안이 오면, 무거운 짐이 벗겨집니다. 앞만 보고 끊임없이 달려왔던 오십, 마음의 짐을 벗고, 쉼을 얻을 때입니다.

… 주님과 함께 쉬운 멍에 메기

인생의 멍에는 혼자 메는 게 아닙니다. 주님과 함께 메는 멍에는 쉽습니다. 주님께서 메는 멍에를 함께 메고 따라가기만 하면 되기 때문입니다. 인생의 무거운 짐, 죄의 무거운 짐, 수고의 무거운 짐, 혹은 다른 이들이 메게 하는 무거운 짐, 이 멍에를 모두 주님께 맡기면 쉬워집니다. 주님께서 이 짐을 함께 나누어 메시니, 오십 인생도 쉬워질 수밖에 없습니다. 우리 주님과 함께 멍에를 메고 가니, 인생길이 쉬울 수밖에 없습니다.

예수님께서 메신 멍에는 소가 두 마리 쌍으로 메는 멍에를 말합니다. 한쪽에는 주님께서 메신 멍에, 한쪽에는 우리가 주님과 함께 메는 멍에가 있습니다. 그러면 우리 인생이 쉬워집니다. 왜냐하면 주님께서 메고 가시는 멍에를 따라, 그냥 함께 가기만 하면 되기 때문입니다.

주님께서는 우리가 아파할 때 함께 아파하시고, 슬플 때 함께 슬퍼하십니다. 이 사실을 기억해야 합니다. 우리의 짐을 주님께 맡겨야 합니다.

주님의 멍에는 쉽고, 주님의 짐은 가볍습니다. 오십에 든 우리는 주님께 그 멍에를 메고, 배우면 쉽습니다. 그리고 짐이 훨씬 가벼워집니다.

… 주님 모셔 들이기

오십이 되는 지금까지, 지금까지 부리나케 달려오기만 했습니다. 주님께서 이 모습을 보시고 계십니다. 세상의 갖은 무거운 짐을 지고 걷는 우리 모습입니다. 우리의 찌든 지금 이 모습을 보시고 계십니다.

그리고 부드럽고 인자한 목소리로 말씀하십니다. 다 내게로 오라, 내가 너희를 쉬게 하리라고 말씀하십니다. 그리고 우리 안에 들어와 계시기를 원하십니다. 오십에 든 우리가 주님을 받아들일 때, 주님께서는 우리와 함께 하십니다. 참 자유는 여기서부터 시작됩니다.

- 볼지어다 내가 문 밖에 서서 두드리노니 누구든지 내 음성을 듣고 문을 열면 내가 그에게로 들어가 그와 더불어 먹고 그는 나와 더불어 먹으리라 (계 3:20)

주님께서 부르실 때, 모든 것을 맡기는 법을 배우는 것, 이것이 인생 행복의 시작입니다. 주님께 맡김과 쉼을 배우는 것, 바로 이 삶을 사는 것입니다. 인생의 중간 결산기, 오십. 바로 이 때에 주님께 맡김과 쉼을 배우는 시기입니다.

… 쉽게 가는 인생길 배우기

오십에 들어서는 우리가 걷는 인생길, 이제는 쉬워져야 할 때입니다. 지금까지 숱한 고난의 길을 걸어왔다면, 지금부터는 쉽게 달려가야 합니다. 팔십 인생의 중반기인 오십, 이제 남은 인생은 쉬이 갈 때입니다. 무거운 짐을 주님께 맡길 때가 되었습니다. 짐은 가볍게, 무거운 짐을 벗고, 주님과 동행할 시기입니다.

지금까지 앞만 보고, 아둥바둥 달려왔다면, 지금부터는 숨을 고르고, 지표를 정하며, 무거운 짐을 벗고, 목표를 향한 걸음을 조정할 나이입니다. 목표가 정확히 정해지면 걸음도 한결 가벼워집니다. 젊은 시절 높이 잡았던 거대한 목표 대신, 주님께 인생의 목표를 두면, 모든 것이 쉬워집니다. 마지막까지 주님을 향해 달려갈 일입니다. 지금부터 인생은 쉬움으로 살아가는 방법을 삼을 일입니다.

⋯ 맡김 / 무거운 짐, 주께 모두 맡기기

인생의 법칙 두 번째는 맡김입니다. 오십 인생부터는 가볍고, 쉬워야 합니다. 주님의 멍에는 가볍고 메기 쉽습니다. 주님 안에만 쉼이 있습니다. 지금까지 혼자 힘들게 살아왔다면, 앞으로는 주님과 동행하며, 함께해야 합니다. 주님과 함께 사는 방법은 매일 말씀을 읽고, 기도하는 방법입니다. 주님께 모든 것을 맡기면, 마음이 편안해 집니다. 모든 것이 쉬워집니다. 이것은 진리입니다. 주님께 맡기는 방법 역시 기도입니다. 기도는 주님과 함께 동행 하는 삶입니다. 주님께서 멍에를 메신다는 사실을 알면, 모든 일이 쉬워집니다. 인생의 법칙은 맡김과 쉬움입니다.

주님과 함께하는 즐거움의 삶을 살라

—————— ● **기쁨** delight ● ——————

항상 기뻐하라 쉬지 말고 기도하라 범사에 감사하라 이것이 그리스도 예수
안에서 너희를 향하신 하나님의 뜻이니라 (살전 5:16-18)

인생의 중간 결산기 오십 인생에서 세워야 할 삶의 법칙이 있습니다. 바로 기쁨입니다. 영원한 소망을 두고 사는 그리스도인을 늘 기쁨이 수반됩니다. 그 이유는 영원한 저 천국을 소망하며 살기 때문입니다. 나그네 길을 지나며, 고난과 슬픔 속에서도 주님을 기뻐할 일입니다.

데살로니가전서는 바울이 가장 먼저 쓴 편지입니다. 이 편지가 특별

한 점은 교회가 세워지고 난 뒤 겨우 몇 달밖에 안 된 시점에 쓰인 편지라는 점입니다. 고린도에서 데살로니가 교회에 보낸 첫 번째 편지이기도 합니다. 사도 바울이 A.D. 50년 혹은 51년이라는 비교적 이른 시기에 쓴 편지입니다. 따라서 초기 교회의 상황을 잘 이해할 수 있습니다. 성도들의 죽음을 맞닥뜨린 상황에서 부활의 소망으로 위로하는 내용입니다. 하나님의 삶은 나날에서 거룩해야 합니다.

⋯ 기쁨과 감사와 즐거움으로 믿음 생활하기

오십이 되면서 신앙생활에서 꼭 있어야 하는 원칙이 있습니다. 이것은 교회생활에서, 인생에서, 예배에서, 설교에서, 만남과 교제에서, 꼭 적용되는 원칙입니다. 이것은 직업이나 일을 선택할 때도 마찬가지입니다. 기쁨과 감사와 즐거움이 넘쳐야 한다는 것입니다. 이는 근본적인 삶의 원칙입니다. 이 삶의 원칙이 적용되면 후회가 없습니다.

우리 주님께 우리의 무거운 짐을 내어 맡기고, 가볍고 쉽게 세상을 보면, 기쁨과 즐거움의 세상이 보입니다. 온유와 겸손이 눈앞에 보이기 시작합니다. 바로 주님과 함께하는 삶의 시작입니다. 주님께 모든 무거운 짐을 주님께 맡기고 나면, 마음이 가뿐 해지고, 깊은 마음으로부터 즐거움이 시작됩니다. 어떤 일을 해도 기쁨의 노래, 즐거움의 노래가 흘러나옵니다.

데살로니가의 말씀은 늘 교회에서 많이 암송하고 가르치는 말씀 가운데 하나입니다. 이 말씀은 삶의 원칙이 되어야 합니다.

오십의 그리스도인이, 어떤 고난과 어려움이 와도 인생길이 즐거운 것은 주님이 함께 계시기 때문입니다. 천국에 소망을 두기 때문입니다. 나그네 인생길을 기쁨으로 살아가는 것이 그리스도인의 삶의 법칙이어야 합니다.

··· 기쁨은 주님께서 주시는 은혜

오십, 항상 기뻐하는 것이 주님의 뜻이란 것을 안다면, 우리의 삶은 즐거움과 감사입니다. 이 즐거움은 자기 자신이 이루고 싶다고 해서 이루어지는 것도 아니요, 오직 주님의 은혜가 아니고는 결코 주어질 수가 없습니다. 성령님께서 우리 안에 내주하시므로, 주님께서 우리에게 베푸시는 참된 복입니다.

하나님의 나라는 먹고 마시는 것이 아니며, 오직 성령님 안에서 평강과 희락입니다. 이는 기쁨이 바로 성령님께로부터 주어지는 본질임을 알 수 있습니다.

– 하나님의 나라는 먹는 것과 마시는 것이 아니요 오직 성령 안에 있는 의와 평강과 희락이라 (롬 14:17)

기쁨을 가장 많이 다룬 성경은 빌립보서입니다. 빌립보서는 기뻐하라고 그리스도인에게 명령하고 있습니다.

– 주 안에서 항상 기뻐하라 내가 다시 말하노니 기뻐하라 (빌 4:4)

기쁨은 즐거운 일이 있을 때 생겨나기도 하지만, 고통과 죽음이 임박한 시점에서도 생겨날 수 있습니다. 그것은 바로 우리 주 예수 그리스도의 임재 때문입니다. 저 천국을 바라보면, 마지막 죽음의 순간에도 기쁨을 느낄 수밖에 없습니다. 이 기쁨은 주님께서 주시는 은혜입니다.

– 또 너희는 많은 환난 가운데서 성령의 기쁨으로 말씀을 받아 우리와 주를 본받은 자가 되었으니 그러므로 너희가 마게도냐와 아가야에 있는 모든 믿는 자의 본이 되었느니라 (살전 1:6-7)

우리 안에 거하시는 분은 성령님이십니다. 그리고 주님의 성령님께서는 우리가 믿음으로 신앙을 고백할 때, 우리에게 허락하시는 참된 하나님의 사랑과 소망입니다.

오십에 느끼는 기쁨은 주님께서 주시는 은혜입니다. 주님께서 주시는 기쁨은 주님의 복음이 전해질 때, 깊은 마음속으로부터 우러나는 평화입니다. 이 기쁨은 복음이 전해질 때, 기도 중에 얻어지는 하나님께서 주시는 평화입니다.

··· 즐겁게 예배드리는 기쁨

예수님을 믿고 의지하는 사람들이 교회에 나가서 예배에 참석하는 이유는 단 한 가지입니다. 바로 주 예수님의 은혜를 경험하고자 하기 위함이죠. 그 방법은 하나님께 말 그대로 예배를 드리며, 바로 그분의 말씀을 듣는 것입니다. 그럼에도 교회에서 이런 설교를 들을 수 없다면 어떻게 될까요?

오십이 되면, 하나님의 말씀이 바르게 증거 되고 있는지 어느 정도는 알게 됩니다. 설교는 전하는 이에게나 듣는 이 모두에게 기쁨이 되어야 합니다. 설교가 듣는 이에게 스트레스가 되면 어떻게 될까요? 성령님께서는 주님의 복음을 듣고, 복음을 전하는 것을 기뻐하시기 때문입니다.

교회에 출석하는 이는 예배에 참석하므로 기쁘고 즐겁고자 하는 것입니다. 하나님을 사랑하는 마음과 주 예수님의 은총을 감사하는 자리에 나갈수록 감사와 기쁨이 넘칠 수밖에 없죠. 세상 사람과는 만나서 나눌 수 없는 얘기가 그리스도인들에게는 있습니다. 우리 주님께서 함께 하심을 함께 나누고 이야기하면서 마음으로 부터 깊은 기쁨이 솟아나죠. 바로 이것이 복음의 본성입니다. 복음의 위력이 바로 여기에 있습니다.

예수님을 믿는 이들이 오십이 되면, 교회의 중직자로 일을 하게 됩니다. 어깨에는 자부심이 장식품으로 함께 걸쳐집니다. 한편으로는 교회 안의 여러 내적 갈등을 수반할 수 있습니다. 오십에는 이 모든 일들도 주님 앞에 나가 기도하며, 찬송하며, 복음을 전하며, 예수님 믿는 즐거움을 찾아야 합니다. 지혜가 바로 여기에 있습니다.

… 즐겁게 주님 섬기기

오십에 얻는 인생의 진실한 즐거움은 세상의 돈이나 지위, 명예, 감투에서 오는 것이 아닙니다. 우리 주 예수님을 사랑하며, 그분의 깊은 사랑과 은혜에서 우리에게 허락되는 성령님의 역사하심입니다. 주 하나님의 이름으로 오시는 성령님의 역사하심이 아니고는 결코 이 기쁨을 느낄 수 없습니다.

- 끝으로 나의 형제들아 주 안에서 기뻐하라 너희에게 같은 말을 쓰는 것이 내게는 수고로움이 없고 너희에게는 안전하니라 (빌 3:1)

여든까지의 인생의 중간 결산기, 이 무렵에 꼭 다짐해 볼 일은 예배노트, 성경읽기 노트, 기도노트를 만드는 일입니다. 인생노트는 인생의 목표점을 설정하고, 예배노트는 예배를 드리면서 일기처럼 쓰는 일, 기도노트는 매일 기도제목, 혹은 주간 기도제목, 인생의 기도제목을 정하는 일입니다. 예배가 하나님을 중심으로 변하고, 삶이 주님 중심으로 변함을 볼 수 있습니다. 말씀노트는 은혜로운 말씀들을 정리해서 인생의 좌우명으로 삼을 수도 있습니다.

인생노트, 기도노트를 만들고, 각 기도제목에 연관된 성경말씀을 써넣습니다. 인생의 궁극적 목표점과 기도제목, 주님의 지금까지의 은혜와 사랑, 삶의 지향점, 이런 것들의 순서를 정하고 기도합니다. 젊은 시절의 기도노트와 비교해 보아도 은혜입니다. 이렇게 기도하며, 주님과 함께 동행 하는 삶이 됩니다.

오십의 그리스도인은 주님과의 만남에서 기쁨과 즐거움을 찾아야 합니다. 인생이 즐겁지 않으면 우리의 삶이 무슨 의미가 있겠습니까? 그 삶의 의미와 즐거움을 우리 주 예수 그리스도로부터 다시 찾는 것입니다. 그리스도인의 기쁨은 바로 여기에 있습니다.

⋯ 깊은 기도의 기쁨

어느 날 부터 저녁예배를 오후에 드리기 시작한 이후, 저에게는 주일 오후예배 이후 홀로 기도하는 버릇이 생겼습니다. 모든 주일 일과 종료된 이후 엎드려 무릎 꿇고, 깊이 주님을 생각하는 시간이 생겼습니다. 깊이 주님의 십자가만을 생각하는 시간입니다.

깊은 기도는 주님께서 나와 같은 죄인을 부르심을 감사하는 시간입니다. 이 시간에는 아무 다른 생각을 하지 않습니다. 피곤하고 나른한 몸을 교회에서 무릎 꿇고 엎드려 얼굴은 무릎에 대고 깊이 주님을 생각합니다.

집에서 이렇게 하고 엎드려 있다가 보면, 코를 골며 자고 있다고 왜 자느냐고 깨우는 경우도 있습니다. 그래도 이 시간만큼은 정말 행복입니다. 한없이 마음이 편안해 집니다. 이렇게 엎드려 깊은 기도에 두어 시간 빠지고 나면, 마음에 아무런 근심과 걱정이 없습니다. 정말 마음의 편안함 그대로입니다. 기도가 안 되어 상념이 생길 때는 통성으로 기도하기를 애쓸 때도 있습니다. 그러나 대부분 깊이 주님의 십자가를 생각하며, 갈 길을 인도해 주시기를 구하게 됩니다. 주님을 생각하는 깊은 기도의 시간에 잡히면 아무 근심이 없습니다. 평안입니다.

기도할 제목이 간절해지면, 통성기도로 주님께 기도의 제목을 씁니다. 1번, 2번 3번, 제목을 정하여 기록하고, 주님께 가정의 대소사를 아룁니다. 교회의 평안부터 기도해야할 사사로운 제목들까지 그렇게 주님께 아룁니다. 그냥 평안한 마음으로 돌아가는 기도의 자리에 임합니다.

주님을 깊이 생각하는 기도의 기쁨은 감사입니다. 평안입니다. 십자가의 대속의 피 흘리신 주님의 은혜를 감사하며, 그분께 모든 것을 맡기는 마음으로, 간절히 주님의 인도하심을 구합니다.

… 그리스도인의 삶의 기쁨

유대와 이스라엘 역사를 보면 하나님의 손길에 의해서 움직이는 민족이 하나님께서 부여하신 가치관, 즉 그 삶의 기준과 잣대에 의하여 살아가야 함을 봅니다. 하나님께서 주신 말씀과 기준으로 살 때 복이 넘치고, 주님의 사랑과 은혜가 넘치게 됩니다. 말 그대로 주님께서 지키십니다.

우리 그리스도인 역시 주 하나님께서 주신 삶의 기준과 가치관을 가지고 살고 있으니 이 얼마나 큰 기쁨입니까? 그리스도인들은 거룩하신 주 하나님께서 주신 진실과 정의, 바로 사랑이라는 가치관이 있습니다. 이 가치관은 그리스도인의 삶의 기준이며, 삶의 지표이며, 우리들의 삶의 방식입니다. 주님께서 기뻐하시는 삶, 이 삶을 사는 이들은 그리 드러내지 않으며, 우리 주님과 함께 묵묵히 살아갈 뿐입니다. 왜냐하면 그리스도인들은 진리이신 주님과 함께 기뻐하며, 주님을 진실로 사랑하기 때문입니다.

그리스도인! 얼마나 행복한 부름입니까? 그 이유는 그리스도인에게는 바로 주 하나님께서 주신 가치관이 있기 때문입니다. 이 삶의 기준을 지킬 때, 주 하나님께서 우리를 기뻐 보시고, 그분께서 우리와 동행함을 알기 때문입니다.

그리스도인이라는 이름! 얼마나 멋지고 복된 이름입니까? 우리는 이 생의 모든 것을 예수 그리스도와 함께 십자가에 못 박고, 주님과 함께 살아갑니다. 과거에는 죄 가운데 이끌려 살았지만, 지금은 복된 주님과 함께 살아가니 이 얼마나 복된 기쁨입니까? 이제는 내가 사는 것이 아니라, 내 안에 계신 주님께서 사시기 때문입니다.

- 내가 그리스도와 함께 십자가에 못 박혔나니 그런즉 이제는 내가 사는 것이 아니요 오직 내 안에 그리스도께서 사시는 것이라 이제 내가 육체 가운데 사는 것은 나를 사랑하사 나를 위하여 자기 자신을 버리신 하나님의 아들을 믿는 믿음 안에서 사는 것이라.(갈 2:20)

오십에는 진정한 이 기쁨을 느낄 때입니다. 바로 이 오십의 때가 주님께서 함께하심을 알 때이기 때문입니다. 주님과 동행하는 기쁨, 인생의 궁극적 삶의 기쁨입니다. 이 기쁨을 누릴 때입니다.

··· 성경에서 배우게 되는 삶의 방식

요즘은 평신도가 읽을 수 있는 좋은 책들이 쏟아져 나옵니다. 누구든 필요하면 언제든 성경을 볼 수 있습니다. 주변에 성경책이 남아 돌 정도입니다. 지식적인 면에서 신앙생활을 무척 하기 좋은 세상입니다.

이 많은 지식 가운데서, 오십이 되면 이해해야 할 것이 있습니다. 성경의 지식이 아니라 주님의 말씀의 교훈과, 그리고 그분의 말씀을 따라가는 삶입니다.

하나님의 인간 창조, 그리고 인간의 타락, 죄로 인한 죽음, 예수님의 어린 양 희생제물의 필요성과 그분의 희생으로 죄의 대속. 믿음의 생활, 영원한 천국에 대한 소망, 이 신앙의 교리가 분명히 서 있는 것이 중요합니다. 예수님을 믿기 전에는 타락의 생활이 용인되었습니다. 예수님을 믿고 난 이후에는 예수님과 함께 동행 하며, 그분을 삶을 따라 살아야 합니다.

성경은 주님을 따르는 이 삶을 성결한 삶, 거룩한 삶, 사랑의 법이라고 말합니다. 이 삶에는 행복이 있습니다. 그분을 따르는 삶은 행복입니다. 명확한 것은 예수 그리스도의 은총을 기뻐하고, 영원한 생명 얻음을 기뻐하는 것입니다. 주님 안에서 평안이라는 안식을 얻는 것입니다. 이 세상에 주님을 섬김으로 찾아오는 부와 평안과 의는 행복입니다. 주님을 섬기며 그분을 따르는 삶, 거기에 그리스도인의 소망이 있습니다.

이 복잡하고 바쁜 세상에서, 주님을 찾는 삶만이 기쁨이요 즐거움이요 행복입니다. 신앙생활을 돕는 많은 신앙서적이 많습니다. 그 가운데 우리 그리스도인들이 얻을 것은 바로 예수 그리스도, 우리 주님을 따르는 삶의 방법을 배우는 것입니다. 이 길이 행복이요, 기쁨이요, 감사요, 즐거움의 길입니다.

… 기쁨 / 주님 안에서 기쁨의 삶 살기

오십 인생의 삶의 원칙, 그 세 번째는 기쁨입니다. 더 부연하자면, 기쁨이요, 감사요, 즐거움의 생활 원칙입니다. 이는 교회생활, 가정생활, 직장생활, 일터, 모든 면에서 동일하게 적용되는 삶의 기준이며 원칙입니다. 기쁨과 감사와 즐거움은 모두 성령님께서 베푸시는 하나님의 크신 은혜입니다. 교회와 가정과 소그룹 모임에서 예배에 참석하며, 기도하며, 복음을 전할 때, 주님의 성령님께서 우리 안에 내주하시며, 기쁨이 넘치게 합니다. 성령님께서 복음을 나눌 때 이를 즐거워하시기 때문입니다. 기쁨이 없는 사람은 복음을 고백하고, 전도하고, 기도하면, 깊은 기쁨이 임합니다. 성령님이 우리 안에서 기뻐하시기 때문입니다. 주님의 성령님의 능력만이 우리의 삶을 즐겁게 해줍니다.

깊이 있는 인생을 살라

— ● **능력** ability ● —

네가 자기의 일에 능숙한 사람을 보았느냐 이러한 사람은 왕 앞에 설 것이요
천한 자 앞에 서지 아니하리라(잠 22:29)

말씀을 마치고 시몬에게 이르시되 깊은 데로 가서 그물을 내려 고기를 잡
으라 (눅 5:4)

오십이 되는 인생은 깊이 숙련되고 원숙한 맛을 우러날 때입니다.
짧은 지식으로 가볍던 젊은 시절과는 다릅니다. 이 나이에는 모든 것
이 신중해지고 깊은 결정을 내리게 됩니다. 신앙의 깊이도 깊어지고,
성경에 대한 지식도 더 깊어질 시기입니다. 또한 세상의 지식도 더하
여져서 그 숙련도가 최고조에 이를 무렵입니다. 하나님을 만나는 만남

도 깊어지며, 주님 안에서 행복을 느낄 때입니다.

　사도 베드로가 처음 예수님을 만날 때 이야기입니다. 이때는 베드로는 아직 시몬이라는 이름을 가지고 있었습니다. 깊은 곳에 그물을 던지라는 주님의 말씀을 듣습니다. 처음에는 내켜하지 않았습니다. 숙련된 전문가들인 어부의 상식으로는 이해가 가지 않았기 때문이었습니다. 그러나 베드로는 주님의 말씀대로 깊은 곳에 그물을 던집니다. 그 결과 자신의 생각이 틀렸다는 것을 알고 주님 앞에 무릎을 꿇습니다.

… 깊은 곳에 그물 던지기

　예수께서 베드로에게 말씀하시는 것을 보면, 오십에는 많은 것을 생각나게 합니다. 이미 우리의 생각이 굳을 대로 굳은 우리들에게, 주님께서는 우리의 상식을 뛰어넘는 말씀을 하시기 때문입니다.

　지금 이 장면은 시몬 베드로가 게네사렛 호수에서 밤새워 그물을 던지는 장면입니다. 그러나 그날 밤 베드로의 그물에는 고기가 전혀 잡히지 않았습니다. 던지는 그물마다 빈 그물이었을 뿐이었습니다. 낙심한 그는 이른 아침 빈 그물을 손질하고 있었습니다. 그때 나사렛 예수께서 오셔서 그의 배를 빌려 배 위에서 강둑에 있는 무리들에게 말씀을 전하였습니다. 말씀 전하기를 마치신 예수께서 베드로에게 일렀습니다.

　- 깊은 데로 가서 그물을 내려 고기를 잡으라(눅 5:4)

사람들이 많이 몰려오자 주님께서는 호숫가 배 위에서 사람들을 가르치셨습니다. 호숫가에 배 두 척이 있는데 한 배에 올라 사람들을 가르치신 후, 시몬에게 깊은 데로 가서 고기를 잡으라고 말씀하십니다. 이때 시몬이 예수님께 대답합니다. 우리들이 밤이 새도록 고기를 잡으려 노력했으나, 고기를 잡지 못했습니다. 그러나 주님의 말씀에 의지하여 제가 그물을 내리겠습니다. 그렇게 하니 고기를 잡은 것이 많아서 그물이 찢어지게 되었습니다. 다른 배를 불러 그물을 올리니 두 배가 잠길 정도가 되었습니다. 이때 시몬 베드로와 함께 있던 사람들이 놀라고, 시몬의 동업자인 야고보와 요한도 놀라게 되었습니다. 이때 시몬 베드로가 주님 발 앞에 엎드려, '주님! 저를 떠나십시오. 저는 죄인입니다.'라고 고백합니다. 이때 주님께서 베드로에게 말합니다. 무서워하지 말라. 이제 후로는 네가 사람을 취하리라고 말씀하시며, 제자로 불러들입니다. 이들이 배를 육지에 대고, 모든 것을 버려두고 예수님을 따릅니다.(눅5:1-11절)

오십에 든 우리들도 때로는 우리의 모든 것을 버려두고 주님을 따를 준비를 하여야 합니다. 특히 오십 후반에 들어서면, 우리 인생의 모든 것을 내려놓을 때가 됩니다. 그러나 주님께서는 깊은 곳에 그물을 내리라고 명령하십니다. 주님께서 명령하신 깊은 곳은 어디일까요? 자신의 삶의 깊은 곳에 그물을 내려야 할 때가 되었습니다

··· 우리와 다른 주님의 뜻 이해하기

주께서 베드로에게 깊은 곳에 그물을 던지라는 말씀을 오십을 지나는 우리는 깊이 생각하여야 합니다. 지금까지 오랜 기간 숙련된 우리의 생각으로는 맞을 수 있습니다. 그러나 주님 보시기에는 다른 곳에 길이 있기 때문입니다. 주님께서 내시는 길은 우리의 생각과는 전혀 다를 때가 있습니다.

주님께서 어부였던 시몬 베드로를 부르시면서 깊은 곳에 그물을 던지라고 말씀하십니다. 아마 베드로의 입장에서는 어부의 상식으로는 이해가 가지 않았을 것입니다. 밤이 새도록 그물을 내렸지만, 고기를 잡지 못했으니까요. 주님께서 말씀하신 후, 그 말씀을 따라 그물을 내린 후, 잡힌 고기를 보고, 베드로는 주님 발 앞에 죄인이라고 고백했습니다. 왜 그랬을까요?

우리는 알게 됩니다. 때로는 우리의 생각이 틀렸음을요. 그러나 주님의 말씀에 의지하면, 생각지도 않은 일들이 일어납니다. 주님께서 말씀하십니다. 깊은 곳에 가서 그물을 던져라. 주님의 뜻이 맞았음을 인정하고, 주님 앞에 무릎을 꿇는 이들을 주님께서 부르시고 계십니다. 오십에 주님의 부르심을 인정하고, 깊은 곳에 그물을 던져야 합니다. 주님의 뜻이 우리의 생각과 다를 때가 있습니다.

오십. 성경에서 길을 찾다

… 깊은 곳에 오십 인생의 그물 던지기

예수님과 베드로 사이에 나눈 대화의 장면이 눈앞에 펼쳐집니다. 바로 지금 오십 인생을 살아가는 우리와 주님과의 대화의 장면 같아 보입니다. 주님께서 고기 잡는 그물을 깊은 곳에 던지라는 말은, 바로 지금 우리에게 깊은 인생을 살기를 다짐하는 의미입니다.

인생은 가볍게 살아서는 안 됩니다. 특히 오십 줄에 들어선 사람들은 삶을 되돌아보아야 합니다. 얼마나 깊이 있게 살았는지 살펴보아야 합니다. 사람들의 인간관계는 얄팍한데서 얻어지는 것이 아닙니다. 이제 오십에 들어서야 알게 되는 믿음의 관계이며, 바로 신앙의 깊이입니다.

우리는 바로 우리의 현실적 삶속에서 주님을 만납니다. 주님의 가르침은 가볍지 않습니다. 우리 신앙생활, 믿음의 생활 역시 내면적 깊이를 요구합니다.

"깊은 곳에 그물을 던지라"라는 말씀은 우리의 신앙이 견고한 기초 위에 흔들리지 않기를 바라심입니다. 가볍고 얕은 물 위에서 놀지 말고, 저 물 깊은 곳에서 우리의 삶을 찾으라는 말씀입니다. 깊고 깊은 터 위에 우리의 돛대를 내리고, 말씀의 깊이 속에 우리의 영성을 찾으라는 말씀입니다.

교회생활 뿐만 아니라, 말과 언어, 행동, 일, 모든 하는 일들을 쉽게, 그리고 즐겁게 하더라도 깊이가 없어서는 안 됩니다. 무슨 일이든 그리스도인의 삶은 깊이가 있어야 합니다.

오십에 들어서는 인생의 황금기. 이 무렵에는 신앙의 깊이를 깨달을 시기입니다. 삶의 깊이는 신앙생활뿐만 아니라, 모든 삶의 영역에서

동일하게 적용되는 문제입니다. 깊이가 없이 가벼이 행동해서는 안 된
다는 말입니다.

… 주님의 인도하심 따르기

베드로가 주님의 말씀을 붙잡고 고기를 잡는 장면은 요한복음 21
장 서두에도 나옵니다. 주님께서 십자가의 죽임을 당하신 후, 다시 부
활하신 후의 일입니다. 바닷가에서 처음 주님을 만났던 베드로가 다시
바닷가에서 부활하신 주 예수님을 만납니다. 주님은 살아계신 하나님
의 아들입니다 라고 위대한 신앙고백을 했던 베드로! 또한 주님을 끝
까지 따르겠다고 호언장담하던 베드로! 그 모습의 반전은 바로 닭 울
기 전에 세 번이나 제사장들에게 잡히신 주님을 부인하며 일어났습니
다. 풀이 죽은 채로 울면서 돌아섰던 베드로! 그가 다시 바닷가에서 주
님을 만납니다. 처음 주님을 만났던 그 모습 그대로 다시 주님을 뵈옵
니다. 베드로의 인생의 깊이를 엿보는 대목입니다.

주님께서도 베드로를 그냥 쓰시지 않으셨습니다. 3년간의 깊은 훈련
을 통해서 베드로가 거듭나게 했습니다. 그리고 처음 부르심 그대로 다
시 소명을 확인하게 하십니다. 자신의 힘으로는 할 수 없다는 것을! 지금
우리들에게도 똑같이 말씀하시고 인도하십니다. 우리 힘으로는 어떤 일
이든 할 수가 없습니다. 주님의 허락하심과 인도하심이 필요합니다.

베드로가 다시 주님의 부름을 받습니다. "네가 날 사랑하느냐?"라는
질문을 세 번 받습니다. 또한 "내 어린 양을 먹이라"라는 당부를 세 번

하십니다. "네가 젊어서는 네 스스로 띠 띠고 다녔거니와, 늙어서는 네 팔을 벌리리니, 남이 네게 띠 띠우고 원하지 아니하는 곳으로 데려가리라."(요21:18) 라고 말씀하시며, 베드로가 가야될 길을 말씀하십니다. 그리고 주님의 소명을 부여하십니다. 베드로는 고난을 받았고, 마지막 장면은 순교였습니다. 주님을 배반했던 이유 때문에, 주님처럼 십자가에 바로 죽을 수 없다 하여, 십자가에 거꾸로 매달린 죽음을 택합니다.

주님께서 베드로에게 소명을 부여하시던 요한복음 21장의 마지막 장면입니다. 베드로가 주님과 말씀을 나눌 때 모습입니다. 주님께서 사랑하는 요한이 따르는 것을 보고, 베드로가 묻습니다. "주님! 이 사람은 어떻게 되겠습니까?" 그럴 때 주님께서는 베드로에게 말씀하시죠. "내가 올 때까지 그를 머물게 할지라도 네게 무슨 상관이냐? 너는 나를 따르라."하고 말씀하십니다.(요 21:20-23)

오십에 든 우리는 다른 사람에 대하여 가볍게 이야기하고 판단하기를 좋아합니다. 심지어 그 사람의 신앙 상태, 혹은 믿음의 여정까지도 판단하고 싶어 하죠. 그렇지만 주님께서는 이를 기뻐하지 않으십니다. 신앙생활의 깊이가 있기를 바라십니다. 주님을 따르는 길! 주님과 함께 걷는 길! 그리스도인 꼭 주의해야 할 일, 바로 주님 한 분만을 바라는 것입니다. 그리스도인은 이 점을 잊지 말아야 합니다.

… 주님의 깊은 음성 듣기

오십에 든 그리스도인들이 잘 훈련되지 않는 것 중의 하나가 바로 주님의 음성을 듣는 훈련입니다. 주님의 음성을 들으려면, 시끄러운 기도에, 혹은 부르짖은 기도로만 응답을 받을 수 있는 것이 아닙니다. 깊은 기도의 시간을 내어, 말씀의 음미와 침묵과 묵상 가운데서 주님께서 응답하심을 알아야 합니다. 그 한 모습이 바로 엘리야의 기도에 응답하실 때 모습입니다.

- 여호와께서 이르시되 너는 나가서 여호와 앞에서 산에 서라 하시더니 여호와께서 지나가시는데 여호와 앞에 크고 강한 바람이 산을 가르고 바위를 부수나 바람 가운데에 여호와께서 계시지 아니하며 바람 후에 지진이 있으나 지진 가운데에도 여호와께서 계시지 아니하며 또 지진 후에 불이 있으나 불 가운데에도 여호와께서 계시지 아니하더니 불 후에 세미한 소리가 있는지라 엘리야가 듣고 겉옷으로 얼굴을 가리고 나가 굴 어귀에 서매 소리가 그에게 임하여 이르시되 엘리야야 네가 어찌하여 여기 있느냐 (왕상 19:11-13)

주님께서 엘리야를 부르셨습니다. 산 앞에 서라고 말씀하셨습니다. 크고 강한 바람이 산을 갈랐습니다. 바위를 부수었습니다. 바람 가운데 주님이 계시지 않으셨습니다. 바람 후에 지진이 있었습니다. 지진 가운데에도 주님께서 계시지 않으셨습니다. 지진 후에 불이 있었습니다. 그러나 불 가운데도 주님께서 계시지 않으셨습니다. 그 불 이후에 아주 세미한 소리가 들렸습니다. 그리고 주님께서 물으셨습니다. 엘리야의 처지를 다 아시면서도, 엘리야에게 응답하셨습니다. 그리고 그 응답은 구체적이었습니다. 아람 왕을 세우고, 이스라엘 왕을 세워 기름을 붓게 하셨습니다. 그리고 엘리사를 세워 엘리야의 역할을 대신하게 하셨습니다.

오십에 든 우리의 일들도 마찬가지입니다. 보이는 눈앞에 크고 요란할 일들이 나타나 곧 성취될 것으로 보이지만, 거기에 주님의 뜻이 있지 않습니다. 시끄럽게 곧 금방이라도 이루어질 것 같던 일들이 물거품으로 모두 지나가고 맙니다. 그제야 아주 조용한 가운데, 예상치 않았던 일들이 사르르 나타나 풀려 감을 보게 되지요, 주님의 일들은 그렇게 성취됩니다.

우리의 기도 역시 마찬가지입니다. 곧 응답이라고 여기지만, 그 뒤에 조용히, 조용히, 주님의 뜻이 다가옵니다. 이 기도의 응답의 분별의 방법이 있습니다. 주님께서 주시는 지극히 평화로움입니다. 오십에는 기도의 응답이 이렇게 세밀히 움직여 온다는 사실을 깨달아야 합니다.

… 가장 숙련된 아름다움의 결실 맺기

어떤 일에 깊이가 있다는 말은 그 분야에 최고의 숙련도를 가졌다는 말입니다. 또한 깊은 생각과 고심으로 놓은 결실을 얻는 것과 같습니다, 인생의 깊이를 느끼면, 거기에는 오랫동안 자신이 일 해왔던 분야에서 최고의 숙련도를 나타낼 때입니다. 바로 이 모습이 오십에 들어서 나타나는 가장 아름다운 모습입니다.

- 네가 자기의 일에 능숙한 사람을 보았느냐 이러한 사람은 왕 앞에 설 것이요 천한 자 앞에 서지 아니하리라(잠 22:29)

성경은 탁월한 업무능력이 있고, 숙련된 사람이 고귀한 대접을 받는다고 말씀합니다. 오십 인생에 있어서 어떤 결실을 맺느냐는 중요합니다. 이 숙련된 모습으로 하나님의 쓰임을 받으며, 주님의 영광을 드러낸다면, 그는 고귀한 모습으로 주님 앞에 서게 되는 것입니다. 이 영광을 누림은 행복입니다.

···능력 / 깊이 있게 살기

오십 인생의 원칙, 네 번째, 깊이 있게 사는 모습입니다. 젊은 시절에는 가볍게 맘 가는 대로 행동했지만, 원숙하고 중후한 모습으로 행동이 바뀌어 갑니다. 신앙 역시 원숙한 아름다움을 가지며, 깊은 기도의 자리에 나아가게 됩니다. 주님께서는 우리의 가볍지 않고, 주님의 깊은 뜻 안에서, 주님만 섬기기를 바라십니다. 기도와 삶, 행동, 일, 모든 면에서 동일합니다. 주님을 섬기며 사는 삶, 주님을 의지하며 사는 삶, 각자에게 주어진 하나님을 위한 삶의 목적이 있습니다. 특히 오십에는 자신의 특정 분야에 최고의 깊은 역량을 나타낼 때입니다. 이것이 하나님을 위한 삶의 목적으로 쓰일 때, 주님의 영광이 크게 드러날 수 있습니다. 오십에는 주님의 깊으신 뜻을 헤아리며 살아야 합니다. 기도 속에서 주님께서 세미하게 말씀하시는 응답하심을 들어야 합니다. 주님을 위한 삶을 실천하며 살아야 합니다.

결단이 삶을 변화시킨다

— ● **변화** change ●

믿은 사람들이 많이 와서 자복하여 행한 일을 알리며 또 마술을 행하던 많은 사람이 그 책을 모아 가지고 와서 모든 사람 앞에서 불사르니 그 책값을 계산한즉 은 오만이나 되더라 이와 같이 주의 말씀이 힘이 있어 흥왕하여 세력을 얻으니라 (행 19:18-20)

인생 스물로부터, 나이 팔십까지 산다고 보면, 인생의 꼭 그 중간기가 바로 오십의 시기입니다. 지금 이 나이에는 지금까지 살아왔던 모든 것을 버리고, 주님만을 위하여 살아야 합니다. 오십의 나이, 이 순간, 새로운 인생의 삶을 위해 결단이 필요합니다. 지금 결단하지 않으면 후회합니다. 이 변화는 결단을 필요로 합니다. 이 변화는 하나님의 복음이 흥왕하여 세력을 얻게 됩니다. 바로 이것이 결과입니다.

에베소에서 바울의 복음을 들은 많은 사람들이 와서 행한 일을 알리며 자복합니다. 또 마술을 행하던 많은 사람들이, 그 책을 모아 가지고 와서 모든 사람 앞에서 불사릅니다. 그리고 오직 주님만을 따릅니다. 이 결과로 주님의 말씀, 복음이 힘이 있어 흥왕하여 세력을 넓혀 나가기 시작했습니다. 바로 이것이 복음으로 나타나는 변화입니다. 변화에는 강력한 결단이 함께 수반됩니다.

··· 복음으로 변화되어 결단하는 모습 경험하기

바울이 에베소에서 전도를 하기 시작했습니다. 제자들을 만나 너희가 믿을 때에 성령을 받았느냐 하고 물었습니다. 그러자 우리는 성령이 계심도 듣지 못하였노라 라고 대답을 합니다. 이때 바울이 이르되 그러면 너희가 무슨 세례를 받았느냐 하고 묻습니다. 이들은 요한의 세례라고 말합니다.

바울이 요한이 회개의 세례를 베풀며 백성에게 말하되, 내 뒤에 오시는 이를 믿으라 하였으니 이는 곧 예수라 하므로 그들이 듣고 주 예수의 이름으로 세례를 받습니다. 라고 하며 바울이 그들에게 안수하니, 그들에게 성령님께서 임하시므로 방언도 하고 예언도 하였습니다. 모두 열두 사람쯤 되었습니다. 바울이 회당에 들어가 석 달 동안 담대히 하나님 나라에 관하여 강론하며 권면하였습니다.

그러나 어떤 사람들은 마음이 굳어 순종하지 않고, 무리 앞에서 바울이 가르치는 진리를 비방하기도 하였습니다. 그래서 바울이 그들을 떠나 제자들을 따로 세우고 두란노 서원에서 날마다 강론하기 시작합니다. 두 해 동안 이같이 하니, 아시아에 사는 유대인이나 헬라인이나 다 주님의 말씀을 듣기 시작합니다.

하나님께서 바울의 손으로 놀라운 능력을 행하게 하시므로, 심지어 사람들이 바울의 몸에서 손수건이나 앞치마를 가져다가 병든 사람에게 얹으면 그 병이 떠나고 악귀도 떠나갔습니다. 그러자 돌아다니며 마술하는 어떤 유대인들이 시험 삼아 악귀 들린 자들에게 주 예수의 이름을 불러 말하며, 내가 바울이 전파하는 예수를 의지하여 너희에게 명하노라고 했습니다.

유대의 한 제사장 스게와의 일곱 아들도 이 일을 행하려고 했습니다. 그러자 악귀가 대답하여 이르되 내가 예수도 알고 바울도 알거니와 너희는 누구냐 하며, 악귀 들린 사람이 그들에게 뛰어올라 눌러 이기니 그들이 상하여 벗은 몸으로 그 집에서 도망하였습니다.

에베소에 사는 유대인과 헬라인들이 다 이 일을 알고 두려워하며 주 예수의 이름을 높이고, 믿는 사람들이 많이 와서 자복하여 행한 일을 알리며, 또 마술을 행하던 많은 사람이 그 책을 모아 가지고 와서 모든 사람 앞에서 불사르고, 그 책값을 계산하니, 은 오만이나 되었습니다. 이와 같이 주님의 말씀이 힘이 있어 흥왕하여져서, 그 세력이 점점 더 커져가기 시작했습니다. 바로 이 이야기가 바로 사도행전 19장에 나오는 바울로 인하여 복음이 전파되며, 예수 그리스도의 이름으로 오시는 성령님의 능력으로 사람들의 삶과 방향이 변화되어가는 모습입니다. 오랫동안 예수님을 믿어왔던 우리가 오십 줄에 들어선 우리가 복음으로 변화되는 모습을 보여야 하는 근본적인 모습의 한 형태입니다.

… 성령님의 능력 있는 삶으로 변화되기

신앙생활은 무거운 짐을 벗고, 가볍고 쉬워야 하고, 즐거워야 하며, 또한 그 깊이가 있어야 한다고 하면, 그 결론은 무엇일까요? 더 말할 것도 없이 우리 신앙생활은 그 자리에 머물러서는 안 되고, 변화되어야 합니다. 변화되지 않은 신앙생활이라면, 과연 무슨 의미가 있을까요?

사도행전은 복음을 들은 제자들과 거룩한 성도들의 변화의 기록입니다. 베드로가 그랬고, 빌립이 그랬고, 도마가 그랬고, 바나바가 그랬고, 바울이 그랬습니다. 뿐만 아니라 이름 없이 흘러간 수많은 제자들이 그랬습니다.

복음을 가지고 시험한 아나니아와 삽비라도 있었습니다. 불행하게도 그들에게는 이 변화의 자리에서 거짓이 슬며시 숨어 들어왔습니다. 그들 자신은 알았을까요? 그런데 왜 하필이면 부부가 함께 그랬을까요?

그들에게는 결국 왜냐고, 혹은 무엇 때문이냐고 무를 겨를도 없이 죽음이 엄습해 왔습니다. 이 얼마나 불행한 일입니까? 변화하지 않으면 이와 같이 됩니다. 그들은 모르겠거니 했지만, 그 내막을 성령님께서는 베드로를 통하여 밝히 드러내셨죠.

반면 제자들을 통한 복음은 뻗어 나갔으며, 그 복음을 듣는 사람들은 공동체 생활을 할 정도로 놀라운 감흥을 받았죠. 그 먼저는 마가의 다락방에 모인 120성도들이 놀라운 성령님의 은혜를 경험했죠. 그리고 일어나 각기 다른 지방의 말로 복음을 전하기 시작했습니다. 이것이 변화의 시작이며, 기독교 역사의 새 장을 열었습니다.

두란노서원에서는 복음에 대한 강의가 이루어졌고 이 복음을 들은 베뢰아 사람들은 신사적이어서 그 말씀을 공부하기 시작했습니다. 두란노서원에서 시작된 복음 강좌가 그 도시를 변화시키기 시작했습니다.

지금 중년에 이른 당신은 복음을 듣고, 지금 어디에서 무엇을 하고 있습니까? 주님께서 지금 당신에게 묻는 질문은 무엇입니까? 주님께서 지금 당신에게 묻고 있습니다. 당신에게 일어난 변화는 무엇이었으며, 과연 그 변화로 어떤 결실을 맺어가고 있습니까?

삶의 분명한 변화는 두 가지에서 얻어집니다. 그 변화의 나타남도 바로 이 두 가지입니다. 하나는 말씀이요, 하나는 기도입니다. 한 손에는 복음을, 한 손에는 사랑을 들게 됩니다. 말씀은 복음이요, 사랑은 기도입니다. 복음은 주 예수 그리스도의 구속의 은총을 전하는 것이요, 바로 성경의 기록된 말씀으로 전하며, 구원의 확신 있는 신앙을 전합니다.

… 믿음의 두 유형 사이에서

예수님을 믿고 나면 삶의 유형이 완전히 바뀌게 됩니다. 잘 드러나지 않기에 겉으로는 잘 알 수가 없습니다.

적어도 예수님을 알고 믿고 경험하고 나면 예수님이 온전히 그 생활을 지배하게 됩니다. 한마디로 예수님 없이는 살지 못하게 되는 것입니다. 또 다른 유형은 예수님을 믿기는 믿는데 아직 거듭남의 체험이 나 경험이 없이 그냥 교회에 다니면서 믿음을 고백하는 상태인 유형의 성도들입니다. 물론 여기에서 거듭남, 중생이라고 말할 때 믿음을 고백하면 거듭난 상태라고 하는 일반적인 중생의 의미로 말할 수 있겠지만, 그보다는 좀 더 깊은 의미의 성령님의 충만한 임재의 경험이 있는 사람들이라고 이해한다면, 아마 주님을 바라보는 모습과 관점은 완전히 달라지게 될 것입니다.

깊은 기도에서 예수님의 이름으로 오시는 성령님의 강한 임재의 경험이 있는 성도와 그렇지 않은 성도 사이에는 삶의 방식이 완전히 달라집니다. 삶을 사는 모든 과정의 목적이 마지막 날 그분께로 돌아갈 준비를 다하는 것이지요. 어떻게 하면 그분의 영광을 높일까 하는 것이 인생의 궁극적 목적이 됩니다. 쉽게 말하면 하나님을 위한 삶의 목적으로서의 삶을 살게 된다는 것이지요. 신앙인의 두 부류 사이는 가끔 경험상으로 서로 경계를 넘나들기도 하는 것 같습니다. 아무리 깊은 믿음의 체험을 해도 이 문제는 늘 고민을 만들어 냅니다.

해를 거듭하면 할수록 참으로 이해하기 어려운 것이 바로 우리 자신입니다. 믿음은 늘 우리 자신을 주님께 두는 것이지만, 깊은 성령님의 체험 후에도 우리 자신은 곁길에서 맴도니 그래서 걱정인 것입니다. 주님만 바라보며 살아야 하는데 늘 그게 걱정입니다. 오십에는 어떤 결단을 해야 할까요?

··· 바른 신앙생활의 근거와 기준

오늘의 교회가 초기 교회의 공동체나, 또 그 모습을 갖춘 교회가 되기를 바란다면 이는 분명 욕심일 것입니다. 또한 그렇게 될 수도 없을 것입니다. 그럼에도 많은 목회자나 성도들이 초기 교회로 돌아가자고 외칩니다. 초기 교회는 공동체 생활을 했으니 오늘의 교회의 모습과는 분명 다를 것입니다.

초기 교회 성도들은 이적을 실제 보았고 경험했으며, 예수 그리스도의 현현을 직접 목격한 이들이니, 오늘날의 우리 성도들과는 그 믿음의 깊이에서도 비교가 안 될 만큼 신실했을 것입니다. 우리 그리스도인들은 신앙의 표준을 어디에 두어야 할까요?

사도와 같은 믿음의 선조들 그 첫 세대가 지난 후 사막의 교부들이 금식과 금욕을 실천하며 수도생활을 한 것을 볼 수 있습니다. 때때로 중세의 수도원 운동과 같은 공동체 생활보다는 금식과 기도로 일생을 살아가던 사막의 교부들과 같은 경건한 삶을 살아가는 모습도 참 주님 보시기에 귀중한 생활일 것 같다는 생각을 해보곤 합니다.

일반적 교리 교육은 교단마다 특색이 있고 신학적 차이가 조금씩 있습니다. 그렇지만 현재의 신앙생활의 불변하는 진리이자 기초는 바로 예수 그리스도를 믿는 것입니다. 이 믿음은 변화를 수반합니다. 예수 그리스도를 믿기 전에는 몰랐지만. 예수 그리스도를 믿고 난 뒤에는 예수 그리스도를 닮아가려고 노력하는 모습이 보입니다. 그리고 삶의 목적이 분명히 주님 중심으로 바뀝니다.

예수 그리스도를 믿는 중생의 믿음을 가지기를 원한다면 자신을 돌아보아야 할 것입니다. 그리스도인은 자신의 모습을 성경말씀에 비추기 마련입니다. 만약 목회자가 그렇지 않다면 그의 삶은 하나님의 판단 가운데 있어 분명 징계를 면치 못할 것입니다.

교회의 본연의 모습을 찾을 때 베드로후서 1장에서 그 모습을 찾습니다. 또한 교회나 목회자, 혹은 예수 그리스도를 믿는 이들이란 사람들이 믿음을 이야기할 때도, 그 판단의 준거를 바로 베드로후서 1장에서 찾습니다. 충분히 우리에게 경고와 교훈이 되는 말씀이기 때문입니다. 그리고 하나님의 몸 된 교회와 참된 그리스도인의 분별의 기준이 되는 말씀이기 때문입니다.

… 하늘의 상급을 기뻐하라

주님 계신 그곳을 우리는 천국 또는 하늘이라고 표현을 합니다. 그렇습니다. 우리의 소망은 오직 하나입니다. 이 세상에 대한 소망을 버리고 오직 하늘에 계신 주 예수님을 바라보는 것, 그것이 그리스도인의 믿음입니다.

그런데 살아보면 그게 잘 안 됩니다. 그러다가 극단의 상황이 벌어져야 다시 하늘나라를 바라보게 됩니다. 불행히도 이것은 사실입니다. 처음 뵈었던 예수님을 만나고 나서야 그제야 주님을 다시 바라보게 됩니다.

처음 만났던 주님을 다시 만나게 되는 기쁨, 혹은 그 감격. 구약성경에 나타나 말씀하셨던 하나님이 신약성경에 다시 현현해 나타나는 그 모습. 우리는 이것을 재연의 신학이라고 말하죠. 사도 베드로에게 나타나셨던 주님께서 실의에 차있고 의기소침해 있는 베드로에게 다시 나타나시죠. 그야말로 재연입니다.

처음 만난 주님을 다시 만나는 그 기쁨보다 큰 행복은 없습니다. 한면으로 우리에겐 그것이 두려움이 되죠. 크신 하나님은 우리에게 늘 기쁨이 되지만 또 한 면으로는 큰 두렵고 떨림이 되는 것입니다. 주님의 현현을 경험하면 두려움보다는 기쁨이 가득차오죠. 주님께서는 사랑이시기 때문에 그렇습니다.

우리가 처음 주님을 만났을 때는 실의에 차 있었고, 나약했었고 보잘 것이 없었습니다. 주님께서 사랑을 베푸시고 다가오심 때문에 기뻐하고 주님의 크신 사랑 때문에 즐거워하며 기뻐합니다. 그러나 시간이 지날수록 주님을 잊고 세상에 빠져 살게 되지요.

어느 시간이 되고 때가 되면 잠자고 계시던 것만 같던 주님께서 우리를 다시 깨워 일으키시죠. 세상을 버리고 주님 한 분만 뵈며 기뻐하는 모습과 그 삶으로 다시 인도하심을 보게 되죠. 주님께서 우리가 주님을 버리고 살도록 그냥 두시지 않습니다. 주님께서는 깊은 훈련 뒤에 우리가 진정으로 그분을 따르는 삶을 살기를 바라시고 나타내시기 때문이죠.

주님을 사랑하는 사람, 주님께서 사랑하시는 사람을 주님께서는 다시 그분의 품으로 불러 들이십니다. 그리고 오직 하나 저 하늘에 있는 소망의 나라에 우리를 불러들이시죠. 하늘나라를 바라보는 사람보다 복된 사람은 없습니다.

··· 변화 / 결단으로 변화된 삶 살기

인생의 중간 결산기, 나이 오십, 지금까지 살펴본 가장 중점을 두어야 할 부분은 바로 결단입니다. 이 결단은 새로운 삶으로의 변화이며, 오늘의 생활이 내일에는 더 나아져야 한다는 원칙적인 요구가 있습니다. 우유부단함으로는 변화를 기대할 수가 없습니다. 미래는 주님께 나아가는 것입니다. 현재의 만족이 아닙니다. 삶의 미래는 오늘보다 내일이 더 낫다는 것을 의미합니다. 하나님께는 헌신된 삶을 사는 것을 말합니다. 여기에는 바름이라는 기대가 있습니다. 현재를 진단하고, 더 나은 내일을 기대해야 합니다. 나 자신과 사회, 이 나라가 더욱더 잘되고 부흥하는 미래가 있어야 합니다. 이것은 현재의 잘못을 정리하고, 변화를 꿈꾸는 더 나은 미래의 모습입니다. 오십은 남은 미래를 더 낫도록 꿈꾸는 시기입니다. 하나님께는 주님이 옳다고 인정하는 더 나은 믿음으로 나아가야 할 것입니다.

하나님을 위한 삶의 목적 살아가기

그리스도인은 세상 사람들과는 다른 삶의 목적이 있습니다. 이것이 세상 사람들과는 다른 그리스도인이 살아가는 삶의 이유입니다. 그리스도인이나 세상 사람들이나 모두 무엇을 하고자 하는 도전 정신은 반드시 가져야 할 삶의 덕목입니다. 그러나 가장 중요한 '왜?'라는 질문이 나오면 달라집니다. 세상 사람들은 세상에 소망을 두고, 재물을 모으고, 가족의 안녕을 위하여 살아갑니다. 그렇지만, 그리스도인들은 다릅니다. 바로 '하나님께 영광'이라는 삶의 목적을 두고 살아가기 때문입니다.

예수님께서 이 세상에 사람의 몸을 입고 구유에 오셨을 때, 동방박사들은 황금과 유향과 몰약이라는 세 가지 예물을 들고 주님을 경배했습니다. 그리고 주님께서는 인생 여정을 만왕의 왕으로서 온 인류를 구원하시기 위해 십자가 위에서 몸 버려 피를 흘리시며 돌아가셨습니다. 그리고 사흘 만에 부활하시고, 승천하셨죠. 부활하신 주님께서는 세상에 계시는 40일 동안 제자들에게 지상명령을 내리셨고, 모두 주님의 복음을 전해야 할 사명을 전달받습니다. 이 사명은 지금 제자 된 우리 모두에게 주어진 소명이기도 합니다.

오십이 되도 아직도 살아가야할 날이 많습니다. 더 일을 많이 해야 할 상황이 올 수도 있습니다. 그러나 대부분의 사람들은 오십 대 말이 되면, 대부분 일손을 놓게 됩니다. 직장을 잃는다는 말이지요. 오십 초반은 인생의 전성기입니다. 세상 말로는 가장 피크 타임(peak time)이라고 합니다. 그러나 그 시간은 지극히 짧습니다. 금방 육십을 바라보면서 새 일을 시작해야 될 상황이 옵니다. 이때는 지금까지의 일을 버리고, 새 일을 찾아야 될 상황일 수 있습니다. 또 어떤 분들은 등산과 여행과 같은 새 삶의 여유를 즐기죠.

오십에 든 우리는 성숙한 그리스도인입니다. 오십이라는 인생의 가장 황금기이면서도, 다음 인생을 맞아야 하는 대격변의 상황이 우리에게도 다가와 있습니다. 지금까지 이야기는 이런 혼란의 상황을 맞는 그리스도인에게 마음의 준비를 다지도록 말하고 있습니다. 하나님을 위한 삶의 목적이라는 새 인생의 좌표를 다시 설정하고, 그 소명을 다하도록 안내하고 있습니다.

하나님을 위한 삶의 목적! 오십에 들면서, 새 일을 설계하고, 준비할 때는 하나님께서 맡기신 사명을 반드시 생각해야 합니다.

오십 이후, 앞으로의 삶은 우리 주 예수 그리스도의 영광을 위한 삶을 살았으면 좋겠습니다. 그리고 우리 모두 그분 앞에 나아갈 때, 우리가 등에 매었던 천국배낭을 열고, 주님께 예물을 손에 들어내 보이는 행복한 그리스도인이 되었으면 좋겠습니다. 천국에 쌓인 보화는 변하거나 녹슬지 않기 때문입니다. 천국배낭에 담을 보화를 준비할 바로 오늘 이 시간이 여러분에게 준비되어 있습니다. 하나님을 위한 삶의 목적! 이 소망의 삶을 사는 그리스도인 되시기를 축복합니다.